Patrick Schollmeyer

Die 50 bekanntesten archäologischen Stätten der

GRIECHISCHEN INSELN

Patrick Schollmeyer

Die 50 bekanntesten archäologischen Stätten der

GRIECHISCHEN INSELN

Nünnerich-Asmus
Verlag & Media

IMPRESSUM

208 Seiten mit 129 Abbildungen
Titelabbildung: oben: Aphaia-Tempel auf Aigina; mittig: Akropolis auf Lindos; unten: Terrasse der Löwen auf Delos. © Wikimedia Commons, Kostas Vassis, CC BY-SA 4.0; © Wikimedia Commons, Thomas Berwing, CC BY-SA 4.0; © Wikimedia Commons, Ggia, CC BY-SA 3.0.
Frontispiz: Die charakteristische Landschaft der Insel Melos. © Pixabay.

Bibliografische Information der Deutschen Nationalbibliothek
Die Deutsche Nationalbibliothek verzeichnet diese Publikation in der Deutschen Nationalbibliografie; detaillierte bibliografische Daten sind im Internet über http://dnb.dnb.de abrufbar.

ISBN 978-3-96176-247-7

Lektorat: Tina Sieber
Gestaltung des Titelbildes: hjwiehr, Oppenheim
Gestaltung: GOgrafix – Oliver Kage, Lauterstein

Aus Gründen der besseren Lesbarkeit wird auf die gleichzeitige Verwendung der Sprachformen männlich, weiblich und divers (m/w/d) verzichtet. Sämtliche Personenbezeichnungen gelten gleichermaßen für alle Geschlechter.

Sollte die Publikation Links auf Webseiten Dritter enthalten, so übernehmen wir für deren Inhalt keine Haftung, da wir uns diese nicht zu eigen machen, sondern lediglich auf deren Stand zum Zeitpunkt der Erstveröffentlichung verweisen.

Printed in Europe by Nünnerich-Asmus Verlag & Media
Weitere Titel aus unserem Verlagsprogramm finden Sie unter:
www.na-verlag.de

INHALT

INHALT

VORWORT

Gut ein Jahr nach dem Erscheinen der beiden Reiseführer „Die 40 bekanntesten archäologischen Stätten Mittel- und Nordgriechenlands“ sowie „Die 40 bekanntesten archäologischen Stätten auf der Peloponnes“ kann ein weiterer Band aus der Griechenland-Reihe des Nünnerich-Asmus-Verlags publiziert werden. Er ist den griechischen Inseln gewidmet, zu denen im deutschsprachigen Raum schon seit längerem kein vergleichbarer Reisebegleiter mit archäologischem Schwerpunkt erschienen ist.

Aufgrund der Vielzahl der erhaltenen antiken Reste musste eine strenge Auswahl getroffen werden. Die Reisenden erwartet eine abwechslungsreiche Tour, die von den Ionischen Inseln im Westen über die Saronischen Inseln, die Kykladen, die nord- und ostägäischen Inseln sowie die nördlichen und südlichen Sporaden bis zu den Dodekanes-Inseln vor der Westküste der heutigen Türkei führt. Darunter sind prominente Orte wie Korfu, Aigina, Euboia, Naxos, Paros, Delos, Samos, Kos und Rhodos, aber auch weniger bekannte, die gleichfalls eine Reise lohnen. Kreta fehlt allerdings, da die zusätzliche Behandlung dieser Insel mit ihrem eigenständigen kulturellen und vielfältigen Erbe den Rahmen dieses Bandes gesprengt hätte. Kreta wird stattdessen in einer eigenen Publikation vorgestellt werden, die 2025 als letzter Band der oben erwähnten Griechenland-Reihe erscheinen wird.

Abschließend ist es dem Autor wie immer eine höchst angenehme Verpflichtung, sowohl der Verlegerin, Dr. Annette Nünnerich-Asmus, als auch ihrem bewährten Team seinen herzlichsten Dank für deren Interesse, Geduld und vielfältige Unterstützung auszusprechen. Besonders zu erwähnen sind Tina Sieber, M.A., die die Drucklegung des Buches effizient und freundlich begleitet hat, sowie die langjährige liebe Kollegin Angelika Schurzig von der JGU Mainz, der die Bereitstellung vieler Abbildungsvorlagen verdankt wird.

Mainz, am Nikolaustag 2023

01–02
03
04
05
06
07–10
11
12
13–15

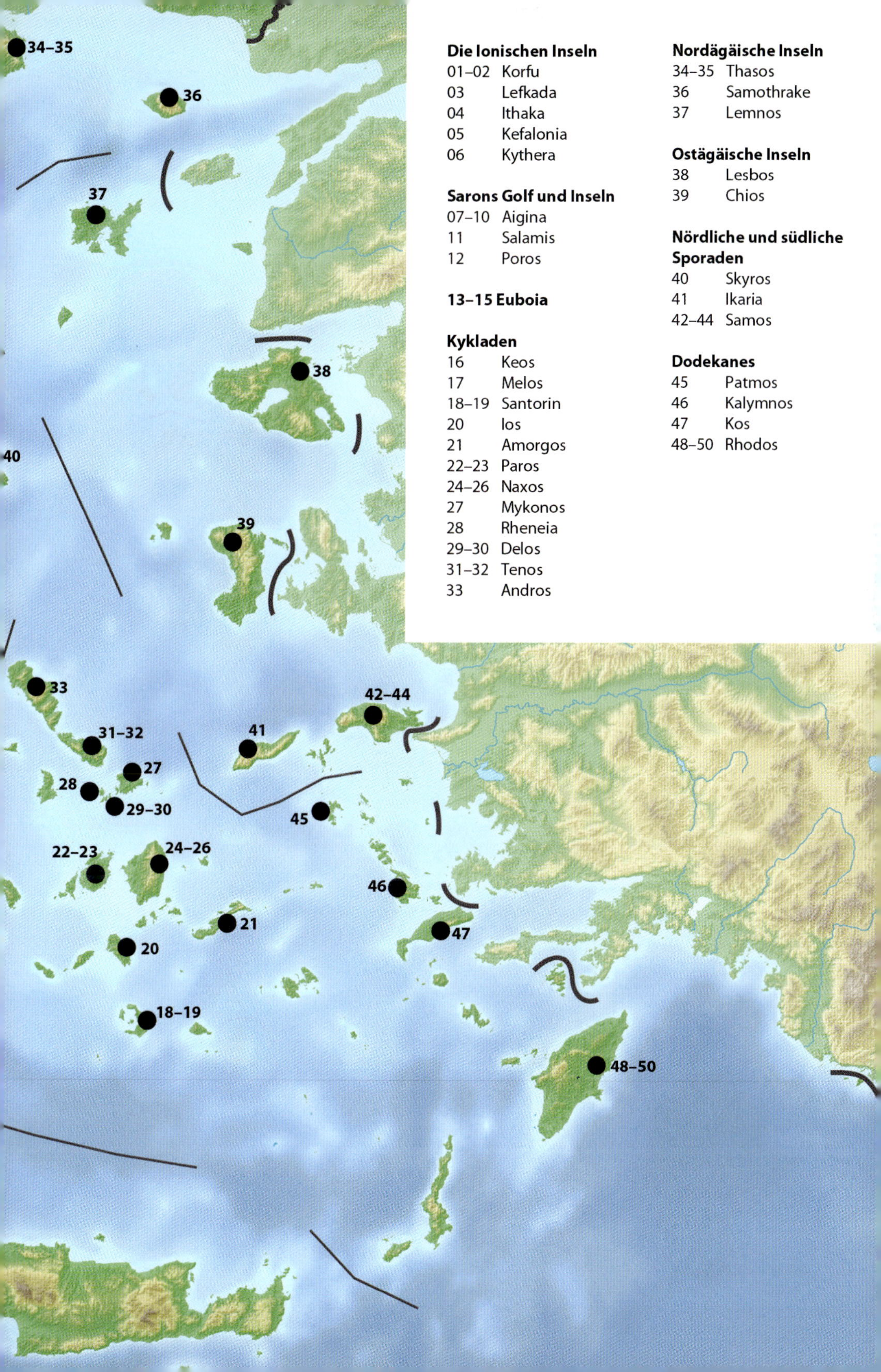

Die Ionischen Inseln
01–02 Korfu
03 Lefkada
04 Ithaka
05 Kefalonia
06 Kythera

Sarons Golf und Inseln
07–10 Aigina
11 Salamis
12 Poros

13–15 Euboia

Kykladen
16 Keos
17 Melos
18–19 Santorin
20 Ios
21 Amorgos
22–23 Paros
24–26 Naxos
27 Mykonos
28 Rheneia
29–30 Delos
31–32 Tenos
33 Andros

Nordägäische Inseln
34–35 Thasos
36 Samothrake
37 Lemnos

Ostägäische Inseln
38 Lesbos
39 Chios

Nördliche und südliche Sporaden
40 Skyros
41 Ikaria
42–44 Samos

Dodekanes
45 Patmos
46 Kalymnos
47 Kos
48–50 Rhodos

EINFÜHRUNG – (K)EINE GESCHICHTE DER GRIECHISCHEN INSELN

Die jeweiligen Öffnungszeiten und Adressen der im Buch behandelten Stätten sowie Museen sind über die folgende Website des zuständigen griechischen Kultusministeriums einfach zu recherchieren und dort stets auf den aktuellen Stand gebracht:

http://odysseus.culture.gr/index_en.html

http://odysseus.culture.gr/a/map/emap.jsp

(interaktive Karte, auf der alle Stätten und Museen eingetragen sind)

Wer immer für einen archäologischen Reiseführer eine – wenn auch kurze – Geschichte der griechischen Inseln schreiben möchte, steht in der Regel vor zwei Problemen. Zum einen ist die beschränkte Quellenlage zu beklagen. Das, was an antiker historischer Literatur in den klösterlichen Schreibstuben des byzantinischen und westeuropäischen Mittelalters die Zeiten überdauert hat, beschäftigt sich meist v. a. mit der Geschichte der großen Staaten und ihrer politischen Führer. So sind wir sehr gut über die Verhältnisse beispielsweise in Athen und Sparta, nicht aber über die in weniger bedeutenden Städten informiert. Die sichere Erkenntnis, dass es nach Aussagen byzantinischer Lexika solche Werke der Lokalgeschichte durchaus gegeben hat, kann nicht über deren Verlust hinwegtrösten. Inschriften, die in reicher Zahl gefunden worden sind und immer noch gefunden werden, bieten hierfür immerhin einen gewissen Ersatz. Die heutigen Reisenden dürften im Gegensatz zu ihren altertumswissenschaftlichen Kollegen früherer Zeiten allerdings kaum über entsprechende Kenntnisse des Altgriechischen verfügen, um diese wichtige Quellengattung entweder auf ihrer Tour selbst oder unter Zuhilfenahme traditioneller Reihenwerke wie dem schon im 19. Jh. begründeten Corpus namens „Inscriptiones Graecae“ bei der Vor- bzw. Nachbereitung derselben gebührend würdigen zu können. Besonders schwer ins Gewicht fällt – zumindest aus archäologischer Sicht – das Fehlen einer vergleichbaren Quelle, wie sie die zehnbändige Beschreibung Griechenlands durch den in der Regierungszeit der Adoptivkaiser aktiven (um 170/180 n. Chr.) Schriftsteller Pausanias darstellt. Ohne diesen Autor wüssten wir viele der bei den Ausgrabungen zutage gekommenen Bauten und Kunstwerke nur bedingt einzuordnen. Seine ausführlichen Beschreibungen der wichtigsten Städte und Heiligtümer Athens, Attikas, der Peloponnes und des übrigen festländischen Griechenlands sind auch heute noch wichtige Reisebegleiter, zumal sie zusätzlich viele mythische und historische Begebenheiten beinhalten. Ein vergleichbares antikes Reisehandbuch zu den griechischen Inseln fehlt dagegen. Pausanias selbst beschränkte sich bedauerlicherweise auf kurze Erwähnungen weniger meist küstennaher Inseln; und die mehrbändige „Geographiká“ des unter Kaiser Augustus (reg. 27 v. – 14. n. Chr.) schreibenden Strabon von Amaseia (ca. 63 v. – nach 23 n. Chr.) ist kein wirklicher Ersatz. Dort, d. h. insbesondere in den Büchern VII bis X, in denen der Autor Griechenland behandelt, finden einige Inseln zwar Erwähnung, doch geht es hier im Gegensatz zu

Pausanias' Text nicht um eine topographische Beschreibung der zum Zeitpunkt der Abfassung dort sichtbaren Bauten und Kunstwerke, sondern um eine eher allgemein gehaltene historisch-geographische Einordnung der beschriebenen Orte und Landschaften.

Zum anderen war die griechische Welt in der Antike bekanntermaßen kein einheitlicher politischer Raum. Stattdessen konkurrierten zahlreiche Stadtstaaten (gr. Poleis) und gelegentlich auch Staatenbünde um Einfluss, Macht und Ressourcen. Selbst Alexander dem Großen (356–323 v. Chr.) und seinen Nachfolgern gelang es nicht, alle Griechen dauerhaft in einem Reich zu versammeln. Auch die Römer respektierten trotz ihres umfassenden Machtanspruchs zumindest formal diese auf die Bewahrung lokaler Eigenständigkeiten ausgerichteten Traditionen. Hinzu kommt, dass die einzelnen griechischen Inseln aufgrund ihrer doch sehr unterschiedlichen Lage und den dort herrschenden klimatischen sowie geomorphologischen Rahmenbedingungen keine einheitliche Lebensgrundlage besaßen. Manche nahmen daher eine andere, bessere Entwicklung. Der Althistoriker und frühere Präsident des Deutschen Archäologischen Instituts Hans-Joachim Gehrke macht daher in seiner bereits 1986 im Münchner Beck-Verlag erschienenen, heute aber immer noch lesenswerten zusammenfassenden Darstellung „Jenseits von Athen und Sparta – Das Dritte Griechenland und seine Staatenwelt" zurecht Unterschiede zwischen „Bedeutenden Agrarstaaten" wie Chalkis und Eretria auf Euboia, „Mittleren Agrarstaaten mit bedeutender maritimer Komponente" wie Samos, Chios, Mytilene und Rhodos, kleineren Ägäisinseln, die er als „Mittlere und kleinere Agrarstaaten mit maritimer Komponente" bezeichnet, sowie „Staaten mit ausgeprägten Spezialisierungen", zu denen er als „Poleis mit bedeutenden Bodenschätzen" Paros und Siphnos, als „Religiöses Dienstleistungszentrum" Delos und als „Händlerstaat" Aigina zählt. Folglich ist es im Rahmen einer Einführung zu einem Reiseführer weder zielführend noch möglich, eine zusammenfassende Geschichte aller griechischen Inseln schreiben zu wollen. Vielmehr sollte besser von diversen Geschichten gesprochen werden, die wegen der bereits beklagten Quellenlage zudem noch äußerst unvollständig bleiben müssen. D. h. aber nicht, dass einführend nicht wenigstens einige große Linien gezogen werden können, die den Reisenden zumindest eine gewisse historische Orientierung geben.

Nicht wenige griechische Inseln scheinen ausgehend vom dort gefundenen Material schon in der Steinzeit bewohnt gewesen zu sein. Neben heute nicht mehr bestehenden Landbrücken dürfte es im östlichen Mittelmeer bereits seit dem 9./8. Jt. v. Chr. eine noch recht bescheidene

‚Küstenschifffahrt' mit einfachen Holzbooten (Kanus) gegeben haben, die eine Besiedlung von Inseln durch Menschen ermöglichten. Auf solchen Wegen gelangten auch wichtige Güter wie die äußerst scharfen Obsidianabschläge von der Kykladeninsel Melos in andere Regionen. In der Bronzezeit wurde dieser Verkehr nochmals intensiviert. Zeitgenössische Kunstwerke wie die sog. Kykladenpfannen zeigen entsprechende Bootsdarstellungen (Abb. 1). Der dadurch ermöglichte ökonomische und kulturelle Austausch hat jedenfalls dazu geführt, dass die materielle Kultur in der Frühen Bronzezeit (3100–2000 v. Chr.) einen deutlichen Aufschwung nahm. Kennzeichnend für diese Epoche ist die nach den gleichnamigen Inseln benannte Kykladenkultur, deren typische marmorne Figurinen moderne Künstler wie Pablo Picasso nachhaltig beeindruckt haben (Abb. 2). Auch in der Mittleren (2000–1650/1600 v. Chr.) und Späten Bronzezeit (1650/1600–1000 v. Chr.) blieben viele Inseln bevorzugte Siedlungsorte. Dass diese eingebunden waren in ein größeres kulturelles Netzwerk, zeigt exemplarisch die durch einen Vulkanausbruch im 17. oder 16. Jh. verschüttete, kleinere Hafenstadt Akrotiri (Nr. 18) auf Thera/Santorin. Dort gefundene Artefakte wie die berühmten Fresken (Abb. 3) zeigen eine so deutliche Nähe zur gleichzeitigen minoischen Kunst, dass man wohl von intensiveren Beziehungen zu Kreta, wenn nicht sogar einer Abhängigkeit in vielerlei Hinsicht von diesem bronzezeitlichen Machtzentrum ausgehen kann. Aber auch die Mykener des festländischen Griechenlands haben auf mancher Insel ihre Spuren hinterlassen. So wurde im Bereich der Stadtmauern am sog. Kap Kolonna auf Aigina (Nr. 7) ein Schachtgrab entdeckt, dass die Reste eines mittelbronzezeitlichen Kriegerfürsten enthielt.

Abb. 1
Sog. Kykladenpfanne mit der Darstellung eines frühbronzezeitlichen Schiffes; Athen, Nationalmuseum Inv. 4974

Abb. 2
Marmorfigur eines Harfenspielers aus Keros; Athen, Nationalmuseum Inv. 3908

Nach dem Untergang der mittelmeerischen Staatenwelt(en) am Ende der Bronzezeit um und nach 1200 v. Chr. entwickelten sich auf den griechischen Inseln wie anderswo in Griechenland auch regionale Siedlungen, aus denen später die griechischen Stadtstaaten entstanden. Zagora auf Andos (Nr. 33) ist ein gutes Beispiel für eine derartige Siedlungsstruktur der Geometrischen Epoche. In Lefkandi auf Euboia (Nr. 15) wurde bereits um 1000/950 v. Chr. ein mächtiger Krieger begraben, der offenbar nach dem Ende der mykenischen Herrschaft vor Ort eine führende Stellung eingenommen

Abb. 3
Freskofragment mit der Darstellung einer Safranpflückerin aus Akrotiri; Xeste 3, Raum 3a

hatte. Solche Herren hießen später bei Homer im 8. Jh. v. Chr. ‚Basileis', d. h. Könige.

In der archaischen und klassischen Epoche spielten nicht wenige griechische Inseln eine wichtige Rolle. Am Anfang ist Euboia zu nennen, deren Städte Chalkis sowie Eretria (Nr. 13) sich maßgeblich nach dem Zusammenbruch des bronzezeitlichen Netzwerks an der Etablierung neuer Handelskontakte beteiligten und ebenso in der Großen Kolonisation an vorderster Stelle aktiv waren. So sind die ersten griechischen Niederlassungen (Pithekoussai auf Ischia um 770 v. Chr. und Kyme/Cumae um 740 v. Chr.) in Unteritalien euböische Kolonien gewesen. Von Thera/Santorin (Nr. 19) aus erfolgte um 630 v. Chr. die Gründung des nord-

afrikanischen Kyrene im heutigen Libyen. Diese beiden Beispiele mögen zur Erläuterung der Bedeutung der griechischen Inselwelt für die Geschichte der griechischen Kolonisation genügen. Aber auch in künstlerischer Hinsicht spielten griechische Inseln eine wichtige Rolle. Ohne die reichen Marmorvorkommen etwa auf Naxos (Nr. 25) und Paros (Nr. 23) wäre die materielle Kultur der griechischen Staatenwelt in archaischer und klassischer Zeit kaum denkbar. Mit der Statue der Nikandre, einer Weihung an die Artemis von Delos, aus naxischem Marmor beginnt beispielsweise die Geschichte der griechischen Großplastik (Abb. 4); und auf Kerkyra/Korfu (Nr. 1) entstand einer der frühesten steinernen dorischen Tempelbauten Griechenlands, während in Kleinasien, so auf der Insel Samos, die ionische Baukunst blühte. Dort herrschende Tyrannen wie der von Friedrich Schiller in seinem Gedicht „Der Ring des Polykrates" gewürdigte Machthaber trugen viel zum materiellen und kulturellen Reichtum der von ihnen beherrschten Inseln bei. Mit Samos (Nr. 42) und Delos (Nr. 29) besaßen zwei von ihnen sogar überregional wichtige Heiligtümer, die immer wieder sowohl zahlreiche einheimische als ebenso nicht wenige auswärtige Stifter anzogen. Sie avancierten auf diese Weise zu internationalen kulturellen Hotspots, die vielfach Raum für die Übernahme fremder kultureller Einflüsse boten und damit Wesentliches zur kulturellen Entwicklung Gesamtgriechenlands beitrugen.

Abb. 4
Überlebensgroße Statue, gestiftet von Nikandre für das Artemis-Heiligtum auf Delos; Athen, Nationalmuseum Inv. 1

In der Zeit der Perserkriege (ab 490 v. Chr.) gerieten viele Inseln in den Strudel der Ereignisse. Sie mussten sich positionieren, auch wenn der Ausgang – wie sich bald zeigen sollte – gar nicht sicher war. Allerdings bot selbst ein Engagement auf der griechischen Seite nicht unbedingt Schutz vor dem Verlust der Selbstständigkeit. Es ist v. a. die Polis Athen gewesen, die ihre Erfolge bei Marathon (490 v. Chr.) und Salamis (480 v. Chr.) weidlich ausnutzte, um im Gefolge des damit errungenen militärischen sowie machtpolitischen Prestiges ihren Einfluss in der übrigen griechischen Staatenwelt auszuweiten und einen gewissermaßen hegemonialen Status zu erreichen. Als Mittel der unmittelbaren Machtausübung gründete man im Jahr 478/477 v. Chr. ein ursprünglich als gemeinsamer Flottenschutzbund geplantes Bündnis. Dieser sog. Delisch-Attische-Seebund hatte seinen Sitz zunächst im Bundesheiligtum aller ionischen Griechen auf der Kykladeninsel Delos (Nr. 29). Steuerten anfänglich alle Bündnispartner noch eigene Schiffe zur Bundesflotte bei, mussten bald nur noch Gelder gezahlt werden, mit denen Athen selbst eine große Flotte unterhielt. Man kann leicht ermessen, was dies für das Machtgefüge innerhalb des Bundes bedeutete. Athen konnte auf diese Weise die übrigen Partnerstaaten militärisch leicht dominieren; und in der Tat wurde die Flotte recht schnell nicht mehr nur zum ursprünglichen Schutz gegen die Perser, sondern ebenso zur Unterwerfung tatsächlicher bzw. vermeintlich Abtrünniger eingesetzt. Athen ging dabei wie im Fall von Melos (Nr. 17) und Samos (Nr. 42–44) äußerst brutal vor. Hierzu passte dann auch der 454 v. Chr. erfolgte Transfer der prall gefüllten Bundeskasse von Delos auf die Akropolis von Athen, der den Athenern den exklusiven Zugriff auf die Gelder ermöglichte. Damit finanzierten sie dort das von Perikles († 429 v. Chr.) maßgeblich vorangetriebene, grandiose Bauprogramm. Wer heute die Athener Akropolis besucht, sollte daher wissen, woher die hierzu verwendeten Geldmittel ursprünglich stammten. Aus freiwilligen Beiträgen wurden auf diese Weise sukzessive Tributzahlungen.

Einzelne Inseln bewahrten mehr oder minder trotz der Athener Machtfülle durchaus ihre Eigenständigkeit bzw. bauten diese nach dem kontinuierlichen Abstieg Athens infolge der endgültigen athenischen Niederlage gegen Sparta im Peloponnesischen Krieg (431–404 v. Chr.) wieder auf bzw. weiter aus. Als besonders prominentes Beispiel ist in diesem Zusammenhang die Roseninsel Rhodos (Nr. 48) zu nennen, die in hellenistischer Zeit sogar zu einer recht bedeutenden Seemacht aufstieg. Ihre gewaltigen Mauern schützten die Stadt vor so manchem Angreifer, darunter dem berühmten Städtebelagerer (gr. Poliorketes) Demetrios (337–283 v. Chr.), einem Sohn des einäugigen (gr. Monophtalmos) Antigonos (382–301 v. Chr.), der gemeinsam mit Lysimachos (360–281 v. Chr.), Ptolemaios (367–283 v. Chr.) und Seleukos (um 358–281 v. Chr.) zu den engsten Weggefährten Alexanders des Großen gehört hatte. Abgesehen vom Lysimachos gelang es den übrigen Dreien, eigene nach ihnen benannte Dynastien (Antigoniden in Makedonien und Griechenland, Ptolemäer in Ägypten sowie Seleukiden in den ehemaligen persischen Kerngebieten) zu gründen und das Reich Alexanders langfristig untereinander aufzuteilen. In diese weltpolitische Gemengelage passten die kleineren griechischen Inseln nur schlecht. Sie wurden in hellenistischer Zeit zu einem noch größeren Spielball der Mächtigen, als sie es seit den Perserkriegen ohnehin schon waren. Der am Ende des 4. Jhs. v. Chr. gegründete Nesiotenbund (Nesiotes = gr. Inselbewohner) mit Sitz wiederum in Delos stellte den Versuch dar, abhängig von einer der großen politischen Mächte (zuerst wohl Antigoniden und später dann Ptolemäer, zuletzt im 2. Jh. v. Chr. noch Rhodos) möglichst viele Inseln zumindest formal zu vereinigen, allerdings weniger, um eine eigenständige neue Machtstruktur für die darin zusammengeschlossenen Inseln selbst zu schaffen, als vielmehr einer Hegemonialmacht die Möglichkeit zur Kontrolle zu geben. Auf lange Sicht hin war dem Bund jedoch kein großer Erfolg beschieden, zumal mit Rom spätestens ab dem 2. Jh. v. Chr. im östlichen Mittelmeerraum ein weiterer globaler Player auftauchte, der letztlich die andauernden Kriege endgültig gewinnen konnte.

Abb. 5
Kopf einer bronzenen Ehrenstatue von der Insel Delos; Athen, Nationalmuseum Inv. Br 14612

Einen hervorragenden Eindruck von dem Machtstreben der hellenistischen Königreiche und der zunehmenden Einflussnahme Roms ist auf Delos (Nr. 29-30) zu gewinnen. Das altehrwürdige Heiligtum des Apollon füllte sich im Hellenismus mit zahlreichen Weihgaben von miteinander konkurrierenden Angehörigen der großen Königsdynastien, und auf der Insel entstanden zudem Heiligtümer für neue hellenistische Gottheiten. Der Hafen und die zugehörige Siedlung entwickelten sich darüber hinaus wegen der von Rom aus gesteuerten Erhebung von Delos zum Freihafen im 2. und 1. Jh. v. Chr. zu einer wichtigen kulturellen und ökonomischen Schnittstelle. Nicht wenige Römer waren in diesem Zeitraum auf der Insel aktiv, wurden sogar mit öffentlichen Statuen geehrt, sodass man nie sicher sagen kann, wen die erhaltenen Bildnisse wie den berühmten delischen Bronzekopf (Abb. 5) eigentlich darstellten, Griechen oder Römer. Delische Klinen (Betten) sind ein wichtiger Exportschlager gewesen. Aber auch der Sklavenhandel blühte auf der Insel und dürfte diese insbesondere reich gemacht haben. Das Ende des Wohlstands kam dort mit den Plünderungen der Seeräuber, die bevor römische Machthaber vom Schlag eines Pompeius (106–48 v. Chr.) sowie Iulius Caesars (100–44 v. Chr.) diese endgültig besiegten, immer wieder griechische Inseln heimsuchten und ausraubten. Überhaupt war die Epoche des Späten Hellenismus (150–30 v. Chr.) eine ebenso ambivalente wie gefährliche Zeit. Einerseits blühte der Handel, zahllose

Schiffe überquerten das Mittelmeer, jetzt meist in Richtung des neuen politisch-militärischen Zentrums Rom, wo griechische Waren und Kunsthandwerker (inklusive Architekten, Bildhauer und Maler) begeistert Aufnahme fanden. Andererseits führten die Mächtigen der Zeit zahllose Kriege gegeneinander, in deren Verlauf gerade von römischer Seite aus nicht wenige altehrwürdige Städte und Heiligtümer ihre materiellen Reichtümer in größerem Maß einbüßten. Unzählige Architekturteile, Statuen, Gemälde sowie Figuren, Geräte und Gefäße aus Edelmetallen gelangten auf diese Weise als Beute- und nicht Handelsgut in den römisch-italischen Raum. Wie wenig die Römer bei den Griechen in dieser Zeit beliebt gewesen sind, zeigen die sog. Mithridatischen Kriege, benannt nach dem pontischen König Mithridates VI. Eupator (135–63 v. Chr.). Dieser hatte versucht, die durch herrisches Auftreten römischer Kaufleute, Steuereinnehmer und Verwaltungsbeamte verursachte schlechte, latent antirömische Stimmung für sich auszunutzen. Im Frühjahr 88 v. Chr. soll es in der Provinz Asia (Kleinasien im Bereich der heutigen Westtürkei) zu einem als Vesper von Ephesos bekannten Massaker an 80.000 bis 150.000 Italikern/Römern gekommen sein. Im Gefolge hiervon versuchten nicht wenige Griechen, die römische Herrschaft abzuschütteln. Dies misslang jedoch gründlich. Auch wenn es mehrerer Feldzüge bedurfte, am Ende obsiegten doch die Römer.

Die letzten großen militärischen Auseinandersetzungen nach diesen verheerenden Kriegsereignissen fanden dann während der nicht minder blutigen römischen Bürgerkriege statt. Mehrfach wurde Griechenland zu einem Schauplatz dieser Kämpfe. Zuletzt stand die Niederlage von Marcus Antonius (83–30 v. Chr.) und der mit ihm verbündeten ägyptischen Königin Kleopatra VII. (69–30 v. Chr.) im Jahr 31/30 v. Chr. Aus diesem Kampf ging Caesars Neffe und Adoptivsohn, der spätere Kaiser Augustus (63 v. – 14 n. Chr.), als triumphaler Sieger hervor. Von nun an herrschte über die gesamte Mittelmeerwelt nur noch ein einziger Machthaber. Diese Zeit der römischen Kaiserherrschaft kann für ganz Griechenland, so auch für die Inseln, als eine Epoche des Friedens gelten. Die durch die kriegerischen Verheerungen der letzten Jahrhunderte v. Chr. arg gebeutelten Städte und Heiligtümer erholten sich zwar langsam, doch stetig. Seit Hadrian (reg. 117–138 n. Chr.) blühte die gesamte griechische Welt erneut. Von dieser Erholung profitierten ebenso die griechischen Inseln, wenn auch nicht in gleichem Maß wie die großen Poleis des festländischen und kleinasiatischen Griechenlands. Die ganz große römische (Bau)Kunst ist daher auf den griechischen Inseln nicht unbedingt zu finden.

Umso reicher ist das byzantinische Erbe ausgefallen! Nach der Etablierung des Christentums als zunächst erlaubter zusätzlicher und später dann alleiniger Religion im Römischen Reich seit Konstantin dem Großen (reg. 306–337 n. Chr., seit 324 als Alleinherrscher) siedelten sich später auf zahlreichen Inseln Mönche an, die dort Klöster gründeten, von denen das auf Patmos (Nr. 45) sogar eine überregionale Bedeutung besaß. Durch die von Konstantin dem Großen am 11. Mai 330 n. Chr. vorgenommene Verlegung der zentralen Kaiserresidenz von Rom nach Byzanz/Konstantinopel an den Bosporos verschob sich innerhalb des Imperiums das Machtgefüge vom lateinischen Westen in den griechischen Osten des Reiches. Hinzu kamen die Einfälle nördlicher Barbaren in der sog. Völkerwanderungszeit, die endgültig im Westen zum Untergang oder besser Transformation der römischen Kultur innerhalb einer neuen Staatenwelt mit germanisch dominierten Königreichen führte. Die griechischsprachigen Byzantiner, die sich selbst als Rhomaier (Römer) bezeichneten, begriffen sich dagegen als die eigentlichen Erben des alten Imperium Romanum. Das Byzantinische Reich sah sich im Lauf seiner langen Geschichte jedoch ebenfalls durch auswärtige Mächte bedroht. Griechenland und seine Inseln wurden auf diese Weise erneut für eine sehr lange Zeit zu Kriegsschauplätzen mit wechselnden nachantiken Invasoren und Oberherren (u. a. Franken = Kreuzritter, Venezianer, Türken). Es war schließlich mit Mehmed II. ein osmanischer Sultan, der dem Ganzen am 29. Mai 1453 mit der Eroberung Konstantinopels das formale Ende bereitete. Griechenland und nicht wenige griechische Inseln wurden fortan türkisch beherrscht. Andere Inseln wie Rhodos konnten sich noch längere Zeit unter fränkischer bzw. venezianischer Herrschaft behaupten, mussten später aber ebenfalls kapitulieren. Doch bedeutete dies nicht zwangsläufig den Untergang der gesamten griechisch-byzantinischen Kultur. Das Gegenteil war der Fall! Die orthodoxe Kirche trat als eigentliche Bewahrerin entsprechender kultureller Traditionen erneut auf den Plan, eine Rolle, die sie bis heute einnimmt. Insofern gehören orthodoxe Klöster, in deren Schreibstuben manch bedeutendes Buch aus der Antike vor dem Untergang bewahrt wurde, gewissermaßen ebenfalls zu den archäologischen Highlights einer Reise auf den Spuren der antiken griechischen Inselwelt(en).

Seite 19
Blick vom Ionischen Meer auf die antike Siedlung (Paleokastritsa) von Korfu

SIEBEN AUF EINEN STREICH – DIE IONISCHEN INSELN

Vor der Westküste Griechenlands befindet sich von Albanien im Norden bis zur Peloponnes im Süden reichend eine Inselgruppe, die wegen ihrer Lage im sog. Ionischen Meer, von dem sich bereits antike Autoren nicht einig waren, nach wem es eigentlich benannt ist, entweder Ionische Inseln oder wegen ihrer sieben Hauptinseln (von Nord nach Süd: Korfu, Paxos, Lefkada, Ithaka, Kefalonia, Zakynthos, Kythera) auch Siebenerinseln (gr. Eptánisa bzw. Eptánisos) heißen. Hinzu kommen zahlreiche kleinere Inseln. Die Inselgruppe gehört heute verschiedenen Präfekturen des modernen Griechenlands an.

Einige Inseln waren bereits im Neolithikum bewohnt. In der Bronzezeit sind die meisten von ihnen in den mykenischen Kulturkreis eingebunden gewesen. Eine literarische Nachwirkung hiervon stellen die homerischen Epen dar, in der die Insel Ithaka (Nr. 4) als Herrschaftsbereich des listenreichen Odysseus mehrfach erwähnt wird. Wirklich bedeutend sind die Ionischen Inseln in der Antike nicht gewesen. Eine Ausnahme hiervon bildet nur die von Korinth aus bereits im 8. Jh. v. Chr. gegründete Koloniestadt Kerkyra/Korfu (Nr. 1). Die weitgehende Bedeutungslosigkeit der Ionischen Inseln hielt bis zur römischen Herrschaft an, wo sie Teil der Provinz Achaea gewesen sind. Später gehörten sie zum Reich der in Byzanz/Konstantinopel regierenden oströmischen Kaiser. Bereits im 5. und 6. Jh. plünderten zunächst Vandalen und später dann Goten einige Inseln. Im 9. Jh. kamen die Langobarden, denen die Normannen und schließlich die Venezianer folgten. Letzteren gelang es immerhin, bis zum Jahr 1797 die Inseln gegen die osmanischen Türken zu verteidigen. Mit der Niederlage der Seerepublik gegen Napoleon avancierten erst die Franzosen und danach die Engländer zu neuen Oberherren. Unter französischem Schutz entstand sogar ein eigenes Staatsgebilde, die sog. Republik der Ionischen Inseln, mit einem Präsidenten an der Spitze. Ab 1809 und endgültig seit 1815 übten die Briten ein Protektorat über die Vereinigten Staaten der Ionischen Inseln (Septinsular Republic) aus. In den Jahren 1863/1864 vollzog sich schließlich ein verfassungsrechtlicher Prozess, an dessen Ende die Inseln ins Königreich der Hellenen eingegliedert wurden.

Auf dieser Insel gaben sich die prominentesten Royals des Alten Europas vor dem Ersten Weltkrieg sozusagen die Klinke in die Hand. Kaiserin Elisabeth von Österreich-Ungarn (1837–1898) ließ sich auf Korfu hoch über dem Ionischen Meer einen traumhaften weißen Sommerpalast errichten, der später in den Besitz Kaiser Wilhelms II. (1859–1941) gelangte. Dieser reiste mehrfach mit seiner kaiserlichen Yacht nach Korfu und interessierte sich sehr für die Grabungen im Artemis-Heiligtum. Während seines späteren Exils im niederländischen Haus Doorn veröffentlichte er nicht nur seine Erinnerungen an Korfu (1924), sondern auch Studien zur Gorgo (1936). Nach dem Krieg kam noch der britische Prinzgemahl Philipp (1921–2021) hinzu, der angeblich auf einem Tisch in der Sommerresidenz der griechischen Könige, der Villa Mon Repos, geboren wurde.

01 UNTER DEM SCHUTZ DER MEDUSA – ANTIKE DENKMÄLER AUF KORFU

Im Altertum glaubten nicht wenige, dass das antike Kerkyra mit der Phaiakeninsel Scheria aus Homers „Odyssee" gleichzusetzen sei. Das heute Pontikonisi (Mäuseinsel) genannte Inselchen vor der Stadt galt gar als Schiff der Phaiaken, mit dem sie Odysseus nach Hause geleitet hatten und das daraufhin von den rachsüchtigen Göttern, die dieses verhindern wollten, in Stein verwandelt worden war. Trotz älterer Funde, die bis in neolithischer Zeit hinabreichen, beginnt die eigentliche Geschichte der Insel mit der 734 v. Chr. erfolgten Gründung Kerkyras durch die große Handelsmetropole Korinth. Anführer der ersten Kolonisten war Chersikrates, der aus der alten korinthischen Adelsfamilie der Bakchiaden stammte. Vorher sollen bereits Euboier hier einen ersten Ansiedlungsversuch unternommen haben. Die Stadt selbst spielte in der griechischen Geschichte keine ganz große Rolle. Immerhin erlangte sie durch den Handel mit den benachbarten illyrischen Stämmen auf dem Festland (heute Albanien) einen gewissen Reichtum, konnte selbst Kolonien gründen und schlug 664 v. Chr. in der ersten bekannten griechischen Seeschlacht die Mutterstadt Korinth. In den Perserkriegen soll sie ein Kontingent von 60 Schiffen aufgeboten, sich aber zunächst abwartend verhalten haben (Strabon VII fr. 4c). Ihr fortdauernder Streit mit Korinth um innere politische Konflikte in der gemeinsam gegründeten, an der heutigen albanischen Küste gelegenen Kolonie Epidamnos ist einer der Gründe für den Ausbruch des Peloponnesischen Krieges (431–404 v. Chr.) gewesen. Das weitere Schicksal Kerkyras war wenig spektakulär, dafür laut Strabon umso trauriger. Zahlreiche Kriege hätten den einstigen Reichtum zerrüttet; und die Insel habe mehr oder minder öde dagelegen. Erst nach der ‚Befreiung' durch die Römer wäre eine ge-

Seite 20
Blick auf das Vlacherna-Kloster (Korfu) und die Insel Pontikonisi. Letztere gilt wohl zu unrecht als Vorbild für Arnold Böcklins (1827–1901) berühmtes Gemälde „Die Toteninsel"

Abb. 6
Reste der Stadtmauer von Kerkyra bei der Kirche der Panagia Nerantzicha

wisse (Toten)Ruhe eingekehrt, was Strabon, ein angebliches Sprichwort zitierend, zu den Worten veranlasste, frei sei Kerkyra, man könne an jeder beliebigen Stelle seine Notdurft verrichten (VII fr. 4 a, c, d), wobei er dafür eine weitaus drastischere Vokabel wählte.

Die antike Hauptsiedlung Kerkyras befand sich an anderer Stelle als die heutige. Sie lag südlich davon und nutzte eine langgestreckte Halbinsel, die an der Nordostseite über einen natürlichen, für die Handelsschifffahrt bestimmten Hafen verfügte, der im Altertum als Hafen des Phaiakenkönigs Alkinoos galt. An der Westseite gab es ein zweites Hafenbecken, den Kriegshafen, der nach einem illyrischen Stamm auch Hyleer-Hafen hieß. Von der antiken Bebauung blieben einige bedeutende Reste erhalten, wenn auch der Großteil der antiken Stadt verloren ist. Hoch aufrechtstehende Teile der Stadtmauer aus dem 5./4. Jh. v. Chr. können bei der Kirche Panagia Nerantzicha im Vorort Anemomylos besichtigt werden (Abb. 6).

Die einstmals sicherlich vielgestaltige Sakraltopographie des antiken Kerkyra ist ebenfalls in Teilen bekannt. An erster Stelle muss der große Tempel der Artemis genannt werden. Seine Fundamente und der zugehörige Altar (Abb. 7) wurden unterhalb des Klosters Agios Theodoros gefunden. Der Bau zählt zu den frühesten griechischen Tempeln aus Stein und dürfte bereits im Jahrzehnt nach 600 v. Chr. entstanden sein. Besonders beeindruckend sind die Reste seines ebenfalls steinernen Giebelschmucks, die im Archäologischen Museum von Korfu aufbewahrt werden (vgl. Abb. 10). Der Tempel war mit acht Säulen an den beiden Fronten und je 17 an den Langseiten ziemlich groß. Die recht gedrungen wirkenden Säulen erreichten einst immerhin eine Höhe von 6,30 m. Auch die Cella wurde aufwendig gestaltet. Zwei Reihen aus wohl jeweils zehn Säulen trennten sie in drei Schiffe. Im Vorraum (gr. Pronaos) und im rückwärtigen Teil (gr. Opisthodom) standen zwischen den vorgezogenen Seitenmauern (Anten) je zwei Säulen im Eingangsbereich (in antis). Bei seiner Errichtung besaß der Tempel anfänglich noch ein mit Terrakottaschmuck verkleidetes Dach, das um 520 v. Chr. jedoch ein marmornes Gesims erhielt. Die Reste von beiden Phasen, Stirnziegel und Wasserspeier, sind im Museum zu besichtigen. Der vor der Ostseite liegende Altar ist in Teilen bis zu einer Höhe von gut 1 m erhalten. Von ihm führte eine Rampe direkt zum Tempel. In hellenistischer Zeit erhielt das Heiligtum noch einen Hallenbau (gr. Stoa), von dem ebenfalls Abschnitte zu sehen sind.

Abb. 7
Altar vor dem Tempel der Artemis in ihrem Heiligtum bei Agios Theodoros (Paleopolis)

Im Park der Villa Mon Repos liegen die Reste eines weiteren Heiligtums, der sog. Tempel von Kardaki (Abb. 8). Er wurde in spätarchaischer Zeit, d. h. gegen 500 v. Chr., erbaut. An der Front besaß er sechs Säulen. Wie lang er ehemals war, ist nicht sicher zu sagen. Zusätzlich blieb der hintere Teil der Cella mit der Kultbildbasis erhalten. Der Park okkupiert große Teile der Ostseite der Halbinsel, von der wir v. a. aus Inschriften wissen, dass diese in der Antike noch weitere Heiligtümer besaß. Als Kultinhaber sind Hera Akraia, Apollon Korykaios und andere Gottheiten belegt. Zudem muss es im Areal beim Kloster Kassopitra (Phigareto) ebenfalls Tempelbauten gegeben haben (s. u. Museum).

Abb. 8
Reste des Tempels im Park der Königlichen Villa von Mon Repos

Abb. 9
Grabmal des Menekrates

Die auf der Westseite der Kanoni-Halbinsel sich erstreckende einstige Wohnstadt ist kaum bekannt. Von den bei der Gemarkung Garitsa liegenden Nekropolen blieb dagegen ein Monument bestens erhalten. Es handelt sich um das Grabmal des Menekrates (Abb. 9), das aus einem Grabhügel bestand, den ein kreisrunder, mehrschichtiger Steinsockel einfasste. In der Nähe wurde ein steinerner liegender Löwe gefunden (vgl. Abb. 11), der die Spitze des Grabes bekrönt haben könnte. Entstanden sind beide im späten 7. Jh. v. Chr. Die mitgefundene Inschrift gibt Auskunft über den Grabinhaber, der aus einer Stadt am Golf von Korinth namens Oiantheia stammte und immer wieder Personen aus Kerkyra bei sich gastlich aufgenommen hatte, wofür ihm die Kerkyraier den Ehrentitel eines Proxenos verliehen. Nach seinem Tod bei einem Schiffsunglück erbaute sein Bruder Praximenes zum Gedenken ein Scheingrab (gr. Kenotaph) auf Korfu, an dessen Errichtung sich die Einwohner der Stadt beteiligten.

Ein Besuch der antiken Ruinen von Korfu wäre unvollständig ohne Betrachtung der im Archäologischen Museum aufbewahrten Fundstücke von der Insel. Das zwischen 1962 und 1965 errichtete Gebäude befindet sich in der Straße Vrela Armeni 1. Zu den Topstü-

Abb. 10
Reste des Giebelschmucks von der Westfront des Tempels der Artemis; Korfu, Museum

cken gehört der bereits erwähnte Giebelschmuck des Artemis-Tempels (Abb. 10), dem der Hauptsaal des Museums gewidmet ist. Erhalten blieben insbesondere größere Partien der Westseite, die in Sturzlage direkt vor dem Tempelfundament entdeckt worden sind. Sie zeigen in der Mitte die im sog. Knielaufschema dahineilende Gorgonenschwester Medusa, an deren linker Seite ihre beiden Kinder, der menschengestaltige Chrysaor und das Flügelpferd Pegasos, von dem nur ein Vorderlauf die Zeiten überdauert hat, zu sehen sind. Eingerahmt wird diese Mittelgruppe von je einem Panther. In den beiden Ecken gab es weitere, etwas kleinere Figurengruppen. Vom Betrachter aus rechts attackiert Zeus mit erhobenem Blitz eine große männliche Gestalt, deren Deutung unklar bleibt; und links wird – wesentlich schlechter erhalten – eine sitzende Person mit einer Lanze bedroht. Die Wahl der Gorgo als Bildmotiv dürfte zweifach motiviert gewesen sein. Zum einen geht im örtlichen Dialekt der Inselname Gorgyra (Korkyra/Kerkyra) offenbar direkt auf den des Ungeheuers zurück. Zum anderen wurden in vielen frühen Tempelgiebeln bewusst mächtige dämonische Wesen und Tiere wie Löwen, Panther und Stiere (häufig in Gestalt von sog. Tierkampfgruppen) dargestellt, die sowohl die Kraft der im Tempel jeweils verehrten Gottheit symbolisieren als auch übelabwehrend (gr. apotropäisch) wirken sollten. Weitere Highlights sind ein kleinerer, um 500 v. Chr. entstandener Giebel aus Kalkstein, der im Gebiet von Kanoni/Phigareto (Kloster Kassopitra) entdeckt wurde und dessen erhaltene linke Seite eine Trinkszene mit zwei Männern auf einem Gelagebett (gr. Kline) zeigt, sowie der beim Grab des Menekrates gefundene Löwe vom Ende des 7. Jhs. v. Chr. (Abb. 11).

Abb. 11
Liegender Grablöwe, gefunden in der Nähe des Grabmals des Menekrates; Korfu, Museum

Was für ein Abstieg! Erst einer der Lieblingsaufenthalte der sagenhaft schönen Sissi, die hier gerne bestattet worden wäre, dann immerhin noch Urlaubsort des berühmt-berüchtigten Kaiser Wilhelms II., der auf der Insel seinem Hobby, der Archäologie, frönen konnte, und schließlich als Tiefpunkt der Geschichte die Nutzung des Anwesens als Spielkasino. Wer heute in der Villa auf den Spuren Elisabeths und Wilhelms wandelt, wird dort bestrestaurierten Antikenkitsch der Belle Époque finden.

02 SISSIS TRAUM VON DER HEROISCHEN VERGANGENHEIT – DAS ACHILLEION AUF KORFU

Österreichs Kaiserin und Ungarns Königin, die nicht nur schön, sondern offenbar auch recht geschäftstüchtig war, und daher während ihrer Ehe mit Kaiser Franz Joseph ein größeres Privatvermögen aufbaute, konnte es sich folglich leisten, etwa 7 km südlich der heutigen Stadt Korfu bei Gastouri oberhalb des Ionischen Meeres in den Jahren 1890 bis 1892 einen weißen Sommerpalast erbauen zu lassen (Abb. 12). Vorher stand an dieser Stelle eine alte Villa, die von Alexander von Warsberg (1836–1889) in seinem 1878 erschienen Buch „Odysseeische Landschaften" geradezu hymnisch beschrieben wurde. Die Lektüre dieses Werkes ihres späteren Reisebegleiters scheint Elisabeth derartig beeindruckt zu haben, dass sie das Gebäude unbedingt erwerben wollte, was ihr schließlich auch gelang. Sie richtete es neu ein und bewohnte es auch.

Bald darauf wurde der Plan eines Neubaus im antiken griechischen Stil gefasst. Hierzu nahm die Kaiserin zunächst Kontakt mit einem der da-

Abb. 12
Frontseite der kaiserlichen Villa Achilleion

mals wichtigsten Architekten auf, der in Athen (u. a. Universität und Akademie von Athen), aber auch in Wien (u. a. Parlament) bekannte antikisierende Gebäude errichtet hatte. Sie entschied sich aus unbekannten Gründen letztlich jedoch gegen die Entwürfe Theophil Hansens (1813–1891) und beauftragte stattdessen die aus Neapel stammenden Raffaele Carito und Antonio Landi. Beider Herkunft ist der Architektur und v. a. der Ausstattung deutlich abzulesen. Mehrfach standen hierfür Vorbilder aus Pompeji und den anderen Vesuvstädten Pate. Beispielsweise gehen die beiden bronzenen Athletenfiguren (nach vorne gebeugte Läufer) im Park der Villa auf Stücke aus der sog. Papyrus- oder Pisonenvilla in Herculaneum (heute im Nationalmuseum von Neapel) zurück (Abb. 13). Zudem können viele Wanddekorationen ihren pompeianischen Ursprung nicht verleugnen. Die Villa ist damit ein hervorragendes Beispiel für die architektonische und bildkünstlerische Rezeption des Altertums am Ende des 19. und zu Beginn des 20. Jhs. Archäologie-Interessierte finden hier folglich zwar keine Originale, dafür höchst qualitätvolle Zeugnisse für eine erträumte griechische Antike, wie sie sich die gebildete Welt damals vorstellte. Dass vieles davon eher römischen Ursprungs ist, wurde dabei gerne übersehen.

Abb. 13
Bronzene Athletenfigur im Park der Villa Achilleion

Benannt hat Elisabeth die Villa nach Achilleus, dem größten griechischen Helden des Kampfes um Troia. In Homers „Ilias“ wird er als junger strahlender Heros geschildert, vor dessen Mut und Kraft alle zittern. Die Kaiserin scheint ihn in gewisser Weise bewundert zu haben. Im Achilleion ist er deshalb gleich zweifach im Bild präsent. Schon im Jahr 1884 schuf der Berliner Bildhauer Ernst Herter (1846–1917) die Marmorskulptur des „Sterbenden Achill“, die die Monarchin später ankaufte und dann an prominenter Stelle im Garten platzieren ließ. 1892 schließlich beauftragte sie den österreichischen Maler Franz Matsch (1861–1942) mit einem großen, für das Obergeschoss des Treppenhauses bestimmtes Fresko, das Achilleus in triumphaler Pose zeigt, wie er den Leichnam des von ihm erschlagenen Troianerprinzen Hektor mit seinem Streitwagen vor den Mauern der belagerten Stadt hinter sich her schleifend schändet (Abb. 14).

Schon recht bald nach Fertigstellung der neuen Villa bereute Elisabeth den Neubau augenscheinlich. Sie beklagte den Verlust der alten Stimmung und entschloss sich, das Ganze wieder zu

Abb. 14
Wandgemälde mit der Darstellung des Triumphes des Achilleus über Hektor; Franz Matsch; 1892–1894

veräußern. Ihr Gatte hat den Ort jedenfalls niemals gesehen. Teile des Mobiliars und andere transportable Einrichtungsgegenstände scheinen nach Wien zur geplanten Ausstattung von ‚korfiotischen Zimmern' verbracht worden zu sein. Der Verkauf des Anwesens konnte aber zu Lebzeiten der Kaiserin nicht mehr realisiert werden. Erst 1907 erwarb es Kaiser Wilhelm II. von ihren Erben, nachdem er 1905 die griechische Königsfamilie auf Korfu in deren Villa Mon Repos besucht und dabei Gefallen an der Insel gefunden hatte. Im Auftrag des Herrschers erstellte der v. a. in Athen tätige Architekt Ernst Ziller (1937–1923) Pläne für den Umbau und die Renovierung des Achilleions. Zusätzlich sollte auf dem Gelände ein neuer 40 Zimmer umfassender Palast entstehen, der allerdings nicht realisiert wurde. Zudem nahm der Kaiser wichtige Eingriffe in die Skulpturenausstattung der Villa vor. So ließ er die Statue des von ihm nicht gemochten deutschjüdischen Schriftsteller Heinrich Heine (1797–1856) durch eine Kaiserin Elisabeths ersetzen, und auch der „Sterbende Achill" behagte ihm wenig. Er verlor seinen prominenten Aufstellungsplatz im Park und wurde einige Meter nach hinten versetzt. An seine Stelle trat ein riesiger stehender bronzener Achill in kriegerischer Tracht von der Hand des Potsdamer Künstlers Johannes Gottfried

Götz (1865–1934). Der Helm und die Lanzenspitze der Statue waren mit Gold überzogen, das so glänzte, dass man das Standbild bei klarem Wetter von Korfu-Stadt aus erkennen konnte. Ferner wurde das Mobiliar, soweit es nicht ohnehin nach Österreich gekommen war, durch eine aus Deutschland stammende Einrichtung ersetzt. Die Villa verfügte sogar über eine eigene Schiffsanlegestelle, von der aus ein Weg samt Brücke (Kaiser's Bridge) nach oben führte. Bis zum Ersten Weltkrieg nutze der preußisch-deutsche Hof das Anwesen mehrfach für diplomatische Zwecke.

Der Kaiser selbst weilte im Gegensatz zur Vorbesitzerin häufiger in seiner Villa auf Korfu. Meist verbrachte er um die Osterzeit einige Wochen auf der Insel. Die Zeit vertrieb sich der für Archäologie zu Begeisternde u. a. mit seiner Beteiligung an den Grabungen im Heiligtum der Artemis. Sie standen im Auftrag des griechischen Königs Georg I. (1845–1913) unter der Leitung von Heinrich Schliemanns langjährigem Mitarbeiter Wilhelm Dörpfeld (1853–1914). Wilhelm II. war, wie er in seinen später veröffentlichten „Erinnerungen an Korfu" berichtet, persönlich anwesend, als das Giebelrelief mit der Gorgo (vgl. Abb. 10) entdeckt wurde. Später publizierte er sogar eine Abhandlung. Dieser Fund muss ihn nachhaltig beeindruckt haben. So stiftete er im Exil den Mitgliedern einer von ihm ins Leben gerufenen wissenschaftlichen Gesellschaft ein Abzeichen sowie einen Becher, die beide mit einer kleinen silbernen Gorgofigur geschmückt waren. Nach Korfu kehrt der Exkaiser nach seiner Abdankung freilich niemals zurück. Sein Anwesen wurde verkauft, war eine Zeitlang ein Spielkasino und kann heute besichtigt werden.

Reisende mit Liebeskummer sollten nicht nach Lefkada reisen. Die Dichterin Sappho gab auf der Insel einst ein schlechtes Beispiel, als sie sich angeblich aus enttäuschter Liebe zum Fährmann Phaon vom Leukadischen Felsen in den Tod stürzte. Auf Lefkada fand zudem, allerdings auf natürliche Weise in hochbetagtem Alter von 87 Jahren, Heinrich Schliemanns Assistent Wilhelm Dörpfeld (1853–1940), der selbst als Bauforscher und Archäologe Bedeutendes geleistet hatte, den Tod. Sein Grab befindet sich direkt gegenüber dem Hafen von Nidri. Erfolglos blieben Dörpfelds nahezu lebenslange Bemühungen, Lefkada als das homerische Ithaka des Odysseus zu erweisen.

03 TOD EINER DICHTERIN – DER LEUKADISCHE FELSEN AUF LEFKADA/LEUKAS

Wirklich Bedeutendes in archäologischer Hinsicht hat die Insel zwar nicht zu bieten, doch sollte man das landschaftlich durchaus reizvolle Lefkada nicht nur wegen seiner schönen Strände besuchen (Abb. 15), sondern sich vor Ort v. a. auf die Spuren zweier großer Frauengestalten der Antike begeben, die dort beide aus Liebeskummer ihrem Leben angeblich ein Ende bereitet haben. Schauplatz des Geschehens war jeweils das im Südwesten liegende Kap, dessen senkrechte

Abb. 15
Strand von Kalamitsi auf Lefkada

Abb. 16
Liebig-Fleischextrakt-Sammelbild aus der Reihe zu Pacinis Sappho-Oper

weiße Kalksteinklippen der Insel insgesamt den Namen die ‚Weiße' (gr. Leukas) gegeben haben, und die im Altertum der ‚Leukadische Felsen' hießen. Von der einen Heldin, die dort zu Tode kam, der ‚lesbischen' Dichterin Sappho, ist bereits oben die Rede gewesen. Ihr Leben und Tod faszinierte v. a. das 19. Jh. Nicht wenige Komponisten, darunter Charles François Gounod (1818–1893) und Jules Massenet (1842–1912), schufen entsprechende Opern. Der heute weitgehend unbekannte Giovanni Pacini (1796–1867) landete mit einem entsprechenden Werk 1840 seinen einzigen größeren Erfolg. Wie populär seine „Saffo" damals war, zeigt eine ganze Serie zu seiner Oper aus der berühmten Reihe der Liebig-Fleischextrakt-Sammelbilder, von denen eines den Tod der Sappho am Leukadischen Felsen thematisiert (Abb. 16). Auch widmete der französische Schriftsteller Alphonse Daudet (1840–1897) dieser tragischen Gestalt eine Novelle, die wiederum die Grundlage für Massenets Oper bildete.

Bei der anderen Frau handelt es um keine Dichterin, sondern um die Herrscherin Artemisia von Karien. Sie, die auf der Seite des Perserkönigs Xerxes selbst die karischen Schiffe in der Seeschlacht von Salamis (480 v. Chr.) befehligte, wird im Buch VIII der Historien Herodots von Halikarnassos (ca. 490/480–430/420 v. Chr.) ausgesprochen positiv dargestellt. Gerühmt werden insbesondere ihre Tapferkeit und Klugheit. Sie soll sogar den Leichnam des Ariamenes, des Bruders des Xerxes, geborgen haben (Plutarch, Themistokles 14, 4). Die Athener jedenfalls setzten angeblich 10.000 Drachmen Belohnung aus, die sie demjenigen versprachen, der die ihnen verhasste Königin gefangennähme (Herodot, 8, 93, 2). Ihr Tod auf Lefkada ist dagegen reine Legende. Diese geht wahrscheinlich auf den im 1. Jh. n. Chr. tätigen griechischen Schriftsteller Ptolemaios Chennos zurück und blieb nur in einer Kurzzusammenfassung von der Hand des Konstantinopler Patriarchen Photios I. (ca. 810/820–893) in dessen Werk Bibliotheké (Myrobiblion Codex 190, 153, 25 ff. ed. Bekker) erhalten. Demnach habe sich Artemisia in den schönen, aus Abydos stammenden Jüngling Dardanos verliebt, der sie jedoch verschmähte. Daraufhin stach die Königin ihm im Schlaf die Augen aus. Ihre Liebe erlosch dennoch nicht. Ein Orakel, das sie befragte, riet ihr, vom Leukadischen Felsen zu springen, um den Liebeskummer endgültig loszuwerden. Dies gelang auch, aber anders als gedacht, da Artemisia den Sprung nicht überlebte. Angeblich soll sie gleich am Ort ihres Todes begraben worden sein.

Von den antiken leukadischen Berühmtheiten sollten noch der mythische König Lelex Erwähnung finden sowie der ganz sicher historische Timonides. Lelex hatte zwar nur eine Tochter, die aber den Leleboas gebar, der wiederum 22 Söhne zeugte, weshalb Lelex bei den Griechen und Römern neben dem gleichnamigen Poseidonsohn als Stammvater der nicht Griechisch sprechenden Leleger galt. Timonides war dagegen ein geschichtlich gut bezeugter griechischer Offizier und Geschichtsschreiber, der in Sizilien auf Seiten des Dion (409–354 v. Chr.) gegen den Tyrannen Dionysios II. von Syrakus (ca. 396 – nach 337 v. Chr.) kämpfte. Hierüber scheint er einen schriftlichen Bericht verfasst zu haben, der in der Antike als zuverlässig galt, auch wenn er darin sicherlich in erster Linie die Sicht des Dion, mit dem ihn eine Freundschaft verband, wiedergegeben haben dürfte (Plutarch, Biographie des Dion 31, 3 und 35, 4).

Abgesehen von solchen mythischen und historischen Personen, die mit der Insel verbunden sind, ist Lefkada insofern altertumswissenschaftlich von Interesse, als nicht nur Wilhelm Dörpfeld, sondern auch andere fest daran glaubten bzw. immer noch glauben, dass Lefkada das eigentliche homerische Ithaka sei. Dörpfeld lokalisierte den Palast des Odysseus westlich von Nidri/Nydri an der Südküste. Auch wenn entsprechende Grabungen nicht wirklich erfolgreich gewesen sind, so lohnt es sich dennoch, sozusagen mit Homer in der Hand die Insel zu bereisen und die angebliche oder tatsächliche Nähe der homerischen Beschreibungen von Ithaka mit dem heutigen Landschaftsbild Lefkadas zu vergleichen.

Als gesicherter können dagegen die folgenden Erkenntnisse gelten: Neolithische Funde aus den sog. Schweinehöhlen (gr. Chirospilia) an der Südküste und bei Phryni im Norden belegen eine Besiedlung Lefkadas bereits im 4. Jt. v. Chr.; und in die Bronzezeit zu datieren sind Ausgrabungsplätze bei Syvras im Inselinneren sowie bei Chortata an der Westküste. Besondere Bedeutung erlangten Dörpfelds zwischen 1907 und 1910 in der Nähe von Nidir/Nydri durchgeführten Untersuchungen, die zur Entdeckung eines früh- und mittelbronzezeitlichen Gräberfeldes mit z. T. recht aufwendigen Grabhügeln (Tumuli) führten, was möglicherweise auf die Existenz einer gesellschaftlichen Elite deutet, und die Anlass dazu gaben, an dieser Stelle auch die einstige Residenz des Odysseus zu vermuten. Allerdings scheint die Nekropole in der eigentlichen mykenischen Zeit gar nicht mehr belegt gewesen zu sein, wodurch Dörpfelds These hinfällig ist. Ein Denkmal erhielt der Ausgräber dennoch (Abb. 17).

Abb. 17
Denkmal Wilhelm Dörpfelds am Hafen von Nidir/Nydri

Von der 640 v. Chr. an der Nordostspitze gegründeten Koloniestadt der Korinther, die bei Kalligoni 2,5 km südlich der heutigen Siedlung liegt, erbrachten ältere Grabungen diverse Reste, die z. T. heute nicht mehr sichtbar sind. Es handelt sich dabei um verschiedene Mauerabschnitte im Bereich der Akropolis und der eigentlichen Unterstadt sowie eine Hafenmole und das hellenistische (3./2. Jh. v. Chr.) Theater. Im Norden ist das Festland sehr nah, sodass schon in der Antike an dieser Stelle sowohl ein schiffbarer Kanal, den bereits die ersten korinthischen Kolonisten anlegten, als auch unter der Herrschaft des Kaisers Augustus (reg. 27 v. – 14. n. Chr.) eine Brücke gebaut wurden. Das aus Quellen bekannte Heiligtum des Apollon Leukatas ist auf der bereits erwähnten südwestlichen Halbinsel am gleichnamigen Kap Leukatas beim heutigen Leuchtturm zu verorten.

In der Nähe des Busbahnhofes und des Jachthafens der modernen Inselhauptstadt wird derzeit ein großes neues Archäologisches Museum errichtet, da das alte in der Straße Angelou Sikelianou ke Svoronou viel zu klein ist, um die wichtigsten Funde der Insel angemessen zu präsentieren.

Ithaka kann für sich beanspruchen, einer der ältesten Schauplätze der abendländischen Literatur zu sein. Angeblich soll die Insel einst den Palast des listenreichen Odysseus beherbergt haben. Es mangelt bis heute nicht an Versuchen, diesen tatsächlich zu finden, oder zumindest einen Platz zu entdecken, an dem nachweislich mykenische Kriegerherren residiert hatten. Wer hierher reist, sollte unbedingt Homers Odyssee mit sich führen, um vor Ort wenigstens auf literarische Weise vor dem inneren Auge das zu erblicken, was in der archäologischen Realität nicht ganz so spektakulär wirkt.

04 SAGENHAFTE HEIMAT DES ODYSSEUS – ITHAKA

Odysseus ist der Held, der auf Ithaka alles andere überstrahlt (Abb. 18). Seit den Zeiten Heinrich Schliemanns (1822–1890), nachdem dieser glaubte, das homerische Troia ausgegraben zu haben, waren nicht wenige Altertumsforscher geradezu besessen von der Idee, nun ihrerseits weitere Schauplätze aus Homers Epen entdecken und zweifelsfrei identifizieren zu können. Dabei vertraute man den Schilderungen des blinden Dichters ebenso blind. Homers Worte galten und gelten vielen auch heute noch als exakte Beschreibungen tatsächlicher topographischer Verhältnisse. Auf dieser Basis wagte man so manche Zuschreibung. Kritische Reisende sollten sich aber bewusst sein, wenn sie auf Ithaka der Heimat des Odysseus nachspüren, dass man nicht unbedingt davon ausgehen kann, dass Homer reale Land- und Ortschaften exakt beschreibt und das Beschriebene dann nach gut 3.000 Jahren immer noch so aussieht wie zu des Sängers Zeiten. Nichtsdestotrotz halten sich derartige Zuschreibungen hartnäckig.

Abb. 18
Kopf des Odysseus von einer großen marmornen Gruppe, das Skylla-Abenteuer darstellend, aus der Villa von Sperlonga, Italien (dort im Museum)

Dass die Insel bereits spätestens ab der Frühen Bronzezeit, d. h. dem 3. Jt. v. Chr., bewohnt war, ist freilich durch entsprechende Funde gesichert. So konnte über der heute Polis genannten Bucht, deren Name möglicherweise darauf hindeutet, dass sich hier ehedem tatsächlich die antike Hauptstadt (gr. Polis) von Ithaka befand, eine größere Siedlung archäologisch untersucht werden, deren älteste Schichten frühbronzezeitlich zu datieren sind. Aus der gleichen

Epoche stammen die baulichen Reste auf dem Hügel Pelikata nördlich des Dorfes Stavros. Von 2200 v. Chr. bis in die mykenische Zeit (17.–12. Jh. v. Chr.) scheint dieser Ort bewohnt gewesen zu sein. Aufgrund seiner Lage sehen nicht wenige Forscher in ihm die Stelle, an dem laut der epischen Überlieferung der Palast des Odysseus stand. In älterer Zeit bezeichneten die Einheimischen einen nördlich von Pelikata gelegenen, ins 6. Jh. v. Chr. zu datierenden Rundturm sogar als ‚Schule Homers'. Homerisch gedeutet wurden ferner die Hochebene von Marathia im Südosten Ithakas sowie eine Tropfsteinhöhle (gr. Marmora Spilia) im Südwesten bei der Bucht von Dexia. Auf der Erstgenannten soll Eumaios die Schweineherden geweidet, und in der Letztgenannten Odysseus zu den Nymphen gebetet sowie dort seine Schätze versteckt haben.

Es gibt aber noch andere Kandidaten. Der gut 670 m hohe Aëtos auf einer Landenge in der Inselmitte besaß an seinem Westabhang immerhin eine mykenische Festung. An dieser Stelle entwickelte sich dann im 8. Jh. v. Chr. eine ausgedehnte Siedlung, die im 6. Jh. v. Chr. bereits einen Tempel und weitere öffentliche Gebäude besaß. Gesiedelt wurde dort bis ins 1. Jh. v. Chr., danach erstreckte sich hier der ebenfalls antike

Abb. 19
Blick von Alalkomenai am Berg Aëtos auf das darunterliegende Meer

Ort Alalkomenai (Abb. 19). Die beherrschende Lage dieser Stelle hoch über der Meerenge könnte tatsächlich dafürsprechen, dass hier in mykenischer Zeit ein bedeutender Palastherr residierte, der freilich nicht unbedingt Odysseus geheißen haben muss.

In historischer Zeit dürfte allerdings die bereits erwähnte Siedlung oberhalb der Bucht von Polis bedeutender gewesen sein. Diese war ebenfalls bis in römische Zeit hinein kontinuierlich bewohnt. Im 8. und 7. Jh. v. Chr. unterhielten die Bewohner offenbar weiterreichende (Handels)Beziehungen, worauf entsprechende Keramikfunde hindeuten, die aus Korinth, Kreta und Rhodos stammen. Dass den damaligen Einwohnern die homerischen Epen durchaus bekannt waren und sie zu identitätsstiftenden Zwecken die Anknüpfung an Odysseus bewusst suchten, wird durch das Fundmaterial in der Loisos-Höhle unterhalb der Akropolis nahegelegt. Hier wurde schon im 9. Jh. v. Chr. Kult ausgeübt. Später verehrte man an dieser Stelle nachweislich die Nymphen sowie Odysseus selbst, dem zu Ehren es sogar Heilige Spiele gab. In der Höhle fanden die Archäologen beispielsweise aus Bronze gefertigte Dreifußkessel aus geometrischer Zeit (8. Jh. v. Chr.), wie sie laut Homer zum Schatz des Odysseus gehört haben sollen, aber auch Keramikfragmente, die Weihinschriften an die Nymphen tragen, sowie eine Tonmaske des 1. Jhs. v. Chr., die inschriftlich als Gabe für Odysseus gekennzeichnet ist. Aus der römischen Phase kennt man schließlich noch eine weitere Siedlung, die bei Vathy an der Ostseite der Insel ihre Spuren hinterlassen hat. Zudem gibt es in Stavros ein kleines Museum.

Abschließend sei daran erinnert, wie Homer in seiner „Odyssee" an verschiedenen Stellen den Palast des Odysseus beschreibt (insbesondere 17, 264ff. und 21, 42ff.). Man gewinnt den Eindruck eines mehrstöckigen Gebäudes. Es gibt zahlreiche Kammern, darunter tieferliegend sogar ein spezieller, Thalamos genannter Teil für die goldenen Schätze (2, 337f.). Die Hausherrin verfügt über einen eigenen oberen Bereich (18, 206ff.). Der wichtigste Raum im Haus ist ein großer Festsaal, in dem sich die Freier zum Gelage versammeln. Er ist prachtvoll möbliert, u. a. mit Stühlen (1, 126f.), und das Geschirr kostbar. Der Palast wird reichlich mit Wasser versorgt, verfügt sogar über ein eigenes Quellhaus (17, 264 ff.) und Badewannen (17, 87 ff.). Besondere Erwähnung findet noch das Ehebett von Penelope und Odysseus. Der Gatte selbst hatte es aus dem Stamm eines festverwurzelten Baumes gearbeitet. Es war unverrückbar (23, 158ff.).

Es ist zwar nicht Capris weltbekannte Blaue Grotte, die einen nach Kefalonia lockt, doch wirkt die Höhle von Melissani nicht weniger stimmungsvoll. Selbst Heinrich Schliemann stattete ihr zurecht einen Besuch ab. Denn das dortige Heiligtum für Pan und die Nymphen mit seiner Vielzahl an Funden lohnt archäologisch gesehen durchaus eine Reise; und wen das pittoreske Farbenspiel des Meeres gefühlsmäßig in Wallung bringt, kann dort gerne auch das Lied von den Capri-Fischern anstimmen.

05 SCHLIEMANN UND DIE HÖHLE DES PAN – MELISSANI AUF KEFALONIA

Kephallenia (modern Kefalonia), wie der Inselname in der Antike lautete, ist die größte der Ionischen Inselgruppe. Sie dürfte nach Ausweis entsprechender Spuren aus dem Bereich der Bucht des heutigen Hauptortes Argostolion/Argostoli an der Südwestküste schon in neolithischer Zeit bewohnt gewesen sein. Aus der nachfolgenden Epoche der Bronzezeit häufen sich die Funde. Gräber dieser Zeitstellung wurden südöstlich von Argostolion in der Ebene von Livatho bei Mazarakata ausgegraben. Unter diesen ragen insbesondere die Kuppelgräber von Metaxata hervor, die bedeutende mykenische Fundstücke bargen, von denen einige sogar ins Athener Nationalmuseum gelangten. Die übrigen Objekte werden im lokalen Archäologischen Museum im bereits erwähnten Hauptort der Insel aufbewahrt.

Auch im Fall von Kefalonia wurden einzelne Lokalitäten mit Schauplätzen aus der Odyssee verbunden. Homer scheint die Insel entweder unter dem Namen Same oder dem von Doulichion zu kennen. Beide finden im Epos als Besitz des Odysseus Erwähnung, wobei Doulichion in der „Ilias“ noch einem Herrscher namens Meges untertan ist und mit 40 Schiffen an der Belagerung Troias teilnimmt (2, 625–630). Es wurde auch daran gedacht, dass die beiden genannten Namen nicht im Sinn von zwei verschiedenen Inseln zu interpretieren sind, sondern lediglich den West- bzw. Ostteil einer einzigen bezeichnen.

Seit dem 7. Jh. v. Chr. scheinen die Korinther einen größeren Einfluss auf die Städte der Insel ausgeübt zu haben. Bekannt sind insgesamt vier antike Poleis. Sie hießen Krane, Pale, Pronnoi sowie Same und lagen alle im Bereich von fruchtbaren Ebenen, die einst ihre Versorgung mit den lebensnotwendigsten landwirtschaftlichen Produkten sicherstellten. Die nordwestlich von Argostolion entdeckten Ruinen von ehemals recht ausgedehnten Stadtmauern gehören zum antiken Krane.

Von Pale (Palaiokastro) im Westen der Insel bei Lixurion blieben ebenfalls Teile des Befestigungsringes erhalten. Mehr zu bieten hat Pronnoi im Südosten unterhalb des über 1.600 m hohen Berges Ainos, dessen Gipfel von dichten Wäldern bedeckt ist, in denen die berühmte Kefalonia-Tanne wächst. Dort oben erwähnt Hesiod (Fragment 81), ein Dichter des 7. Jhs. v. Chr., ein Heiligtum des Zeus Ainesios. Einen Tempel gab es hier nicht, wohl aber eine verehrte Höhle. Bronzezeitliche Funde belegen, dass der Platz bereits in dieser Zeit kultisch genutzt worden ist. Von der Stadt selbst kennen wir deren Akropolis, die einen Tempel aufwies, sowie ein Torgebäude und wiederum Stadtmauerabschnitte. Weiter ins Landesinnere hinein existierte zusätzlich eine ausgedehntere Festungsanlage. In der Nähe bei Nea Skala lag eine römische Villa, in der die Ausgräber einige größere Mosaikfußböden fanden. Nicht weit entfernt davon gibt es auf dem Kap Giorgos eine kleine Kirche mit darin verbauten antiken Spolien, Säulentrommeln und ein Kapitell aus dem 6. Jh. v. Chr. Weitere römische Wohnanlagen mit Mosaikschmuck liegen an der Südwestküste bei Vatsa und in Same.

Dessen Siedlungsgebiet an der Ostküste oberhalb des heutigen Hafenortes Sami ist noch ausgedehnter. Die Stadt besaß allein zwei Burgberge (gr. Akropoleis) und verfügte zudem gleich über mehrere Befestigungen. Drei Festungen (Kastro tu Sordatu, Palatia und Pyrgos) sind sicher

Abb. 20
Der See in der Höhle von Melissani

nachgewiesen (Abb. 21). Die in über 3,5 km Länge erhaltene hellenistische Stadtmauer umschloss ein Gelände von gut 36 ha, das gewiss nicht dicht auf dicht bebaut war. Man darf sicherlich mit freien Arealen rechnen, auf die sich in Kriegszeiten die Landbevölkerung mit ihren Herden zurückziehen konnten. Die flachere der beiden Akropoleis wird heute größtenteils vom modernen Dorf Kyathis eingenommen, das im Namen die antike Form Kyneatis weitestgehend bewahrt hat. An der Kirche des Heiligen Georgs fand man die Reste eines antiken Tempels. Besser erhalten blieben die Ruinen einer kaiserzeitlichen Thermenanlage mit Mosaiken aus dem 3. Jh. n. Chr., die vor Ort unter dem Namen ‚Rakospiti' (Lumpenhaus) bekannt ist.

Abb. 21
Mauern auf der Akropolis von Sami

Größere Aufmerksamkeit verdient die nordwestlich von Same in dessen Nähe liegende Höhle Melis(s)ani (Abb. 20). Zu ihr gehört ein See. Sie ist eine Tropfsteinhöhle, die in der Antike ein viel genutztes Naturheiligtum war, in dem der bocksbeinige Hirtengott Pan und wohl auch die Nymphen verehrt worden sind. Manche Weihgaben wurden offenbar im Wasser versenkt. Dort fand sie der Archäologe Spyridon Marinatos (1901–1974), der bei der Behandlung von Akrotiri (Nr. 18) noch eine große Rolle spielen wird. Er brachte sie ins Archäologische Museum von Argostolion. Die Höhle selbst misst 160 m in der Länge, 45 m in der Breite und weist eine Tiefe von 36 m auf. Im Gegensatz zu den antiken Gläubigen können die heutigen Reisenden sie auf weit bequemerem Weg betreten. In den 1960er Jahren grub man nämlich vom Meer aus einen Stollen bis zum Rand des in der Höhle liegenden Sees, sodass dieser nun wie in Capri mit Booten angefahren werden kann. Aufgrund der eingestürzten Höhlendecke gelangt viel Licht ins Innere, was je nach Tageszeit zu einer wundervollen Blaufärbung des Seewassers führt. Besonders eindrücklich ist dieses Phänomen in der Mittagszeit wahrzunehmen. Die Höhle von Melissani gehört deshalb zu den Hauptsehenswürdigkeiten Kefalonias. Auch der berühmte Selfmade-Millionär und Archäologe Heinrich Schliemann interessierte sich für den unterirdischen See, dessen Wasserspiegel oberhalb des Meeres liegt, genauer gesagt dafür, dass zwei Mühlen bei Argostolion nach Aussage der Einheimischen vom Meerwasser angetrieben würden, das landeinwärts in

Höhlen fließe. Dieses Phänomen lässt sich heute durchaus naturwissenschaftlich erklären.

In nur 3,3 km Entfernung kann südlich eine weitere Höhle, die von Drogarati besucht werden. Ihre Akustik wird zurecht gerühmt. Gelegentlich finden hier Konzerte statt. Die Höhle dürfte mehr als 150 Millionen Jahre alt sein. Sie ist erst seit 1963 für das Publikum geöffnet. Der Zugang erfolgt nicht auf dem Wasser. Stattdessen gelangt man über eine Doline, einen durch den teilweisen Einsturz der Höhlendecke offenen Sturztrichter, und deren künstlicher Treppe ins Höhleninnere. Als erstes erreichen die Besucher eine natürliche Plattform, die ‚Königlicher Balkon' genannt wird. Von hier aus ist der 65 m lange, 45 m breite und 20 m hohe Hauptbereich der Höhle zu überblicken, der von oben wie ein großer Saal wirkt. Ihn erschließt ein Rundweg.

Wegen schwerer Erdbebenschäden im Jahr 2014 ist das Archäologische Museum in Argostolion derzeit leider immer noch geschlossen. Die ausgestellten Objekte reichen zeitlich vom Neolithikum über die mykenische Epoche bis zum Byzantinischen Reich. Exquisite Spitzenstücke sind zwar nicht zu erwarten, es lässt sich aber anhand der Exponate sehr gut die Entwicklung der Insel bis zum Mittelalter nachverfolgen.

Manche Besucher von Kefalonia werden vielleicht den 2001 in die Kinos gekommenen, auf dem Roman von Louis de Bernières (* 1954) basierenden Film „Corellis Mandoline" mit Penelope Cruz in der weiblichen Hauptrolle gesehen haben, in dem die eine oder andere Lokalität auf der Insel als Kulisse für ein Geschehen fungiert, das einen realen Hintergrund hat. Nachdem Mussolini vom italienischen König abgesetzt worden war und fliehen musste, wurden die bis dahin als Kriegsverbündete betrachteten italienischen Truppen auf Kefalonia von der ebenfalls nach Griechenland eingefallenen Wehrmacht entwaffnet und gefangengesetzt. Im September 1943 kam es schließlich auf der Insel zur völkerrechtswidrigen Erschießung von 5.200 italienischen Kriegsgefangenen durch eine deutsche Gebirgsjägereinheit. Dieses als „L'eccidio di Cefalonia", zu Deutsch „Gemetzel von Kefalonia" bekannte Kriegsverbrechen, wurde in Deutschland lange nicht thematisiert, geriet durch den Film international aber wieder ins Gespräch.

Bis ins pharaonische Ägypten hinein kannte man in der Bronzezeit das nur 15 km vor der Südostspitze der Peloponnes liegende, zu den Ionischen Inseln gehörende Kythera. Im thebanischen Totentempel Amenophis III. (reg. ca. 1390/1388–1353/1351 v. Chr.) erscheint der Inselname auf einer Basis, die zahlreiche weitere Ortsbezeichnungen aus dem damaligen griechischen Kulturraum enthält und offenbar entsprechende (Handels-) Beziehungen dokumentiert. Die Hauptgöttin der Insel soll von den Phöniziern eingeführt worden sein. In der europäischen Tradition spielt Kythera als Sehnsuchtsort eine große Rolle. Zahllos sind entsprechende Beispiele aus Kunst, Literatur, Musik und Film.

06 IM REICH DER LIEBESGÖTTIN – KYTHERA

Frankreichs Star der Rokoko-Malerei, Jean-Antoine Watteau (1684–1721), lieferte 1717 etwas verspätet sein Aufnahmestück für die Pariser Akademie ab und wählte hierfür ein Thema aus dem 1700 erfolgreich aufgeführten Lustspiel „Die drei Cousinen“ von Florent Carton de Dancourt (1661–1725), in der von einer Pilgerfahrt nach Kythera (franz. Pèlerinage à l'île de Cythère) die Rede ist, auf der man sich in Liebesdingen prächtig amüsieren könne (Abb. 22). Die heutige Realität stimmt mit dieser klischeehaften Fantasie nur bedingt überein. Zwar ist es hier durchaus möglich, sofern man das möchte, im Urlaub amouröse Abenteuer zu erleben, doch kann man es auch nüchterner angehen lassen und sich eher für die landschaftlichen sowie historischen ‚Schönheiten‘ der Insel interessieren.

Kythera verfügte bereits in der Antike über einige natürliche Hafenbuchten, deren Existenz den überregionalen Handel sicherlich begünstigt haben. Als Handelspartner war die Insel insofern von besonderem Interesse, als in den umliegenden Küstengewässern größere Mengen von Purpurschnecken (Murex) existierten, deren Farbstoff man schon in der Bronzezeit hoch begehrte. Kythera ist in der Antike daher auch unter dem Namen Porphyrusa (Purpurinsel) bekannt gewesen. Fundstücke aus Ägypten und den altorientalischen Reichen belegen dementsprechend weitreichende Kontakte. In der Bronzezeit lag der Hauptsiedlungsort offenbar im Osten auf einer ins Meer hineinragenden Halbinsel, genauer gesagt in deren Südteil an der Bucht Avlemona, der bis in die frühbyzantinische Epoche hinein bewohnt blieb. Der gefundenen Keramik nach herrschte hier zunächst ein sehr starker minoischer Einfluss. Auf dem benachbarten Berg konnte ein ebenfalls minoisches Gipfelheiligtum mit zahlreichen Bronzestatuetten entdeckt werden. Um 700 v. Chr. erwähnt der Dichter Hesiod bereits ein Heiligtum für Aphrodite Kythereia (Theogonie 198 sowie 192. 196). Der Kult kam wohl aus Phoinikien und dürfte mit dort ursprünglich beheimateten spezialisierten Purpurhändlern/-arbeitern auf die Insel gelangt sein. Der Tempel galt als der älteste der Aphrodite in ganz Griechenland. Seine Lokalisation bleibt schwierig. Möglicherweise stammen die dorischen Kapitelle, die in Palaiokastro in die Mauern der dortigen Kirche des Heiligen Kosmas verbaut sind, von diesem Kultgebäude.

In historischer Zeit gehörte Kythera zunächst zu Argos, später dann zu Sparta, wurde zudem wegen ihrer Bedeutung als Zwischenstation des Handels mit Nordafrika, insbesondere zu Libyen und Ägypten im 5. und 4. Jh. v. Chr. immer wieder von athenischen Truppen besetzt, die sich jedoch nie längere Zeit gegen die spartanischen Rückeroberungsversuche behaupten konnten. Im 2. Jh. v. Chr. könnte Kythera von Sparta unabhängig geworden zu sein, da die Insel zu diesem Zeitpunkt eine eigene Münzprägung unterhielt. Die neugewonnene Freiheit war aber nicht von langer Dauer. Nach der Seeschlacht von Actium (31 v. Chr.) geriet Kythera in den persönlichen Besitz des Spartaners C. Iulius Eurykles, der, da er im Krieg auf der richtigen Seite gestanden hatte, vom Sieger, dem späteren Kaiser Augustus, mit dem römischen Bürgerrecht geehrt worden war. Ansonsten schweigen die Quellen über das weitere Schicksal Kytheras in der Antike. Eine Auswahl der archäologischen Fundstücke der Insel kann in einem kleinen Museum besichtigt werden, das sich im heutigen Hauptort Chora (Kythera) befindet.

Abb. 22
Gemälde Antoine Watteaus von 1717 mit der Darstellung einer „Pilgerfahrt nach Kythera"; Paris, Louvre

ERTRUNKEN BEI DER JAGD – SARONS GOLF UND INSELN

Als der mythische König Saron von Troizen – einer Landschaft im Osten der Peloponnes – zur Jagd aufbrach, wird er wohl kaum daran gedacht haben, dass nicht die von ihm erspähte tierische Beute dabei das Leben lassen muss, sondern er selbst. Doch genau das geschah. Der Herrscher stürzte nämlich nahe der Halbinsel Methana zwischen den heutigen Dörfern Psifta und Metamorphosi in den Psifäischen See (See Psifta) und ertrank dort. Der griechische Reiseschriftsteller Pausanias schildert das Ereignis in seiner 170/180 n. Chr. verfassten Beschreibung Griechenlands (2, 30, 7–8) recht ausführlich. Demnach verfolgte Saron einen Hirsch bis zu einer seichten und schlammigen Stelle am Meer, die aus diesem Grund Psiphaiasee genannt wurde. Das Tier versuchte schwimmend zu entkommen. Der königliche Jäger stürzte sich ebenfalls ins Wasser, geriet dabei aber immer weiter ins offene Meer, in dem er schließlich völlig erschöpft unterging und starb. Es nutzte ihm auch nichts, dass er vorher der Jagdgöttin an genau diesem Gewässer einen schönen Tempel errichtet hatte. Immerhin wurde sein am Strand gefundener Leichnam in diesem Heiligtum beigesetzt. Zudem brachte sein tragischer Sturz dem Saron wenigstens insofern unsterblichen Ruhm, als bis heute wie schon in der Antike der benachbarte Meeresgolf und die darin befindlichen Inseln nach ihm benannt sind.

Es gibt insgesamt sieben größere sowie weitere kleinere Saronische Inseln. Die größte hiervon ist Salamis, gefolgt von Aigina. Wegen der Nähe zum Ballungszentrum Athen und ihrer landschaftlichen Reize sind viele von ihnen als Wochenend- oder Feriendomizile gerade bei einheimischen Griechen sehr beliebt. Auch archäologisch gesehen haben die Saronen, wie sie ebenfalls genannt werden, recht viel zu bieten.

Einsam ragt die namengebende Säule (ital. Colonna) als Rest eines einstigen Apollon-Tempels über die Ruinen der direkt am Meer gelegenen Siedlung und weist allen Seefahrenden den Weg. Wer sie erblickt, stellt eingedenk der mahnenden Worte des Pausanias (2, 29, 6), die Anfahrt nach Aigina sei von allen griechischen Inseln wegen der ringsum hervorragenden Felsen und Klippen am schwierigsten, beruhigt fest, dass das Fährschiff bald den sicheren Hafen erreichen wird. Die Insel war in der Antike bekannt als Heimat vieler Helden. Berühmt ist v. a. das Heiligtum der Aphaia, aber auch die bis in die Bronzezeit zurückreichende Siedlung und andere Plätze haben archäologisch viel zu bieten.

07 TOD AN DER STADTMAUER – ALT-AIGINA AM KAP KOLONNA

Eine Tochter des Flussgottes Asopos und seiner Gemahlin Metope namens Aigina wurde aufgrund ihrer Schönheit von Zeus entführt und gebar auf der Insel, die nach ihr benannt wurde, den gemeinsamen Sohn Aiakos. Sie soll sonst menschenleer gewesen sein (Abb. 23). Erst Zeus habe auf Wunsch des erwachsenen Aiakos Menschen aus Erde geschaffen (Pausanias 2, 29, 2). Aiakos wurde auch für den die Insel umziehenden, bereits einleitend erwähnten Kranz aus Felsen und Klippen verantwortlich gemacht. Damit habe er die Landung von Seeräubern verhindern wollen (Pausanias 2, 29, 6). Aiakos' direkte Nachkommen Telamon und Peleus sowie seine von diesen abstammenden Enkel Aias und Achilleus spielten ebenfalls wichtige Rollen im griechischen Mythos. Letztere zählten zu den größten Kriegern des griechischen Heeres vor Troia. Für Aigina wichtig ist ferner der Heros Phokos gewesen, der der Landschaft Phokis, in dem das berühmte delphische Orakelheiligtum des Apollon liegt, seinen Namen gab. Er kam auf die Insel und ließ sich dort nieder. Einer seiner Enkel hatte bei der Eroberung Troias eine zentrale Funktion. Dieser Epeios, Sohn des Panopeus, war nämlich der Schöpfer des hölzernen Pferdes (Pausanias 2, 29, 4). Später kreuzten sich die Lebenswege der Brüder Telamon und Peleus auf fatale Weise mit dem des Phokos. Erstere ermordeten Letzteren und mussten fliehen (Pausanias 2, 29, 2). Der Totschlag geschah während eines Wettkampfes im Fünfkampf (gr. Pentathlon), zu dem Telamon und Peleus den Phokos herausgefordert hatten. Peleus schleuderte angeblich absichtlich einen steinernen Diskos in Richtung des Phokos und traf diesen tödlich (Pausanias 2, 29, 2). Aiakos verbot seinen Söhnen daraufhin, die Insel nochmals zu betreten. Peleus begründete im Norden Griechenlands eine Herrscherdynastie, von der abzustammen in historischer Zeit die Könige von Epirus für sich reklamierten; und auf

Seite 43
Petrokaravo im Saronischen Golf

Telamon und Aias führten sich der bei Marathon (490 v. Chr.) gegen die Perser erfolgreich agierende athenische Stratege Miltiades (ca. 550–489 v. Chr.) und sein Sohn Kimon (gegen 510–449 v. Chr.) zurück, der lange eine wichtige politische Rolle in Athen spielte (Pausanias 2, 29, 4).

Wissenschaftlich betrachtet fällt die Geschichte Aiginas freilich etwas prosaischer aus. Es dürfte wohl die strategisch günstige Lage der Insel gewesen sein, die schon in der Bronzezeit dazu führte, dass Aigina ein bevorzugter Siedlungsplatz wurde. Um die Mitte des 10. Jhs. v. Chr. könnten von der Argolis her neue Einwohner gekommen sein. Schon im Altertum galt Aigina landwirtschaftlich gesehen als armes Land (Strabon 8, 6, 16). Die Aigineten suchten daher ihr Heil zur See. Vielleicht lebten sie anfänglich insbesondere von Erträgen, die sie als Piraten erbeuteten. In einem weiteren Schritt wurde Aigina aber zu einer bedeutenden Handelsmacht (Herodot 2, 178. 4, 152; Aristoteles, Politeia 4, 1291 b 17 ff.; Pausanias 8, 5, 8). Die Aigineten scheinen zunächst v. a. mit Sklaven sowie, hierin Hausierern vergleichbar, mit kleineren Objekten gehandelt zu haben, weshalb man in der Antike Trödel, aber auch Parfums als ‚aiginetische Waren' bezeichnete. Ihr Ruf war wie der der gleichfalls berüchtigten Kreter dementsprechend lange Zeit nicht der

Abb. 23
Luftbild der Insel Aigina

beste. So lautete ein antikes Sprichwort für Leute, die sich besonders hinterhältig und gerissen verhielten: „Der Kreter gegen den Aigineten". Der besonders bei Aristokraten geschätzte Dichter Pindar (um 522/518 v. Chr. – nach 446 v. Chr.) feierte die Inselbewohner dann allerdings als ‚schiffsberühmt' und ‚langrudrig' (Nemeen 5, 9; Olympien 8, 20). Hesiod nennt sie gar die Erfinder der Schiffe (Fragment 205). Auch wurden sie mit Delphinen verglichen; und in der Seeschlacht von Salamis sollen sie sich gegen die Perser als die Tapfersten der gesamten griechischen Flotte erwiesen haben. Aiginas Stellung als Handelsmetropole zeigt sich zudem darin, dass ihr Währungssystem Vorbildcharakter hatte. Ihre Silbermünzen waren in vielen dorischen Stadtstaaten ein überall anerkanntes und hoch geschätztes Zahlungsmittel. Berühmt sind ferner die aiginetischen Bronzegießer gewesen. Künstler von der Insel, die sog. Aiginetische Bildhauerschule, schufen im 6. und 5. Jh. v. Chr. überall in der griechischen Welt bronzene Standbilder. Allein aus dem Heiligtum von Olympia sind mehrere solcher Werke bekannt (Pausanias 6, 9, 3. 5. 9; 11, 9; 12, 1). Im 5. Jh. v. Chr. kam es zu schweren Auseinandersetzungen mit der aufstrebenden Hegemonialmacht Athen, in deren Verlauf die Aigineten am Ende unterlagen. Im Jahr 431 v. Chr. zwang Perikles die Einwohner Aiginas sogar, ihre angestammte Heimat zu verlassen. Stattdessen siedelte er dort attische Kolonisten (gr. Kleruchen) an. Nach Athens Niederlage im Peloponnesischen Krieg führte nach 404 v. Chr. der siegreiche spartanische Admiral Lysander die Vertriebenen zwar wieder zurück, doch konnte Aigina nie wieder an die alte Größe anknüpfen. In der hellenistischen Epoche kaufte König Attalos II. von Pergamon (reg. 159–138 v. Chr.) die Insel. Nach dem Tod des letzten Herrschers Attalos III. (reg. 138–133 v. Chr.) kam sie mit dem gesamten pergamenischen Erbe in den Besitz Roms. Aus dieser Zeit ist historisch nur wenig bekannt. Um 267 n. Chr. erhielt die direkt am Meer liegende Hauptsiedlung Aiginas unter dem Eindruck von Barbareneinfällen einen letzten Befestigungsring, der ab dem 4. Jh. n. Chr. jedoch weitere Plünderungen nicht verhindern konnte. Aus diesem Grund siedelten die Bewohner in byzantinischer Zeit ins Landesinnere um (s. Nr. 8).

Archäologisch nachweisbare Siedlungsspuren reichen bis ins späte 4. Jt. v. Chr. zurück. Besonders eindrucksvoll sind die Ruinen am Kap Kolonna. Hier konnten die österreichisch-griechischen Ausgräber unter der Leitung des langjährigen Salzburger Professors Hans Walter (1920–2001) und seiner Nachfolger zahlreiche Reste entdecken. Ab der Mitte des 3. Jts. v. Chr. oder sogar noch früher bestand hier eine Siedlung, die bereits in der Bronzezeit mehrere Bauphasen aufwies. Das Ausgrabungsgelände, das auf einem Hügel, dem sog. Kap Kolonna, nordwestlich des modernen Hafens liegt und von diesem aus entlang des Küstenverlaufs bequem zu Fuß erreicht werden kann, wirkt auf den ersten und leider auch zweiten Blick etwas unübersichtlich. Grund hierfür ist die lange Besiedlungszeit des Platzes, sodass die Archäologen bei ihren Grabungen zahlreiche übereinanderliegende Schichten aus unterschiedlichen Zeiten freilegten, was dazu geführt hat, dass Laien bei einem Rundgang nur schwer beurteilen können, zu welcher chronologischen Phase die einzelnen teils über- und nebeneinander sichtbaren baulichen Reste gehören. Eine gewisse Orientierung verdanken wir Pausanias (2, 29, 6–30, 5), der Aigina im Anschluss an seine Darstellung von Epidauros wenigstens knapp beschreibt. Laut ihm gab es unweit des Hafens einen Tempel der Aphrodite. Den hervorragendsten Platz soll aber ein rechteckiger marmorner Bezirk mit alten Olivenbäumen und einem wohl mittig platzierten, nicht weit aus der Erde herausragenden Altargrab für Aiakos eingenommen haben, an dessen Eingang figürliche Reliefs griechische Gesandten zeigten, die dem Mythos nach während einer verheerenden Dürreperiode einst aufgrund eines Orakelspruches der delphischen Pythia Aiakos aufgesucht und ihn aufgefordert hatten, bei Zeus um Regen zu bitten; und tatsächlich habe es daraufhin in ganz Griechenland angefangen zu regnen (2, 29, 6–8). Direkt neben dem Aiakeion sah Pausanias einen von einer Einfriedung umgebenen Erdhügel mit einem rohen Stein obenauf, den er als Grabmal des Phokos be-

Abb. 24
Die Säule des Apollon-Tempels an dem nach ihr benannten Kap Kolonna, dem Gebiet der einstigen Hauptsiedlung Aiginas in der Antike

zeichnet (2, 29, 9). Anschließend erwähnt er einen zu seiner Zeit noch sichtbaren Hafendamm und erzählt hierzu die Geschichte vom Versuch Telamons, sich vor seinem Vater Aiakos zu verteidigen. Dieser habe ihm aber als Blutbefleckten das Betreten der Insel verweigert und erklärt, er könne vom Schiff aus oder, wenn er wolle, von einem im Meer aufgeschütteten Damm sprechen. Telamon sei deshalb nachts in den Hafen eingefahren und habe in der Dunkelheit bis zum Morgen das Bauwerk errichtet (2, 29, 10). Nicht weit von diesem sog. Geschlossenen Hafen erbauten die Aigineten ein Theater, das Pausanias als sehenswert und dem von Epidauros hinsichtlich seiner Größe und Ausführung ähnlich beschreibt. Es bildete zusammen mit einem angrenzenden Stadion offenbar eine architektonische Einheit, indem beide Anlagen an einer Seite wohl einen gemeinsamen Zuschauerraum hatten (2, 29, 11). Anschließend kommt Pausanias auf die Kulttopographie der Stadt zu sprechen, die er freilich recht summarisch abhandelt. Er zählt verschiedene Tempel und Kultbilder für Apollon, Artemis, und Dionysos sowie – diese an anderer Stelle, d. h. außerhalb der eigentlichen Stadt liegend – für Asklepios und Hekate auf. Die Statue des Apollon sei ein einheimisches nacktes Holzbild, die der Artemis bekleidet und der Dionysos bärtig gewesen. Das sich anderswo befindende Heiligtum des Asklepios habe über ein marmornes Sitzbild verfügt. Das Kultbild der Hekate schließlich schreibt Pausanias dem Athener Künstler Myron zu und nennt als Material für die ganze Figur wiederum Holz (2, 30, 1–2).

Vor Ort ist von der einstigen Pracht jedoch nur wenig zu sehen. Einen wichtigen Orientierungspunkt stellt die bereits erwähnte Säule dar (Abb. 24). Sie bildet zusammen mit dem darunterliegenden Fundament den Rest des einstigen Tempels für Apollon. Dieser war ein herkömmlicher Ringhallentempel (gr. Peripteros) mit 6 Säulen an den Schmal- sowie 11 an den Langseiten und wurde im späten 6. Jh. v. Chr. errichtet. Die stehengebliebene Säule (ital. Colonna), die dem Ort Kap Kolonna den Namen gab, gehörte zu seinem rückwärtigen Raum (gr. Opisthodom). Der Kult scheint aber älter zu sein und mindestens bis ins 7. Jh. v. Chr. zurückzureichen. Im Norden des Baus steht gut sichtbar eine heute noch relativ hoch anstehende Mauer. Zudem sind zwei Türme zu erkennen. Es handelt sich hierbei um die schon genannte spätantike Stadtbefestigung. Die darin gut sichtbaren Quaderblöcke stammen aus älteren Siedlungsphasen und wurden hier wiederverwendet. Auf allen Seiten unterhalb des Tempelfundaments konnten bei den Ausgrabungen Mauerzüge aus der Bronzezeit festgestellt werden, darunter auch eine frühe Stadtmauer. Einige davon sind südlich des Tempels zu sehen. Einer der spektakulärsten Funde aus dieser Epoche war sicherlich der eines direkt vor der Außenseite der Stadtmauer um 1700 v. Chr. angelegten mittelbronzezeitlichen Schachtgrabes, welches die Bestattung eines Kriegers barg. Dieser Bereich wurde südöstlich des Apollon-Tempels entdeckt. Der Bestattete dürfte bei den Kämpfen um die Stadt eine wichtige Rolle gespielt haben und wurde als beschützender ‚Held' nach seinem Schlachtentod hier mit zahlreichen Beigaben, u. a. einem für mykenische Kriegereliten typischen Eberzahnhelm, beigesetzt (heute im lokalen Museum). In solchen Schachtgräbern waren auch die Herrscher von Mykene mit ihren Schätzen, darunter kiloweise Gold, bestattet worden. Ihre Entdeckung durch Heinrich Schliemann im Jahr 1876 zählt weiterhin zu den ganz großen archäologischen Sensationen.

Die am Südabhang in den oberen Schichten sonst erkennbaren Mauern gehören zu byzantinischen Wohnhäusern. Die wenigen Schritte davon östlich aufrechtstehenden Mauerabschnitte können vielleicht als die eines Rathausbaues (gr. Bouleuterion) interpretiert werden. Auf der Westseite des Tempels für Apollon müssen sich zwei weitere heilige Schreine und andere Kultanlagen befunden haben. Die Fundamente eines Rundbaus dürften das bei Pausanias erwähnte Heroon des Phokas sein. Geht man in westlicher Richtung weiter auf das Meer zu, bricht das Plateau am Rand ab. Hier stand ein Kultgebäude aus hellenistischer Zeit, das möglicherweise dem pergamenischen König Attalos II. gewidmet war. Das von Pausanias thematisierte Theater sowie das Stadion lassen sich auf der Ostseite im Bereich des modernen Museums lokalisieren. Von der frühchristlichen Bebauung blieben die Fundamente zweier Kirchenbasiliken erhalten, die allerdings außerhalb des engeren antiken Stadtgebietes lagen. Eine davon ist der Vorgängerbau der modernen Panagitsa-Kirche, und die zweite befand sich im Norden der heutigen Stadt. Man erreicht die Stelle, wenn man von der Kirche des Heiligen Nikolaos in nördlicher Richtung geradeaus weitergeht. Der Mosaikfußboden einer bei der Polizeistation entdeckten Synagoge wurde in das Gebiet am Kap Kolonna und zwar gleich rechts hinter dem Eingang transportiert. Aigina-Stadt hat darüber hinaus einige hübsche klassizistische Bauten aus dem 19. und frühen 20. Jh. zu bieten

Als die Zeiten rauer wurden, sprich mehr und mehr ungebetene Gäste die Einwohner Aiginas heimsuchten, erschien ihnen ihr alter Wohnort direkt an der Küste eher ungeeignet zu sein. Sarazenen und andere ‚Barbaren' hatten ein zu leichtes Spiel. Ohne Anstrengungen konnten sie mit ihren Schiffen direkt vorfahren und unmittelbar mit den Plünderungen beginnen. Ein neuer Ort musste daher her, und man fand ihn im Landesinneren auf einem felsigen Hügel, der vielleicht schon in der Antike besiedelt war und Oia hieß. Herodot nennt diesen Namen in seinen „Historien" und sagt, die Siedlung läge 20 Stadien vom Hauptort der Insel entfernt inmitten der Insel (5, 83).

08 RÜCKZUG AUF DEN BERG – PALAIOCHORA IN BYZANTINISCHER ZEIT

Der Ausflug in die byzantinische Epoche Aiginas beginnt bereits kurz hinter dem modernen Ort. Im Südosten erhebt sich dort über den Resten einer dreischiffigen Basilika, von der die Apsiden noch deutlich erkennbar sind, ein im 13. Jh. begonnener, jedoch nicht fertiggestellter Kirchenbau. Hier stand einst das Kloster Phaneromeni. Ein benachbartes größeres Haus diente im 19. Jh. dem Bischof von Aigina als Residenz. In seinem Garten liegen zwei unterirdische Kapellen sowie eine Höhle verborgen. Einer lokalen Überlieferung nach will man hier beim Bau der Kirche eine wundertätige Marienikone gefunden haben. Eine weitere, die sog. Schöne Kirche (gr. Omorphi Ekklesia) befindet sich nur wenige Kilometer entfernt. Man muss hierzu von der Straße, die in Richtung Aphaia-Heiligtum/Agia Marina führt, etwa 2 km außerhalb von Aigina-Stadt, dort wo das Hinweisschild nach ‚Agii Asomati' zu sehen ist, links und kurz danach erneut links abbiegen. Der nicht sehr große Kirchenbau ist den Heiligen Theodoroi geweiht und stammt laut einer auf das Jahr 1282 datierten Stifterinschrift aus dem 13. Jh. Ein besonderes Interesse verdienen neben den schönen Fresken mit Darstellungen des Lebens Christi im einschiffigen, tonnengewölbten Innenraum die im Mauerwerk verbauten Kalksteinplatten, die sicherlich von einem antiken Gebäude stammen. Von hier geht es zurück zur erwähnten Hauptstraße, die vom Hafen aus gerechnet nach 6 km zu dem zu Beginn des 20. Jhs. gegründeten, ursprünglich der Heiligen Dreifaltigkeit (Agia Traida), später dann dem erst 1961 heiliggesprochenen Bischof Nektarios geweihten Kloster führt. Nektarios starb 1920 in dieser Anlage, die ihm lange als Rückzugsort gedient hatte. Heute ist es ein vielbesuchter Wallfahrtsort mit zahlreichen modernen Bauten, der wie das sich unterhalb befindende Kloster der Agia Aikaterini von Nonnen betrieben wird. Reisende müssen beim Nektarios-Kloster von der Straße nach Norden abbiegen. Am Klostergebäude vorbei geht es dann leicht ansteigend zur kleinen Kirche Stavros. Von dort aus lässt sich in nordöstlicher Richtung der Siedlungshügel von Palaiochora (Abb. 25) zu Fuß besteigen.

Hier könnte eventuell das eingangs erwähnte Oia gelegen haben. Herodot und Pausanias erwähnen beide, der Erstgenannte sehr ausführlich, Kultbilder der Damia und Auxesia aus athenischem Olivenholz, die ursprünglich nach Aufforderung der Pythia für Epidauros gefertigt worden waren, um eine dort herrschende Dürre zu beenden (Herodot 5, 82), was dann auch die geschah. Die Athener hätten das Holz aber nur unter der Zusicherung hergegeben, dass die Epidaurier künftig der Athena und dem Erechtheus jährliche Opfergaben darbringen. Später jedoch seien die Kultbilder von den Aigineten geraubt und nach Oia verbracht worden, worauf die Epidaurier die Opfergaben einstellten, was den Athenern missfallen habe. Diese wären dann nach Aigina gesegelt, um die beiden hölzernen Statuen an sich zu bringen. Dieses Unternehmen misslang aber. Nur ein Athener sei heil zurückgekehrt, von den erbosten Athenerinnen jedoch mit ihren Gewandnadeln erstochen worden (Herodot 5, 82–87). Pausanias (2, 30, 4) behauptet, ohne den Ort Oia explizit zu nennen, er habe die Standbilder selbst gesehen und vor ihnen nach eleusinischem Ritus geopfert.

Abb. 25
Blick auf die byzantinische Siedlung von Palaiochora

Den Entschluss zum Umzug fassten die Aigineten wohl 896 n. Chr., dem Jahr eines besonders verheerenden Sarazenen-Überfalls. Bis gegen 1800 blieb der Ort trotz weiterer Zerstörungen durch Osmanen und Venezianer der bevorzugte Siedlungsplatz der Inselbevölkerung. Gegen 1830 scheint Palaiochora endgültig verlassen worden sein. Die Bevölkerung zog zurück ans Meer. Innerhalb der byzantinischen Mauerreste lassen sich immer wieder antike und spätantik-frühchristliche Werkstücke entdecken. Während von der ehemaligen Wohnbebauung meist nur geringe Spuren vorhanden sind, in der Regel Fundamente, sind die über 30 Kirchen Palaiochoras in einem wesentlich besseren baulichen Zustand, da Gläubige sich z. T. bis heute um ihren Erhalt kümmern. Die meisten Kirchen sind einschiffig und besitzen ein Tonnengewölbe. Die Ikonostase ist häufig gemauert. Einige Bauten weisen schöne Steinfußböden und Fresken auf. Bei der bereits genannten Kirche Stavros am Fuß des Hügels beginnt ein in den vergangenen Jahren noch mit roten Pfeilen markierter Rundgang. Man steigt Richtung Süden den Hang hinauf und hält sich am besten links. Auf dem Gipfel mit herrlichem Inselrundblick errichteten 1654 die Venezianer eine Kastellanlage mit Wehrmauern, Zisternen und Wohnbauten.

Gegenüber von Palaiochora, also südlich der Straße Aigina – Agia Marina und somit östlich des Nektarios-Klosters, kann noch die älteste Kirche der Umgebung aufgesucht werden. Sie ist dem Schutzpatron der Seefahrer, dem Heiligen Nikolaos Mavrika, geweiht und geht im Kern auf einen Bau des 13. Jhs. zurück. Der Freskenschmuck dürfte um 1330 (Inschrift) entstanden sein. Gegenüber vom Kloster des Nektarios führt in südlicher Richtung ein Weg zu dem um 1600 gegründeten und im 19. Jh. erweiterten Kloster Chrysoleontissa. Es besitzt hohe, festungsartig wirkende Mauern, einen Turm sowie einen schönen begrünten Innenhof. Eine im Kloster bewahrte alte Ikone der Muttergottes wird noch heute bei Bittprozessionen für Regen mitgeführt. Zu sehen ist ferner eine hölzerne Ikonostase, die kunstvolle Schnitzereien aufweist.

Was wäre die Münchner Glyptothek ohne die weltberühmten Aigineten? Im Auftrag des späteren bayerischen Königs Ludwig I. (1786–1868; reg. 1825–1848), der die Kunst ebenso wie die Frauen liebte, wurde der Giebelschmuck des Tempels von ihm während seiner Kronprinzenzeit bereits im Jahr 1812 angekauft. Ihr „alterthümlicher Styl" fand wie ihr fragmentarischer Zustand damals nicht bei jedem Kunstinteressierten Anklang. Flugs wurde der dänische Bildhauerstar Bertel Thorvaldsen (1777–1840) in Rom mit ihrer klassizistischen Restaurierung beauftragt. Erst in den 1960er Jahren entschied man sich, seine Ergänzungen wieder abzunehmen. Seither glänzt dort, wo vorher Thorvaldsens Hand die Zeichen der Zeit mit Marmor verbogen hatte, nackter Edelstahl.

09 DIE NICHT-DUNKLE – APHAIA UND IHR HEILIGTUM

Pausanias erwähnt das Heiligtum auf seinem Weg zu dem des panhellenischen Zeus ausgesprochen kurz (2, 29, 3). Ihm geht es vordergründig um die dort verehrte Göttin. Er setzt sie mit der kretischen Britomartis, einer Tochter des Zeus und der Karme gleich. Ursprünglich sterblich soll sie sich für den Lauf und die Jagd interessiert haben. Als der kretische König Minos sich in sie verliebte und heftig bedrängte, sei sie vor ihm geflohen, habe sich dabei aber in ausgelegten Fischernetzen verfangen. Die Erlösung kam durch die jungfräuliche Artemis, durch die Britomartis zur Göttin erhoben wurde. Diese soll dann den Aigineten auf ihrer Insel erschienen sein, die sie dort als Aphaia (wörtl. die Nicht-Dunkle, also die Helle) zu verehren begannen. Ihr Hauptheiligtum liegt an der Nordostseite Aiginas, 12 km vom heutigen Hauptort entfernt, auf einem von Kiefern bewachsenen 200 m hohen Bergsattel.

Funde von Keramik und tönernen Idolen aus der Zeit um 1400 v. Chr. belegen, dass an dieser Stelle schon in der Späten Bronzezeit eine Kultstätte für eine Naturgottheit existierte, die in historischer Zeit mit der Nymphe/Göttin Aphaia gleichgesetzt wurde. Später (6. Jh. v. Chr.?), d. h. seit der Archaik, wurde im Heiligtum auch Athena verehrt, die die ursprüngliche Kultinhaberin mehr und mehr zu verdrängen begann. In baulicher Hinsicht entwickelte sich das Heiligtum wie folgt: Der natürliche Fels bot ursprünglich nur eine sehr geringe Fläche. Mit der Zunahme der Bedeutung des Kultes und damit der entsprechenden Opferhandlungen sowie Deponierungen von Weihgaben musste der zur Verfügung stehende Raum bald durch Abarbeitung des anstehenden Gesteins erweitert werden. Schon um 700 v. Chr. existierte eine erste kleine Felsterrasse, die in dieser Zeit mit einer Mauer umfasst wurde, die den

Platz als göttlichen Besitz im Sinn des griechischen Begriffs für Heiligtum, Temenos (wörtlich das Herausgeschnittene), sichtbar von der profanen menschlichen Umgebung abgrenzte. Es gab damals innerhalb der Mauer einen Altar im Zentrum sowie eine Zisterne und einen mehrräumigen Bau, das als Priesterhaus und/oder Verwaltungsgebäude interpretiert wurde. Für letzteres ist der Begriff Amphipoleion belegt. Im 7. Jh. v. Chr. gestaltete man den Zugang neu. Die Temenosbegrenzung erhielt einen repräsentativeren Torbau (gr. Propylon) und das Heiligtum vielleicht einen ersten kleinen Schrein (oder Tempel?) für ein Kultbild. Das Propylon und das daran anschließende größere Gebäude (Erweiterung des sog. Priesterhauses) hatten ein Fundament aus sorgfältig verlegten Kalksteinquadern, die die eigentlichen Mauern aus Lehmziegeln trugen. Die Säulen und das Gebälk dürften aus Holz gewesen sein. Zu Beginn des darauffolgenden Jahrhunderts, genauer gesagt gegen 580 v. Chr., genügte dieses bauliche Ensemble offenbar nicht mehr den Ansprüchen der Kultgemeinde. Umfangreiche Aufschüttungen im Westen und Süden führten zu einer beträchtlichen Erweiterung der bereits bestehenden Terrasse. Als nächste Schritte dieser Monumentalisierung wurden der Altar deutlich vergrößert sowie v. a. ein erster dorischer Tempel aus Kalkstein errichtet, dessen genaue bauliche Gestalt nur be-

Abb. 26
Reste des Tempels der Athena-Aphaia auf Aigina

dingt bekannt ist. Ob er als Ringhallentempel (gr. Peripteros) geplant war, wird diskutiert. Für die Ostfront sind jedenfalls vier Säulen nachgewiesen sowie je eine an den sich anschließenden Langseiten. Dahinter erstreckte sich die recht lange Cella. Von diesem Teil des Baus blieben erstaunlich viele Bauglieder erhalten, sodass die Ostfront weitgehend rekonstruiert werden kann. Besonders bemerkenswert sind die deutlichen Farbspuren, die an diesen Werkstücken festgestellt werden konnten. Offenbar erstrahlte der Tempel der Aphaia in recht grellen Farben, muss sozusagen auf dem luftigen Plateau über dem Meer bei sonnigem Wetter ein echter ‚Hingucker' gewesen sein. Ein weiterer optischer Akzent wurde mit der Errichtung einer hohen Votivsäule nordöstlich des Tempels neben der Zisterne gesetzt. Sie trug vergleichbar der etwa zeitgleichen monumentalen Sphinx der Naxier im Heiligtum des Apollon in Delphi ein solches Fabeltier auf ihrer Spitze. Die ganze Pracht ging gegen 510 v. Chr. offenbar in einer Feuersbrunst unter, die insbesondere den Tempel zerstörte.

Die zu diesem Zeitpunkt auf dem Höhepunkt ihrer See- und Handelsmacht stehenden Aigineten entschlossen sich rasch zu einem Neubau sowie einer abermaligen Umgestaltung des gesamten Areals. Dieses wurde unter Beibehaltung der ursprünglichen Standorte für Tempel und Altar insgesamt repräsentativer angelegt, was v. a. einen rechtwinkligen Grundriss beinhaltete, wozu man die bestehende Fläche insbesondere im Nordwesten durch neu aufgeschüttete Terrassen erweiterte. Auch wurden die Temenosmauer deutlich erhöht und das Propylon vergrößert. Dieses hatte nun sowohl an der Außen- als auch Innenseite zwei achteckige Dachstützen. Durch das Torgebäude hindurch erreichte man den Tempelvorplatz mit dem Altar. In derselben Bauphase ist ebenso das bereits genannte Priesterhaus umgestaltet worden. Zu ihm gehören die östlich an das Propylon angrenzenden Raumstrukturen, die sich in südlicher Richtung bis außerhalb der Temenosmauer erstrecken. In einem kleinen Anbau gab es augenscheinlich ein Bad, von dem drei Sitzbadewannen und ein Schöpfbecken von den Archäologen freigelegt werden konnten. Der auf beiden Seiten von schmalen Säulenhallen, in denen einst Skulpturen standen, flankierte Altar und die zum Tempel führende Rampe bildeten gemeinsam mit diesem eine Achse; und im Norden standen weiterhin die alte Zisterne sowie die Sphinxsäule, die beide durch den Tempelbrand offenbar mehr oder minder unbeschädigt geblieben waren.

Das wichtigste Gebäude der Neugestaltung ist aber der Tempel selbst gewesen (Abb. 26). Als Baumaterial diente Kalkstein. Dort, wo die Oberflächen sichtbar blieben, wurden die Werkstücke mit einer feinen

Stuckschicht verputzt, die man stellenweise bemalte. Somit war auch dieser Bau in optisch reizvoller Weise polychrom gestaltet. Er gehört zu den am besten erhaltenen Beispielen der dorischen Tempelbaukunst aus der Zeit der Spätarchaik. Seine aufrechtstehenden Reste gelten nicht nur wegen ihrer beeindruckenden Lage zurecht als eine der schönsten Tempelruinen Griechenlands. Der gesamte Bau ruhte auf einer allseitig betretbaren dreistufigen Basis (gr. Krepis). An den Langseiten standen zwölf und an den Fronten jeweils sechs dorische Säulen direkt auf der obersten Stufenfläche (gr. Stylo- bzw. Toichobat). Sie bildeten zusammen eine Ringhalle (gr. Peristasis), die die eigentlichen Kulträume, die Cella mit Vor- (gr. Pronaos) und rückwärtigem Raum (gr. Opisthodom), umfasste. In den Zugangsbereichen von Pronaos und Opisthodom standen zwischen den vorgezogenen Mauern (Anten) zwei Säulen (in antis). Beide Räume besaßen direkte Zugänge zur Cella. Nach außen hin versperrten zwischen den Säulen und den Antenmauern platzierte Schranken Unbefugten den Zutritt. Der Kultraum war durch zwei doppelstöckige Reihen von jeweils fünf Säulen in drei Schiffe geteilt. Sein Boden bestand aus einem roten Estrich. Eine kleinere Basis direkt rechts vom Eingang zum Opisthodom, also in der Flucht der nördlichen Innensäulenreihe, trug das kleine alte, wohl hölzerne Kultbild der Aphaia. In der repräsentativen Mitte stand auf einem Sockel eine überlebensgroße Bronzestatue der Athena. Die dorischen Säulen trugen ein steinernes Gebälk mit Triglyphen (Platten mit drei Schlitzen) und Metopen (nahezu quadratische Platten), die freilich keine figürli-

Abb. 27
Die Skulpturen des Westgiebels des Athena-Aphaia-Tempels von Aigina in der Münchner Glyptothek

chen Reliefdekorationen aufwiesen. Die beiden Giebeldreiecke waren dagegen reich mit Skulpturengruppen aus Inselmarmor geschmückt. Dies gilt ebenso für die Bekrönungen (gr. Akrotere) der Giebelmitte und -ecken. Hier standen seitlich marmorne Sphingen und mittig flankierten je eine stehende Mädchenfigur (gr. Kore) ein florales Gebilde mit Voluten und Palmetten. Das Dach deckten gebrannte Tonziegel. Die äußerste Reihe (gr. Sima) bestand jedoch aus Marmor. An den Langseiten bestanden die äußeren Ränder dieser marmornen Ziegelplatten aus aufrechtstehenden Palmetten.

Besondere Berühmtheit haben von diesem aufwendigen Tempelschmuck die schon genannten Giebelfiguren erlangt, die sog. Aigineten. Die gewählten Themen zeigen einerseits das Bemühen der Inselbewohner, ihre eigene mythische Geschichte herauszustreichen, und anderseits die voranschreitende Dominanz Athens. Sichtbar wird letztere in Gestalt der jeweils mittig platzierten Athena, an deren Benennung aufgrund der gezeigten Attribute kein Zweifel besteht. Links und rechts von ihr vollzieht sich auf beiden Seiten ein gewaltiges Kampfgeschehen. Im Osten scheint sie darin selbst einzugreifen, worauf ihre ausholende Gebärde hindeuten könnte. Hier war der erste Kampf um Troia zu sehen, an dem sich der Aiakos-Sohn Telamon und Herakles beteiligt hatten. Im Westen wurde als Thema der zweite eigentliche Krieg um Troia gewählt. Athena steht inmitten des Geschehens ruhig dar, während rechts und links von ihr die Aiakos-Enkel Aias und Achilleus gegen die Troianer kämpfen (Abb. 27). Die Betonung des aiginetischen Anteils an beiden mythischen Troia-Feldzügen ist sicherlich kein Zufall gewesen. Die Bewohner Aiginas setzten damit ein deutliches Zeichen. Im Gegensatz zu den mit ihnen rivalisierenden Athenern konnten sie auf die aktive Teilnahme dezidiert aiginetischer Heroen verweisen. Die Beteiligung Athens am zweiten Troia-Krieg war hingegen, wenn man die „Ilias" Homers in dieser Hinsicht durchsieht, im Grunde genommen nicht der Rede wert und hat dementsprechend keine vergleichbaren athenischen Heldengestalten hervorgebracht. Die beiden Giebelfelder sind zu unterschiedlichen Zeiten entstanden. Es dürften gut zehn Jahre zwischen den älteren West- und den jüngeren Ostgiebelgruppen liegen. Weitere Statuenensembles standen in den schon erwähnten, den Altar seitlich flankierenden Hallen. Sie scheinen gemeinsam mit den Westgiebelfiguren gearbeitet worden zu sein. Manche glauben, sie seien ursprünglich als Schmuck des Ostgiebels entstanden. Es dürfte sich dabei aber eher um eigenständige Weihgaben handeln, die von vorn herein für die Hallen konzipiert waren. Die dargestellten Themen sind möglicherweise der Kampf der Griechen gegen die Amazonen (gr. Amazonomachie) sowie der Raub der Aigina durch Zeus.

Pausanias scheint sich nicht die Mühe gemacht zu haben, das Heiligtum des Zeus auf dem über 530 m hohen Oros selbst zu besuchen. Wir erfahren daher nichts über dessen bauliche Gestalt und sonstige Ausstattung. Immerhin nennt er Aiakos als Gründer des Kultes. Der Berg heißt bei ihm Panhellenion. Außer dem Zeus-Heiligtum sei dort sonst nichts Bemerkenswertes zu sehen (2, 30, 4). Das an dieser Stelle gefeierte Kultfest gehörte aber zu den bedeutendsten in ganz Griechenland. Vergleichbar den Olympischen Spielen herrschte während seiner Dauer ein allgemeiner Frieden. Zum Fest schickten viele auswärtige Stadtstaaten ihre Gesandtschaften.

10 AUF DER SPITZE THRONT ZEUS – DAS PANHELLENION AUF DEM BERG OROS

Oros erreichen die Reisenden, indem sie Aigina-Stadt in Richtung Südosten verlassen und nach dem ehemaligen Gefängnis baldmöglichst rechts und dann sogleich wieder links abbiegen. Die Straße führt durch eine Ebene mit Feldern direkt zum östlichen Berghang (Richtung Lazarides). Nach ein paar Kilometern steht links des Weges eine kleine Kapelle, hinter der wenig später rechts ein weiterer, nur noch knapp 250 m befahrbarer Weg abzweigt. Von dort geht es zu Fuß weiter zu der links, d. h. südlich bereits zu sehenden Kirche/Kapelle des Prophitis Elias. Der Gipfel ist von Westen her zu besteigen (Abb. 28).

Keramikfunde deuten auf eine Nutzung des Ortes bereits in der Bronzezeit (um 2000 v. Chr.) hin. Der spätere Altar des Zeus lag genau an der Stelle, wo heute die kleine Kapelle steht, deren Fundament aus großen rechteckigen Kalksteinquadern antik ist. Über die Bedeutung des Kultes wurde bereits eingangs das Wichtigste gesagt. Während einer großen Dürre soll Aiakos hier zu Zeus, dem ‚Wolkenversammler', erfolgreich um Regen gebeten haben, worauf dauerhaft ein Kult eingerichtet und ein Altar erbaut wurde. Noch heute finden gelegentlich Regenprozessionen zum christlichen Nachfolger des Zeus, dem Propheten Elias, statt.

Am Nordabhang sind weitere antike Ruinen zu erkennen. Dieser Bezirk ist direkt mit dem Zeus-Altar verbunden gewesen. Es handelt sich dabei um eine Art Terrassenheiligtum, das eventuell auf eine Weihung durch den pergamenischen König Attalos II. (s. Nr. 7) zurückgeht. Das Areal muss aber schon in der archaischen Epoche genutzt worden sein, was der Fund eines Fragmentes einer entsprechend zu datierenden Votivsäule mit Inschrift und die Gestaltung der stellenweise erhaltenen Polygonalmauern des 6. Jhs. v. Chr. nahelegen. Die Ausgrabungen führten an der Nordseite zur Freilegung eine hochaufragenden Stützmauer, in deren Mitte eine leicht ansteigende Rampe mit Treppen nach oben hin die Verbindung zu einer Art Plateau herstellt, das im Südosten von einem Felsmassiv begrenzt wird. Die seitlichen Treppenwangen bestehen aus rechteckigen Quadern. Im Südosten gab es zudem ein großes Gebäude, das im Innern dreischiffig war und drei Reihen von je fünf Pfeilerstützen besaß. Ob es nur als Pilgerherberge, wie vorgeschlagen wurde, oder doch als ein wichtigeres Kultgebäude zu deuten ist, bleibt umstritten. Terrassierte Heiligtümer gehören im Hellenismus zum gängigen architektonischen Typenrepertoire der Zeit. Bekannte Beispiele sind in Griechenland die entsprechenden Anlagen von Kos (s. Nr. 47) und Lindos auf Rhodos (s. Nr. 50). In der byzantinischen Epoche überbaute man das Ganze mit einem Kloster, zu dem die erkennbaren Mauerreste der Mönchszellen sowie die Kreuzkuppelkirche mit langem Narthex gehören, deren Nordseite direkt auf einer der Mauern des Pfeilerbaus steht. Auch sonst sind zahlreiche antike Werkstücke für den Kloster-/Kirchenbau wiederverwendet worden. Bemerkenswert ist noch die südlich des Klosterhofes liegende Zisterne, die man in der Antike direkt in den Felsen hineingetrieben hatte und in der ein bronzenes Wassergefäß (gr. Hydria) mit einer Weihinschrift an Zeus Panhellenios gefunden wurde. Weiter westlich liegt eine zweite Zisterne. In dem benachbarten Felsabschnitt sind zudem Einarbeitungen zu erkennen, die auf eine kultische Nutzung in antiker Zeit schließen lassen. Möglicherweise dienten sie zur Aufnahme von Weihgeschenken, oder es waren darin Holzbalken ephemerer Kleinarchitekturen verzapft.

Abb. 28
Blick auf den Berg Oros, auf dem sich in der Antike ein Heiligtum des Zeus befand

Im September 480 v. Chr. trafen vor Salamis in der nach der Anzahl der beteiligten Staaten und Völkerschaften größten Seeschlacht der Antike die Schiffe der verbündeten Griechen auf die Flotte des persischen Großkönigs Xerxes I. (um 519–465 v. Chr.). Der hierbei erfochtene griechische Sieg gilt gemeinsam mit dem der Schlacht von Marathon (490 v. Chr.) in der Tradition der europäischen Erinnerungskultur(en) als ein Fanal des freien Westens gegen den despotischen Osten. Diese problematische Deutung wird zusehends zurecht kritisch hinterfragt. Die archäologischen Reste auf der Insel Salamis sind dagegen etwas weniger spektakulär zu nennen.

11 HIER WURDE WELTGESCHICHTE GESCHRIEBEN – SALAMIS

Es soll mal wieder, wie so oft im griechischen Mythos, eine schöne junge Frau gewesen sein, die als Namensgeberin fungierte. In diesem Fall war es eine Tochter des Flussgottes Asopos, die Salamis hieß. Sie wurde von Poseidon schwanger und gebar dem Meeresgott den schlangengestaltigen Sohn Kychreus, nach dem die Insel ursprünglich Kychreia genannt wurde (Strabon 9, 1, 9).

Die Geschichte von Salamis, die die größte Insel der Saronen ist, wird von dem Großereignis der Seeschlacht gegen die Perser überschattet. Wie bedeutend und beispielhaft man schon in der Antike diesen Sieg empfand, zeigt u. a. die Tatsache, dass noch Jahrhunderte später Kaiser Augustus in Rom zur Erinnerung an seinen Erfolg gegen die ägyptische Königin Kleopatra VII., die wie Xerxes gleichfalls aus dem Orient stammte, dieses Exemplum wählte und den Kampf bei Salamis mit Schiffen sowie Gladiatoren in Rom in einem mit Wasser gefüllten künstlichen Becken für die staunenden Zuschauer im Jahr 2 v. Chr. ‚live' nachstellen ließ (Cassius Dio 55, 10, 7). In dieser Erinnerungstradition sind auch die etwas pathetisch-schwülstig ausfallenden ‚Historienschinken' des 19. Jhs. im Kontext des Kolonialismus und Imperialismus als problematischer Ausdruck einer gegenüber dem ‚Orientalischen' als überlegen empfundenen ‚europäischen' Identität zu sehen (Abb. 29).

Auch in mythischer Hinsicht war Salamis als eigentliche Heimat des Aias, der in Homers „Ilias“ einer der tapfersten griechischen Kämpfer vor Troia ist, von größerer Bedeutung. In der nach dem oben erwähnten Kychreus benannten Inselhauptstadt gab es ein Heiligtum sowie eine Kulthöhle dieser Gottheit. Es existierten aber offenbar zwei Städte namens Kychreia. Der Geograph Strabon schreibt eindeutig, dass die alte Polis im Süden mit Blick in Richtung Aigina, die zur seiner Zeit bewohnte aber an einer halbinselartigen, an Attika fast anstoßenden Stelle gelegen habe (Strabon 9, 1, 9). In historischer Zeit stritten sich um den Besitz der Insel heftig Megara und Athen, das nach längeren Auseinandersetzungen um 600 v. Chr. unter Solon (ca. 640–560 v. Chr.) zurzeit der Herrschaft des Tyrannen Peisistratos (ca. 600–528/527 v. Chr.) schließlich die Oberhand gewann. Während des Peloponnesischen Krieges (431–404 v. Chr.) wurde die Insel zweimal durch spartanische Attacken in Mitleidenschaft gezogen, blieb aber noch im 4. Jh. v. Chr. im Besitz Athens. Salamis geriet dann in die Machtkämpfe der Nachfolger Alexanders des Großen, wobei die makedonischen Könige aus der Dynastie der Antigoniden zunächst obsiegten. Gegen 229 v. Chr. scheint

Abb. 29
Seeschlacht bei Salamis; Gemälde Wilhelm von Kaulbachs

Athen erneut Besitz von der Insel ergriffen zu haben. Für die Zeiten danach liegen hingegen keine verlässlichen Nachrichten mehr vor. Wir wissen nur, dass Aias weiterhin kultisch verehrt wurde und seine Festspiele, die Aianteia auch unter der römischen Herrschaft fortbestanden. Strabons Angaben zur Lage der Inselhauptstadt lassen sich auf ein Areal oberhalb des heutigen Hafens Paloukia im Bereich des Dorfes Ambelakia beziehen. Pausanias (1, 35, 3) erwähnt Reste einer Agora sowie ein wohl im Bereich des Hafens gelegenes Heiligtum des Aias, in der eine Statue des Heros aus Ebenholz stand. Ferner werde ebenfalls am Hafen ein Stein gezeigt, auf dem Telamon seinen beiden Söhnen Aias und Teukros nachgesehen haben soll, als diese mit zwölf Schiffen in Richtung Aulis und dann Troia aufbrachen. Pausanias (1, 36, 1) nennt anschließend weitere Heiligtümer für Artemis und Kychreus sowie ein Denkmal für den Sieg über die Perser. Zusätzlich zu den Angaben des Pausanias informieren Inschriften über das Verlorene. Es muss demnach Hallenbauten (gr. Stoai), die die Agora rahmten, ein Gymnasion sowie ein Theater gegeben haben, in dem die Kultfeiern für Dionysos, die nach dem Gott benannten Dionysien, stattfanden. Ferner gab es einen Altar für die Zwölfgötter, und zusätzlich wurde Hermes verehrt. Da bislang noch keine ausreichenden Grabungen durchgeführt werden konnten, sieht man vor Ort nur recht wenig. Allenfalls sind einige wenige Spuren der einstigen Befestigung zu erkennen, die im Kern auf das 4. Jh. v. Chr. zurückgeht und im 3. sowie 2. Jh. v. Chr. nochmals erweitert wurde. Im 19. Jh. war hiervon noch wesentlich mehr zu sehen.

Von Ambelakia aus weist eine entsprechende Beschilderung (Tymbos) auf einen großen Erdhügel neben einer Schiffswerft hin, der sich auf der südlich anschließenden Halbinsel befindet, die, da sie sehr langgestreckt und schmal ist, Kynosoura (Hundeschwanz) heißt. Das Monument besteht aus einer steinernen Umfassung, innerhalb derer verschiedene Gräber lagen. Bei dieser Mehrfachbestattung (gr. Polyandrion) könnte es sich eventuell um das Grab der im Kampf gegen die Perser gefallenen Griechen handeln. In der Nähe muss ein Zeus geweihtes Siegesmal (gr. Tropaion) gestanden haben.

Im Bereich des modernen Hafens Paloukia und zwar in seinem nördlichen Teil hinter dem Areal der griechischen Marine fällt ein steiler Felsen ins Auge, an dessen Südostabhang mehrere größere unregelmäßige Steine als Reste ehemaliger Terrassenmauern gedeutet werden. Möglicherweise standen hier auf zwei unterschiedlichen Flächenniveaus die in antiken Quellen erwähnten Heiligen Bezirke für Athena mit dem Beinamen Skiras und den später in der Gestalt des Ares aufgegangenen, älteren Lanzengott Enyalios.

Durch eine recht breite Straße ist Paloukia mit dem modernen Ort Salamis verbunden. Seine Lage unterhalb eines steilen Felsens erscheint recht malerisch. In der Straße (gr. Odós) namens Polychróni Lembési wartet das kleine Archäologische Museum auf Besucher. Es zeigt Funde von der Insel, die aus der Zeit vom Neolithikum bis ins Mittelalter stammen. Ein Raum ist der antiken Geschichte der Insel gewidmet. Thematisiert werden hier insbesondere Aias und die Seeschlacht gegen die Perser. Ein anderer zeigt die neolithischen sowie bronzezeitlichen Objekte, die aus Gräbern in der Nähe von Salamis-Stadt, aber auch von anderen wichtigen Fundorten, u. a. dem neu endeckten mykenischen ‚Palast' von Kanakia (s. u.) hierhergebracht wurden. In einem weiteren sind Artefakte aus den historischen Epochen (Geometrische Zeit bis zur Spätantike) zu sehen, darunter das Fundmaterial aus Ambelakia und vom Gefallenengrabmal (beide s. o.) sowie dem Rundbau von Kolones (vgl. Abb. 30).

Außerhalb der Siedlungszentren lohnen in archäologischer Hinsicht zwei Ausflüge. Von Salamis-Stadt aus führt eine Straße entlang der Küstenlinie (es gibt aber auch eine Abkürzung quer über die Insel) auf die Nordwestseite. Gegenüber der Küste von Megara versammeln sich jährlich am 23. August im weithin als Wallfahrtsort berühmten Nonnenkloster Phaneromeni die Gläubigen zur Kirchweihfeier. Im Jahr 1661 gegründet wurden beim Bau der Anlage zahlreiche antike Steinblöcke wiederverwendet. Das Kloster könnte folglich die Stelle eines älteren heidnischen Heiligtums eingenommen haben. Den Freskenschmuck der klösterlichen Kreuzkuppelkirche schuf um 1735 der Maler Markos von Argos. In der Nähe des Klosters blieben auf dem westlichen Hügel der Halbinsel wenige Reste der von den Athenern angelegten Festung Boudoron aus der Zeit des Peloponnesischen Krieges (431–404 v. Chr.) erhalten. Mehr schlecht als recht sind Teile der einstigen

Abb. 30
Der spätklassische Grabbau bei Kolones

Ringmauer sowie 400 m südlich des kleinen Fähranlegers Richtung Megara zwei Türme zu erkennen.

Eine Fahrt an die Südküste von Salamis bietet reizvolle Landschaften und Ausblicke. Dort gibt es unterhalb hochaufragender Bergzüge einige sehr schöne Buchten, denen kleine felsige Inselchen vorgelagert sind. Von hier aus kann man bei guter Sicht Aigina und manchmal auch die Küste der Peloponnes sehen. Der hier am Südabhang des Berges Kochi gelegene Ort Kolones ist von größerem archäologischen Interesse. Schon allein der Name (Kolones = Säulen) deutet auf antike Baureste hin. Es gibt insgesamt drei Buchten und einen Hafen. In diesem Bereich gefundene Keramik- und Dachziegelscherben weisen auf dessen Nutzung bis in die Spätantike hin. Am und unter Wasser blieben einige Steinblöcke der Hafenmauer erhalten. Einige Forscher glauben, in diesen Ruinen den Rest des literarisch erwähnten Kychreia (s. o.) sehen zu dürfen. Oberhalb des Meeres steht über der vom Ort Kolones aus gesehen südwestlichen Bucht ein heute wieder in Teilen aufgerichteter Rundbau, der die Fantasie Vieler beflügelt hat (Abb. 30). Lange galt er den salaminischen Lokalpatrioten als Grabmal des Aias. Darüber hinaus wurde eine Deutung als athenischer Wachturm in Erwägung gezogen. Die gegen Ende der 1990er Jahren von der griechischen Archäologin Iphigenia Dekoulakou durchgeführten Untersuchungen haben jedoch eindeutig gezeigt, dass wir es hier mit einem aus dem 4. Jh. v. Chr. (375–350 v. Chr.) stammenden Grab zu tun haben. Die Ausgräberin fand drei weitgehend ausgeraubte Steinsarkophage und darunter ein Brandgrab. Die wenigen erhalten gebliebenen Grabbeigaben werden heute im Museum von Salamis aufbewahrt. Der Durchmesser des etwa 3,50 m hohen Kreises aus Kalkstein betrug gut 10,70 m. Er war nach oben hin offen. Die Toten wurden im Innern in Schächten beigesetzt, über die sich kleine, mit einer dünnen Stuckschicht überzogene Erdhügel erhoben. Der Eingang des Grabes befindet sich im Norden. Im Süden ist ein weiteres, allerdings kleineres Grabmonument, ein rechteckiger Steinsockel, entdeckt worden. Dieser trug eine von zwei steinernen Salbölflaschen (gr. Lekythos, Pl. Lekythoi) flankierte Säule.

Eine echte archäologische Sensation kann im weiteren Südwesten von Salamis bei der Bucht von Kanakia (nicht zu verwechseln mit der gleichnamigen vorgelagerten unbewohnten Insel) aufgesucht werden. Vom im Landesinnern gelegenen Kloster des Heiligen Nikolaus gelangt man durch einen dichten Wald nach einigen Kilometern Fahrt zur genannten Bucht. Seit 2006 leitete hier der griechische Archäologe Giannis Lolos Ausgrabungen, die auf dem Kamm eines Hanges südlich oberhalb der Küste zur Freilegung eines größeren bronzezeitlichen Areals führten.

Potentielle Besucher müssen sich an der Uferpromenade links haltend Richtung Süden bewegen und erneut links abbiegen, bevor sie durch Pinienwälder hindurch zu einem kleinen Hafen gelangen. Von dort geht es landeinwärts auf einem Weg nach oben. Hier gab es während der mittleren und späten Bronzezeit durchgehend eine Siedlung oder gar einen Palast. Die Stätte gaben die Bewohner in der 1. Hälfte des 12. Jhs. v. Chr. auf, als auch anderswo die mykenischen Herrschersitze zerstört wurden. Wer immer hier oben lebte, hatte einen guten Blick aufs offene Meer bis hin zur Küste der Peloponnes. Wegen ihrer Lage könnte die Siedlung damals eine wichtige Rolle zur See gespielt haben, war möglicherweise am internationalen Kontaktnetz in der östlichen Mittelmeerwelt der Bronzezeit beteiligt. Es lag daher durchaus nahe, dass der Ausgräber das Areal mit der mythischen Herrscherdynastie von Salamis, den Aiakiden, verbinden wollte. Auch wenn die Ruinen nicht die eines Palastes des Aias gewesen sind, so ist dennoch klar, dass hier in der vorhomerischen Epoche ein wichtiger mykenischer Ort, vielleicht auch Herrensitz existierte (Abb. 31).

Von den genannten Fundorten ist bei Pausanias (1, 36, 2) nirgends die Rede. Er erwähnt lediglich noch die Salamis vorgelagerte Insel Psyttaleia. Hier starben 400 persische Elitekrieger im Kampf mit anlandenden Fußsoldaten der in der Seeschlacht siegreichen Griechen, nachdem die Flotte der Perser die Flucht angetreten und die eigenen Soldaten zurückgelassen hatte. Eine kunstvolle Statue gäbe es hier nicht, wohl aber Holzfiguren des Pan.

Salamis‘ Ruhm als Ort des Sieges über die Perser hat schließlich dazu geführt, dass die Insel heute einer der wichtigsten Stützpunkte der griechischen Marine ist: eine besondere Form der Antikenrezeption!

Abb. 31
Die Akropolis von Kanakia mit Blick auf die Bucht

Heute ein beliebtes Wochenendziel der gestressten Athener Großstadtbevölkerung war Poros in der Antike ein nicht weniger besuchtes Heiligtum mit Asylrecht. Der berühmteste Schutzflehende ist sicherlich der athenische Redner und Politiker Demosthenes (384–322 v. Chr.) gewesen, der hierher vor seinen makedonischen Häschern floh, denen er letztlich doch nicht entkommen konnte, weshalb er sich selbst tötete. Ein ihm gewidmetes und bis heute überliefertes antikes Epigramm beklagt zurecht, wäre seine Körperkraft ebenso groß wie die seines Verstandes gewesen, hätten die Makedonen – der makedonische Ares, wie es poetisch heißt – niemals die bis dahin freien Griechen überwunden.

12 UNTER DEM SCHUTZ DES MEERESGOTTES – POROS UND DAS HEILIGTUM DES POSEIDON VON KALAURIA

Poros ist praktisch nur einen Steinwurf von Galatas an der peloponnesischen Ostküste entfernt und besteht streng genommen aus zwei Teilen. Getrennt oder besser verbunden werden beide durch eine sumpfige Landenge. Der relativ kleine südliche Part heißt Sphairia und trägt den heute Poros genannten Hauptort, auf dem wesentlich größeren nördlichen befindet sich das antike Poseidon-Heiligtum. Poros-Stadt selbst bietet den ankommenden Reisenden mit seinen hübschen klassizistischen Häusern einen reizvollen Anblick, der vor dem Hintergrund der jenseits sichtbaren Bergketten der Peloponnes und der Halbinsel Methana geradezu malerisch wirkt. Nach Überquerung der nördlich von diesem Ort gelegenen Landenge erreicht man den Kalauria genannten Inselteil mit seinen drei, bis zu knapp 400 m hohen Bergen. Zum Heiligtum führt eine Straße. Die Ruinen erstrecken sich in einem waldreichen Gebiet auf einem etwa 190 m hohen Sattel zwischen zwei Bergkuppen. Der nachantike Steinraub hat dazu geführt, dass nur noch wenige Reste die Zeiten überdauert haben. Schon im 19. Jh. beklagten die ersten Forscher diesen Umstand. Immerhin blieb die Erinnerung, dass hier einst etwas Bedeutendes gelegen haben muss, insofern wach, als der Ort Palatia (Palast/Paläste) genannt wurde. Die zum Heiligtum gehörende antike Polis Kalaureia ist noch schlechter erhalten. Sie kann südlich davon lokalisiert werden. Dazu gab es noch einen Hafen. Die im Gelände gefundene Keramik lassen eine erste Ansiedlung am Ende des 13. und zu Beginn des 12. Jhs. v. Chr. vermuten. Um 750 v. Chr. müssen neue Siedler gekommen sein. Bei archäologischen Untersuchungen wurden neben Keramik im Südwesten des Heiligtums Reste einer Mauer und eines gestampften Lehmbodens entdeckt.

Pausanias beschreibt das Heiligtum (Abb. 32) leider nicht ausführlich, bezeichnet es aber als hochheilig, und erwähnt zudem Demosthenes und sein innerhalb der Begrenzungsmauern liegendes Grab. Ferner überliefert er uns, dass dem Poseidon als Priesterin stets ein jungfräuliches Mädchen nur so lange dienen durfte, bis es ins heiratsfähige Alter kam (2, 33, 2–3). Der Beginn des Heiligtums wird allgemein ans Ende des 8. Jhs. v. Chr. gesetzt. Die Besiedlung an dieser Stelle wurde aufgegeben und weiter in Richtung Süden verlegt. Um 650 v. Chr. zu datierende Dachziegel werden mit einem ersten Tempelgebäude sowie Torbau (gr. Propylon) in Verbindung gebracht. Sicher belegt ist dagegen ein um 520 v. Chr. errichteter spätarchaischer Tempel dorischer Ordnung mit 6 x 12 Säulen. Verzierte Ziegel seines Tondaches lassen sich gut mit besser datierten Bauten im heiligen Bezirk des Zeus in Olympia vergleichen. Ab dieser Phase scheint das Heiligtum von Kalauria insgesamt baulich stark verändert worden zu sein und eine Monumentalisierung erfahren zu haben. Schwedische Ausgrabungen haben seit 2005 neue Erkenntnisse geliefert. Der Tempel selbst besaß eine eigene Umfassungsmauer, was sicherlich in Zusammenhang mit der Gewährung von Asyl zu deuten ist, und den eigentlichen Schutzraum des Heiligtums markierte. Das gesamte Heiligtum war von Westen her durch ein größeres Propylon zu betreten, vor dem eine halbrunde Basis (gr. Exedra) für Statuen und als Sitzgelegenheit steht. Von hier aus öffnet sich eine platzähnliche Struktur, die früher fälschlich als Agora bezeichnet wurde. Sie ist bereits Teil des Heiligtums und wird links und rechts von mehreren Gebäuden flankiert, davon einige größere Hallen (gr. Stoai), meist aus hellenistischer Zeit. Im Nordosten des Tempels fällt das Gelände steil zum Meer hin ab. In nicht allzu weiter Entfernung zum eigentlichen Heiligtum ist ein größeres Gebäude zu erkennen. Mehrere Bauphasen sind nachgewiesen. Vom 5. Jh. v. bis zum 2. Jh. n. Chr. scheint man an dieser Stelle gewohnt zu haben. Wegen der Nähe könnte es sich hierbei auch um eine Pilgerherberge gehandelt haben. Von weiteren Gebäude- und Hallenbauten blieben wenigstens Teile ihrer Fundamente erhalten. Besondere Erwähnung verdienen noch die etwas abseits auf einer kleinen Erhebung entdeckten mykenischen Hausmauern. Basen für Standbilder und Reste entsprechender Skulpturen, darunter ein in den 1950er Jahren gefundener Fuß einer kolossalen römischen Statue belegen eine einstmals reiche statuarische Ausstattung des Heiligtums.

Abb. 32
Das Heiligtum des Poseidon von Kalauria auf der Insel Poros

EINE WELT FÜR SICH – EUBOIA

Die nach Kreta zweitgrößte Insel Griechenlands führte trotz der Nähe zur griechisch-festländischen, insbesondere attischen Küste in der Antike lange ein unabhängiges Dasein. Noch heute lässt sie sich nicht recht einordnen. Gemeinsam mit Skyros gehört sie offiziell zu Mittelgriechenland, wirkt geographisch gesehen wegen ihrer vermeintlichen Randlage aber eher eigenständig. Tatsächlich spielte die Insel jedoch schon in der Antike eine vermittelnde Rolle. Der sie in ganzer Länge durchziehende Gebirgszug schließt in geradezu sinnbildhafter Weise nordwestlich an das festländische Thessalien an und setzt sich im Süden über die Kykladen Andros, Tenos und Mykonos fort. Im Gegensatz zu heute, wo zwei Brücken Euboia mit dem Festland verbinden, tat man dies in der Antike mit Schiffen. Die antiken Euboier waren in seefahrerischen Dingen derartig bewandert, dass sie nicht nur diese überaus kurze Strecke befuhren, sondern weit darüber hinaus agierten. Nach dem Zusammenbruch der bronzezeitlichen Verbindungen in der sog. Geometrischen Epoche (10–8. Jh. v. Chr.) gehörten sie offenbar zu den ersten Griechen, die das nach 1200 v. Chr. zerrissene Kontaktnetz neu knüpften und weitreichende Handels- sowie Koloniefahrten unternahmen. So sind Pithekoussai auf Ischia und Kyme/Cumae sowie Sizilien in Italien euboische Gründungen. Die findigen Seefahrer der Insel hinterließen aber ebenso ihre Spuren im östlichen Mittelmeergebiet.

Es handelte sich nach antiken griechischen Maßstäben gewissermaßen um einen Weltkrieg, den die beiden euboischen Städte gegen 710 v. Chr. um die überaus fruchtbare Lelantische Ebene führten. Fast alle übrigen Stadtstaaten Griechenlands standen entweder auf der einen oder der anderen Seite. Der athenische Historiker Thukydides (vor 454 – zwischen 399 und 396 v. Chr.) bezeichnet den modern sog. Lelantischen Krieg daher als größten militärischen Konflikt seit der Eroberung Troias und bis zum Beginn der Kämpfe gegen die Perser (1, 15). Am Ende hatten beide Städte verloren. Euboia büßte seine Stellung als eine der führenden Handelsmächte der Frühzeit ein.

13 RIVALEN DER MACHT – CHALKIS UND ERETRIA

Die ‚Lange' (gr. Makris), wie Euboia in der Antike auch genannt wurde, liegt an der Stelle, an der sich die Stadt Chalkis erhebt, ganz nah am griechischen Festland. Strabon (10, 1, 2) spricht von einer vorspringenden Wölbung gegen das boiotische Aulis, wo das griechische Heer sich zur Abfahrt nach Troia traf und Agamemnon seine Tochter Iphigenie opfern wollte. Der schmale Sund hieß in der Antike Euripos (lat. Euripus) und weist ein bereits damals viel diskutiertes Naturphänomen auf. Mehrfach ändert das Wasser im Lauf eines Tages die Fließrichtung. Diese Meerenge galt den Griechen und Römern als landschaftliche Sehenswürdigkeit. Letztere bezeichneten danach künstliche kleine Wasserkanäle in den Garten- oder Parkanlagen ihrer vornehmen Häuser und Villen als Euripi. Bei Strabon (10, 1, 3) erfahren wir auch die weiteren Namen der Insel. Sie habe Abantis geheißen. Hierzu zitiert er Aristoteles. Ihm zufolge hätten Thraker vom phokischen Aba aus Euboia besiedelt, weshalb die Einwohner als Abanter bekannt seien. Weiter berichtet er, der Name Euboia stamme von einer Heroine. Denkbar sei aber auch die Herleitung von der Bezeichnung der Höhle, in der die kuhgestaltige Io den Epaphos geboren habe, als ‚Boos Aule' (Kuhstall). Er nennt dann noch zwei weitere Inselnamen Oche und Hellopia, von denen er sich nur in letztem Fall zu dessen Ursprung äußert. Er stamme von Ions Sohn Hellops.

Von den antiken Siedlungen Euboias nennt Strabon als erste die im nordöstlichen Teil der Insel in der Nähe des Flusses Budoros liegenden, ohne sie freilich näher zu beschreiben (10, 1, 5). Etwas ausführlicher geht er dann auf Karystos am Fuß des Berges Oche und auf Styra und Marmarion in der Nähe ein, wo sich der Steinbruch befindet, in dem ein bis in die römische Kaiserzeit begehrter Buntmarmor gewonnen wurde. Dort habe es ein Heiligtum für Apollon Marmarinos gegeben. Ferner tischt er die Geschichte eines speziellen Gesteins von Karystos auf, das

Seite 68
Eine 395 m lange Hängebrücke über den Evripos verbindet die Insel Euboia mit dem Festland

Abb. 33
Skulpturen im Museum von Chalkis

man hätte wie Wolle krempeln und zu Tüchern weben können, die, wenn sie dreckig seien, zur Reinigung einfach ins Feuer geworfen worden wären (Strabon 10, 1, 6).

Von den beiden großen Städten Chalkis und Eretria kommt Strabon zunächst ausführlicher auf deren Bedeutung als Gründerinnen weiterer Siedlungen in Griechenland sowie Italien zu sprechen (10, 1, 8). Die Halbinsel Chalkidike im griechischen Norden trägt noch heute einen entsprechenden Namen. Ferner erwähnt der Geograph im gleichen Abschnitt die Erweiterung der Stadtmauern von Chalkis zurzeit des Angriffs von Alexander dem Großen auf das Perserreich. Der neue Befestigungsring soll sogar den Euripos miteingeschlossen und aus einer Brücke, Türmen, Toren sowie der Mauer selbst bestanden haben. Es folgt bei Strabon (1, 10, 9) die Erwähnung der oberhalb von Chalkis liegenden Ebene Lelanton und ihrer noch vom römischen Diktator Sulla (um 138–78 v. Chr.) genutzten heißen krankheitslindernden Quellen sowie eines Bergwerks zur gleichzeitigen Gewinnung von Kupfer als auch Eisen, die er allerdings als erschöpft bezeichnet. Weitere Informationen erfahren wir zu Chalkis nicht. Wegen der heutigen intensiven Bebauung des Ortes, Chalkis/Chalkida ist die moderne Inselhauptstadt, sind bis auf wenige kleine Abschnitte einer polygonalen Mauer des 4. Jhs. v. Chr. auf einem Hügel kaum antike Baureste bekannt, die einen Besuch lohnen. Sehenswerter ist dagegen das Museum in der Themistokles-Straße (gr. Odos Themistokleous), das in mehreren Sälen einen guten Überblick über die antike Inselgeschichte gibt und deren Sammlungen auch qualitätvolle Skulpturen umfassen. Die marmorne Sitzstatue in der Mitte (Inv. MX 33) stammt aus dem Anfang des 4. Jhs. v. Chr. und ist vielleicht als Darstellung der Göttin Demeter zu interpretieren. Die Pferdeköpfe (Inv. MX 1, 2, 60) sind wahrscheinlich römisch zu datieren (Abb. 33). Die ältesten Funde von der Insel belegen eine Besiedlung bereits im Neolithikum. In den Vitrinen gibt es aber auch zahlreiche Objekte aus bronzezeitlichen Grabungen zu sehen.

Archäologisch betrachtet ist es um die große Rivalin von Chalkis, das östlich von ihr liegende Eretria, weitaus besser bestellt, obwohl die Stadt sowohl den Lelantischen Krieg verlor als auch von den Persern nachhaltig zerstört wurde (Herodot 6, 31; Strabon 10, 1, 10). Trotz ihres baldigen Wiederaufbaus konnte Eretria dennoch wie ihre Rivalin Chalkis, die die persischen Truppen nicht heimgesucht hatten, da sie nach der Brandschatzung der erstgenannten Stadt sogleich gegen Athen zogen, nicht wieder an die alte Größe anknüpfen. Zum Spielball der Mächtigeren geworden, geriet sie zunächst in die Abhängigkeit von Athen. Später kamen die Makedonen und schließlich die Römer. Wahrscheinlich ist Eretria in nachantiker Zeit wegen der Malaria verlassen worden. Eine Neubesiedlung auf recht großzügigem Grundriss begann ab den 1830er Jahren. Als Vorgängersiedlung Eretrias gilt Lefkandi (Nr. 15). Am Ort wurden aber auch mykenische Spuren entdeckt.

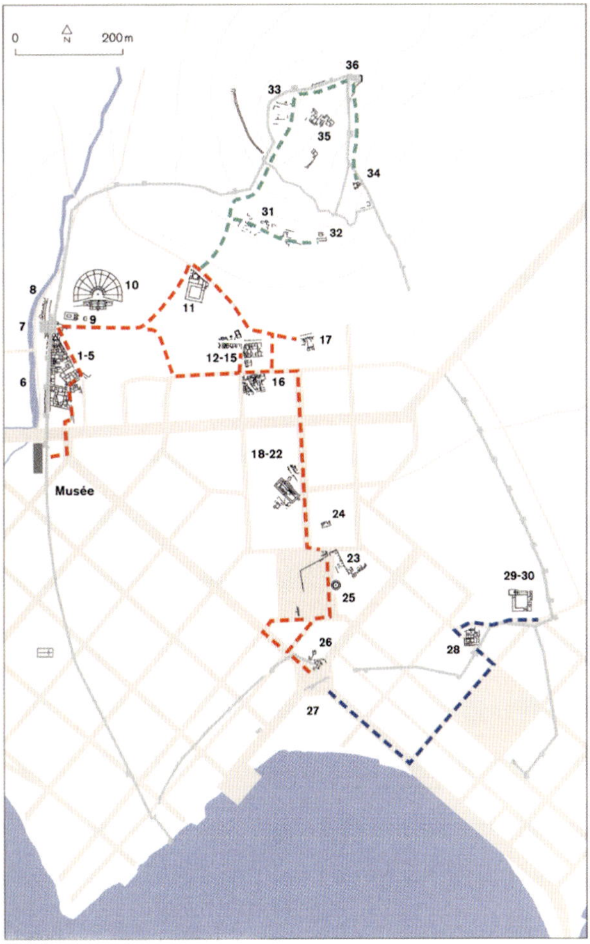

Abb. 34
Plan der erhaltenen Bauten des antiken Eretria

Die archäologischen Reste sind über das gesamte heutige Stadtgebiet verteilt (Abb. 34). Sie liegen folglich inmitten neuzeitlicher Bebauung. Im Museum (an der Isidos-Straße, in Nähe der Straße Archaiou Theatrou), das den Ausgangs- oder Endpunkt der Besichtigung bilden sollte, kann ein von der Schweizerischen Archäologischen Schule erstellter gedruckter Führer erworben werden, der die Ruinen ausführlich erläutert. Wesentlich ist das Folgende: Oberhalb des Museumsgebäudes und jenseits der Isidos-Straße stoßen die Besucher als erstes auf das sog., gut 5.000 m² umfassende Westquartier und damit auf das größte zusammenhängende archäologische Areal des antiken Eretria (Abb. 34 Nr. 1–5). Das Gebiet scheint bereits im 8. Jh. v. Chr. bewohnt gewesen zu sein. Die Mauerreste stammen von spätklassischen/hellenistischen Wohnhäusern. In römischer Zeit siedelte hier offenbar niemand mehr. Am nördlichen Ende gab es in der westlichen, um 400 v. Chr. zu datierenden Stadtmauer ein zeitgleich errichtetes Torgebäude (Abb. 34 gegenüber Nr. 7). Südlich unterhalb davon entdeckten die Schweizer Archäologen Mauerstrukturen eines schon im 8./7. Jh. v. Chr. bestehenden Heroons, das in der Mitte des 6. Jhs. v. Chr. erweitert und gegen 500 v. Chr. schließlich aufgegeben wurde. Außerhalb der Stadtmauern erstreckt sich in nördlicher Richtung eine Gräberstraße (Abb. 34 Nr. 8).

Bei der Nr. 9 des Planes (vgl. Abb. 34) handelt es sich um die Fundamente eines dorischen Ringhallentempels mit 6 x 11 Säulen. Aufgrund seiner spezifischen Proportionen lässt er sich am ehesten in die 2. Hälfte des 4. Jhs. v. Chr. datieren und war eventuell wegen der Nähe zum Theater dem eigentlichen ‚Theatergott' Dionysos geweiht. Das recht gut erhaltene Theater selbst wurde ursprünglich im letzten Drittel des 4. Jhs. v. Chr. gebaut. Inschriftlich gesichert ist eine weitere Bauphase um 300 v. Chr. Nach der Eroberung Eretrias durch römische Truppen im Jahr 198 v. Chr. scheint es erneut umgebaut worden zu sein und war dann bis in die Spätantike hinein in Benutzung (Abb. 34 Nr. 10). Am Weg vom Tempel des Dionysos zum Theater standen Basen zur Aufnahme von Denkmälern, die vielleicht von reichen Mäzenen gestiftet worden sind, die wie in Athen das Amt eines Choregen (gr. Chorführer) ausgeübt hatten und somit für die möglichst prunkvolle Inszenierung der im Theater gespielten Stücke verantwortlich waren. In Athen wurde bei jeder Kultfeier die am besten ausgestattete Produktion mit einem Dreifuss prämiert, und der siegreiche Chorege durfte ein entsprechendes Monument öffentlich aufstellen.

Mit der Nr. 11 (Abb. 34) wird in östlicher Richtung vom Theater aus das vom 4. Jh. v. Chr. bis in die römische Kaiserzeit genutzte ‚Nördliche Gymnasion' erreicht. Es besteht aus einem allseits von Säulenstellungen gerahmten rechteckigen Platz, der Fläche für die athletischen Übungen (gr. Palaistra = Ringplatz), an den nördlich mehrere Räume anschließen. Mit den Nrn. 12–15 (Abb. 34) sind südlich davon mehrere Komplexe gekennzeichnet (von Norden nach Süden): Ein kleiner Kaiserkulttempel (gr. Sebasteion) von etwa 20 v. Chr, der einen hellenistischen Vorgängerbau wohl für einen makedonischen König hatte; westlich daneben ein rechteckiges monumentales Grab aus der Zeit um 100 v. Chr.; unter diesen beiden im Westen ein kaiserzeitlich bis spätantik handwerklich genutzter Bezirk und im Osten ein Wohnhaus aus dem 4. Jh. v. Chr. mit reichem Mosaikschmuck (florale Ornamente, ein Medusenhaupt, Kampf der Arimaspen gegen Greife). Das noch weiter südlich gelegene Areal heißt wegen der dort gefundenen spezifischen Ölgefäße aus Athen, die die Sieger bei den athenischen Wettkämpfen zu Ehren der Athena (gr. Panathenaien) erhielten, ‚Quartier der Preisamphoren' und besteht aus verschiedenen Raumstrukturen. Es war durch mehrere Bauphasen hinweg über einen sehr langen Zeitraum (8. Jh. v. – 6. Jh. n. Chr.) durchgängig bewohnt (Abb. 34 Nr. 16). Der Ostsektor ist wenig spektakulär (Abb. 34 Nr. 17). Auch er besteht aus diversen baulichen Einheiten und wurde lange (8. Jh. v. – 2. Jh. n. Chr.) genutzt.

Das wichtigste Heiligtum des antiken Eretria war zweifellos der Tempel des Apollon, der hier mit kultischem Beinamen Daphnephoros (der Lorbeer Tragende) hieß (Abb. 34 Nr. 18–22). Seine Geschichte ist länger, als es die wenigen Mauern vor Ort auf den ersten Blick vermuten lassen. Unter dem Tempelfundament sind Mauern mit apsidialen Abschlüssen zu erkennen, die bereits aus der Mittel- (1. Hälfte 8. Jh. v. Chr.) und Spätgeometrischen Epoche (2. Hälfte 8. Jh. v. Chr.) stammen. Sie wurden wohl um die Mitte des 7. Jhs. v. Chr. von einem ersten Tempel überbaut. Dieser hatte bereits eine umlaufende Ringhalle. Im letzten Viertel des 6. Jhs. v. Chr. errichtete man ihn schließlich völlig neu. Im umlaufenden dorischen Säulenkranz (6 x 14 Säulen) lag eine recht langgestreckte Cella, deren Inneres durch zwei Säulenreihen (8 Säulen) in drei Schiffe geteilt wurde. Zusätzlich verfügte sie über einen schmalen rückwärtigen (gr. Opisthodom) sowie einen nicht wesentlich tieferen Vorraum (gr. Pronaos), in deren beider Zugänge je zwei Säulen zwischen den vorgezogenen Mauern (Anten) standen (in antis). Zum Tempel gehören mehrere Reste der Giebelfiguren, die den Kampf der Griechen gegen die Amazonen darstellten. Der Torso einer Athena sowie die Gruppe von Theseus und Antiope sind im Museum von Eretria ausgestellt (Abb. 35). Eine weitere Amazone scheint infolge der römischen

Abb. 35
Theseus, der die Amazone Antiope raubt, vom Giebel des Apollon-Tempels; Eretria, Museum Inv. MX 4; li. Torso der Athena

Eroberung Eretrias bereits in der Antike als Beutegut nach Rom gekommen zu sein, wo sie heute in den Kapitolinischen Museen aufbewahrt wird. Die Perser dürften den Tempel bei ihrer Eroberung der Stadt zumindest schwer beschädigt, wenn nicht gar weitgehend zerstört haben.

Eretrias Hauptmarkt (gr. Agora) bestand aus mehreren Gebäuden (Abb. 34 Nr. 23–26). Schon in der Archaik gab es hier einen ersten Hallenbau (gr. Stoa). In der Klassik wurde der Platz auf allen vier Seiten von solchen Stoai eingefasst (Abb. 34 Nr. 23). Zur Agora gehört ferner ein öffentliches Brunnenhaus aus dem 4. Jh. v. Chr. (Abb. 34 Nr. 24). Der außerdem sichtbare Steinkreis ist der Rest eines Rundbaus (gr. Tholos) aus der Zeit um 400 v. Chr., dessen Funktion allerdings unklar bleibt (Abb. 34 Nr. 25). Die Reste hellenistischer Badeanlagen (Abb. 34 Nr. 26) leiten bereits zum einstigen Hafen über (Abb. 34 Nr. 27), von dem in Küstennähe einige Reste seiner einstigen Bebauung, der Befestigungen erhalten blieben.

Als letzter Teil der städtischen Bebauung wird in entsprechender Richtung das sog. Südost-Quartier erreicht (Abb. 34 Nr. 28–30). Zu diesem zählt ein größerer, der ägyptischen Göttin Isis geweihter Heiliger Bezirk (Abb. 34 Nr. 28). Er besteht aus zwei Komplexen. Der Anfang des Iseions wird an das Ende des 4. Jh. v. Chr. datiert, und im 2. Jh. v. Chr. ist es zu größeren baulichen Veränderungen gekommen. Im südlichen Teil der Anlage errichtete man der Göttin einen kleinen Antentempel. Die ‚Süd-Palaistra' (Abb. 34 Nr. 29–30) dürfte ebenfalls im 4. Jh. v. Chr. erstmals angelegt und im Hellenismus verändert worden sein. Der Platz für die athletischen Übungen wird auf allen Seiten von Räumen eingefasst, die z. T. zu diesem hin offene Säulenstellungen aufweisen. Bei dem Raum an der Nordwestecke handelt es sich wahrscheinlich um ein Heiligtum der Eileithyia. Bruchstücke von Inschriften sowie zahlreiche tönerne weibliche Statuetten und Büsten (gr. Protome) legen diese Interpretation nahe.

Eretria verfügt darüber hinaus oberhalb des eigentlichen Siedlungsgelände über eine Akropolis (Abb. 34 Nr. 31–36). Sie zu ersteigen, wird am besten vom Bereich des Theaters und des ‚Nördlichen Gymnasions' aus versucht (Abb. 36). Als erstes gelangt man zu zwei Demeter-Kultbezirken, dem Thesmophoreion I (Abb. 34 Nr. 31) aus hellenistischer Zeit und dem in einer ersten Bauphase bereits klassischen Thesmophorion II (Abb. 34 Nr. 31). Vom obersten Plateau der Akropolis lässt sich ein grandioser Ausblick genießen. Bronzezeitliche Spuren (2. Jt. v. Chr.) in Form von Gräbern (Abb. 34 Nr. 33), eine Zisterne aus dem 2. Jh. v. Chr. (Abb. 34 Nr. 34), einige Hausfundamente des 4. Jhs. v. bis 2. Jhs.

n. Chr. (Abb. 34 Nr. 35) sowie gut erhaltene Abschnitte der ehemaligen spätklassisch/hellenistischen Festungsmauer (Abb. 34 Nr. 36) bilden die erhaltenen Reste der einstigen architektonischen Gesamtgestaltung des Burgberges.

Im weiteren Umfeld der antiken Stadt ist das sog. Grab der Eroten von besonderem Interesse. In der Regel öffentlich nicht zugänglich müssen speziell interessierte Besucher bei der lokalen Altertümerverwaltung (gr. Ephorie), die in der Inselhauptstadt Chalkis ihren Dienstsitz hat, den Zugang zu diesem Monument beantragen. Ein Wächter wird Einen dann auf einen baumbestandenen Hügel nördlich des Westquartiers, etwa 200 m westlich der letzten modernen Häuser von Nea Eretria, begleiten. Der Zugang zur überwölbten, nahezu quadratischen Grabkammer (2,97 m x 2,83/87 m) erfolgte einst über einen 5,2 m langen Gang (gr. Dromos). Darüber erhob sich ein Hügel, auf dessen Spitze die Reste einer aus ungebrannten Ziegeln bestehenden Basis gefunden wurden, die ehemals die Figur einer Sphinx, einer Sirene oder eines Löwen getragen haben mag, wie wir es von anderen Grabmonumenten dieser Zeit kennen. Das ganze Grab muss recht weit sichtbar gewesen sein. Bei der Auffindung war es innen nahezu intakt. Die Wände trugen gemalte Girlanden und Festkränze. Das Mobiliar bestand aus zwei marmornen Thronen, zwei Betten (gr. Klinai) und einem Kasten, die alle figürlich verziert und polychrom gefasst sind. Sie bargen, bevor die Grabräuber

Abb. 36
Blick von der Akropolis Eretrias auf das ‚Nördliche Gymnasion' (links) und das Theater (rechts)

kamen, die Asche der hierin in Urnen bestatteten Toten. Fünf bronzene Gefäße könnten hierfür verwendet worden sein. Eine davon ist im Museum ausgestellt. Insgesamt hat man die verstreuten Aschereste von wohl sechs Männern und vier Frauen gefunden. Die sicherlich ehemals reichen Edelmetallgrabbeigaben sind fast alle verschwunden. Übrig blieben dagegen die Keramik sowie tönerne Figuren, darunter die vielen, dem Grab den Namen gebenden Eroten. Das unterschiedlich zu datierende Fundmaterial spricht für eine Nutzung des Grabes über einen recht langen Zeitraum vom letzten Viertel des 4. Jhs. bis zum Beginn des 2. Jhs. v. Chr. Der Grabtypus an sich ist v. a. in Makedonien weit verbreitet gewesen. Vielleicht stammte die Familie oder die Person, die dieses Grab ursprünglich in Auftrag gegeben hatte, aus diesem Teil Griechenlands und gehörte zum Kreis der neuen makedonischen Elite, die im Zuge der Erfolge Alexanders des Großen und seiner Nachfolger auch in Eretria zusehends eine beherrschende Stellung einnahm. Vier weitere makedonische Kammergräber sind auf Euboia entdeckt worden, jedoch nicht zu besuchen.

Südwestlich des Dorfes Phylla entdeckte der griechische Archäologe Georgios Papavasileou auf einer heute Vrachos (Fels) genannten Erhebung die Reste einer Befestigungsanlage aus der Zeit um 500 v. Chr., die hier am Rand der Lelantischen Ebene diese gegen äußere Feinde schützen sollte und/oder als Machtdemonstration neuer Besitzer diente. Wie Herodot berichtet (5, 77), unterlagen die mit den Boiotern verbündeten Chalkidier den Athenern, die daraufhin 506 v. Chr. das fruchtbare Land in Besitz nahmen und es athenischen Siedlern (gr. Kleruchen) überließen. Da deren Besetzung des Landes mit dem Einfall der Perser bereits 490 v. Chr. wieder endete (Herodot 6, 100–101), könnte die Festung daher rasch aufgegeben worden sein. Genauso denkbar ist aber auch die Vorstellung, wonach es die Eretrier selbst waren, die die Niederlage von Chalkis ausnutzen und ihrerseits diese militärische Anlage erbauten, um ihren Besitzanspruch wieder sichtbar zu machen, den sie infolge ihrer Niederlage im Lelantischen Krieg (s. o.) längst verloren hatten. Auch dieses Szenario könnte erklären, warum der Ort nach der Perserzerstörung Eretrias nicht mehr weiter genutzt worden ist. Vor Ort erkennbar sind v. a. die Reste der eigentlichen Befestigungsmauern sowie eine aus insgesamt vier Teilkomplexen bestehende, gut 112 m lange und 10 m tiefe Anlage, die zahlreiche Kammern aufwies und wohl der Unterbringung der hier stationierten Soldaten, Waffen und Vorräte diente.

Manchmal genügt ein Zahlendreher, in diesem Fall der Austausch eines Buchstabens, um künftige Leser so zu verwirren, dass ein einstmals berühmtes Heiligtum für lange Zeit verschwunden bleibt. Erst dem Schweizer Altertumswissenschaftler Denis Knoepfler (* 1944) gelang es, dieses Rätsel zu lösen. Seither entsteigt die der Artemis geweihte Kultstätte wieder dem Boden, der sie solange verborgen hielt. Aber auch das Meer vor Euboia ist immer wieder für Überraschungen gut gewesen. So bescherte es gemeinsam mit Windgöttern feindlichen Schiffen den Untergang oder ließ zwei antike Meisterwerke aus seinen Fluten gleichsam neu entsteigen.

14 EIN SCHREIBER IRRT SICH – WIEDERAUFGETAUCHTE GOTTHEITEN

Strabon erwähnt in seiner „Geographie" im Zusammenhang mit der Darstellung der einstigen Macht, die Eretria besessen habe, eine Ortschaft namens Amarynthos. Dort stehe im Heiligtum der Artemis Amarysia eine Steintafel, die Regelungen für die große Feier zur Ehren der Göttin beinhalte. Demnach sollten dabei 3.000 Schwerbewaffnete, 600 Reiter und 60 Streitwagen eine Festprozession bilden. In der Tat eine gewaltige Machtdemonstration! Strabon gibt auch die Entfernung des Heiligtums von der Stadtmauer Eretrias gerechnet mit 7 Stadien an (Strabon 10, 1, 10). Nun aber konnte trotz großer Bemühungen ein solcher Kultbezirk nirgends in einem entsprechenden Radius (ca. 1,2 km) um Eretria herum festgestellt werden. Hatte sich Strabon etwa geirrt? Nein, es war ein Schreiber, der zu einem unbekannten Zeitpunkt den Fehler gemacht hatte. Hierzu muss man wissen, dass in antiken griechischen Manuskripten die Zahlen mit Buchstaben angegeben werden. In den mittelalterlichen Abschriften, die von der griechischen Sprache kundigen Mönchen angefertigt worden sind, steht an dieser Stelle in der Tat der Buchstabe Zeta (ζ), der die Zahl 7 bezeichnet. Geht man aber davon aus, dass ein Mönch beim Abschreiben etwas unaufmerksam gewesen ist und eigentlich ein Xi (ξ) hätte schreiben müssen – eine solche geringfügige Verwechslung ist leicht möglich –, wären es im Originaltext eben 60 und nicht 7 Stadien gewesen; und tatsächlich fanden Archäologen in dieser Entfernung (ca. 10,6 km) östlich von Eretria beim heutigen Dorf Kato Vathia, das mittlerweile in Amarynthos umbenannt wurde, die nicht geringen Reste eines größeren Heiligen Bezirks.

Eine gewisse Landmarke stellt der Paleoekklisies oder Gerani genannte Hügel direkt oberhalb der Küste dar. Er ist, wie der erste Name sagt, wegen der darauf stehenden alten Kirche nicht zu übersehen. Hier gab es bereits eine größere mykenische Ansiedlung. Amarynthos ist jedenfalls eine vorgriechische Ortsbezeichnung (gr. Toponym), was darauf hindeutet, dass die Mykener eine noch ältere, wohl nicht ganz unbedeutende Siedlung vorgefunden haben müssen. So erscheint auf Tontäfelchen aus dem Palast von Theben (Boiotien), die in Linear-B (dem frühen mykenischen Griechisch) beschriftet sind, der Ort in der Form a-ma-ru-to allein zweimal. Im Jahr 1987 wurde 500 m nördlich des Hügels ein größeres Depot von tönernen Weihgaben entdeckt, die vermuten ließen, dass das berühmte Artemision in der Nähe zu suchen ist. Geomagnetische Untersuchungen bestätigten 2003 diese Hypothese. In den Jahren darauf grub ein griechisch-schweizerisches archäologisches Team an dieser Stelle. Die Ausgrabungen dauern noch an und bringen jährlich neue Erkenntnisse.

Abb. 37
Plan der bislang ergrabenen Teile des Artemisions von Amarysia

Zusätzlich zum Heiligtum (Abb. 37) werden weiterhin in Suchschnitten ebenso die bronzezeitlichen Besiedlungsphasen des Paleokklisies-Hügels untersucht (Abb. 37 Nr. XXXIII, XXXV, XXXVII). Dort im Ab-

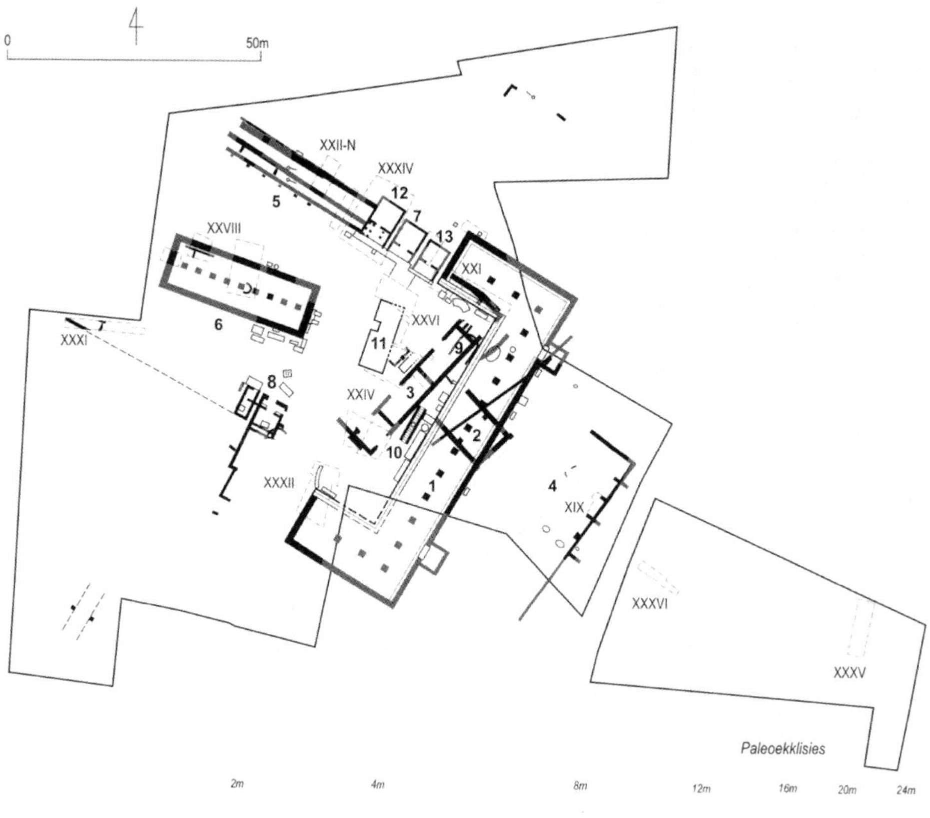

schnitt XXXVII gefundene Fragmente einer sog. Kykladen-Pfanne (vgl. Abb. 1) und eines Schiffsankers deuten auf einen intensiveren Austausch zur See zwischen Euboia und den Kykladen hin. Das Zentrum des Heiligtums nahm der Tempel ein, der höchstwahrscheinlich zwei Bauphasen (7. und Ende 6. Jh. v. Chr.) hatte (Abb. 37 Nr. 6). Eine dritte frühere Schicht, aus der eine lange Mauer stammt, liegt darunter und wird in das 8. Jh. v. Chr. datiert (Abb. 37 Nr. 14). Vor der Ostfront des Tempels befindet sich der ebenfalls archaische Altar (Abb. 37 Nr. 11). Der heilige Platz wird von mehreren Gebäudestrukturen eingefasst (Abb. 37 Nr. 1–5; 7–10; 12–13). Bei manchen davon könnte es sich um weitere kleinere Kultbauten (Abb. 37 Nr. 2, 7, 12, 13) handeln. Am besten erkennbar ist die große, vielleicht spätklassisch zu datierende Halle an der Ostseite (Abb. 37 Nr. 1) mit ihren beiden vorspringenden Seitenteilen (Risaliten). Die Ausgrabungen haben zudem ein breites Spektrum an Votiven erbracht. Keramik, Statuetten etc. sind stumme Zeugen eines sehr langen und intensiven Kultbetriebs bis mindestens zum 2. Jh. v. Chr., der wohl endgültig erst in römischer Zeit vollständig zum Erliegen kam. Besondere Aufmerksamkeit erhielt ein bronzenes Statuenfragment, wenige Zehen eines beschuhten weiblichen Fußes, das vielleicht dem ansonsten verlorenen Kultbild der Artemis zugeschrieben werden kann.

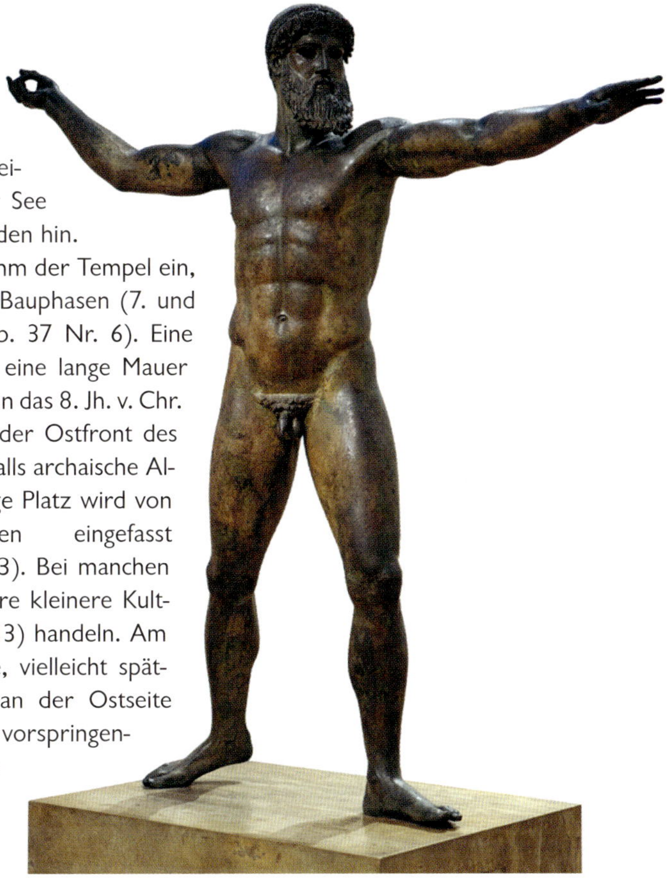

Abb. 38
Bronzener Zeus vom Kap Artemision; um 460 v. Chr.; Athen, Nationalmuseum Inv. X 15161

Die jungfräuliche Göttin ist aber nicht die einzige Gottheit, die auf oder zumindest vor Euboia wiederauftauchte. An der Nordspitze der Insel am Kap Artemision fanden Taucher 1926 ein Schiffswrack, das gleich zwei große Bronzestatuen enthielt, eine über 2 m hohe männliche Figur (Abb. 38) sowie eine weitere Großplastik aus Bronze, ein kleiner Jockey mitsamt seinem Reitpferd (Abb. 39). Beide wurden ins Nationalmuseum von Athen verbracht. Während die Reitergruppe in hellenistischer Zeit entstanden sein muss, ist das andere Stück wesentlich früher anzusetzen. Dieses Werk gehört bereits der Epoche der Frühen Klassik an. Zu sehen ist ein bärtiger Mann mit Bart und an sich langem Haar, das jedoch in Zöpfen geflochten um den Kopf so herum gewunden wurde, dass es wirkt, als trage er eine Kurzhaarfrisur. Sein offener Stand und die weit vom Körper in beide Richtungen gestreckten Arme suggerieren den Wurf eines Gegenstandes, den der Bärtige einst in der rechten Hand hielt. Dass das Standbild allein schon seiner Größe wegen das eines Gottes sein muss, war nie umstritten, dafür aber umso heftiger die Benennung. Zunächst dachte man an Poseidon. Hielte der Gott aber einen langen Dreizack, wirkte dies gesamtkompositionell betrachtet ausgesprochen unbefriedigend. Entweder ragte dieser beim Wurf zu weit nach hinten, so wie es antike Vasenbilder zeigen, oder er versperrte die Sicht auf den Kopf. Der frühere Direktor der Münchner Glyptothek, Raimund Wünsche, fand schon vor längerer Zeit die Lösung. Es muss stattdessen Zeus sein, der ein Blitzbündel auf seine imaginären Gegner schleudert, den einer der ganz großen Bronzekünstler um 460 v. Chr. in dieser einzigartigen Figur dargestellt hat. Beide Statuen, da sie zu unterschiedlichen Zeiten gefertigt worden sind, gehörten sicher zu einem der vielen römischen ‚Kunsttransporte', mit denen Beutestücke, aber auch legale Erwerbungen im Auftrag der damaligen Machthaber von Griechenland nach Italien/Rom verschifft wurden. Dort angekommen wanderten sie entweder als Schmuck auf öffentliche Plätze und Heiligtümer oder in die privaten Villen und großen Stadthäuser von Roms militärischer sowie politischer Elite. Dieses Schiff kam jedenfalls wie so viele andere nicht an, wurde somit Opfer der rauen See. Das Kap Artemision ist in dieser Hinsicht jedenfalls in der Antike ein besonders gefährlicher Ort gewesen. Schon 480 v. Chr. scheiterte hier eine persische Flotte. Angeblich soll der Windgott Boreas persönlich den Griechen beigestanden und den Untergang der feindlichen Schiffe in einem Sturm herbeigeführt haben.

Abb. 39
Pferd und sein ‚Jockey' vom Kap Artemision; 2. Jh. v. Chr.; Athen, Nationalmuseum Inv. X 15177

Er muss zu Lebzeiten viel Einfluss gehabt und einen hohen gesellschaftlichen Status besessen haben. Anders ist es nicht zu erklären, warum die Einwohner der Vorgängerstadt von Eretria um 950 v. Chr. einen Mann derart prunkvoll unter einem großen Hügel beisetzten und ihre späteren Gräber dann auch noch genau zu Füßen dieses Monuments anlegten sowie auf dieses hin ausrichteten. Dem sog. ‚Herrn von Lefkandi' folgte – freiwillig oder doch wohl eher nicht – eine junge Frau in den Tod, und es wurden zu seinen Ehren zwei Pferde geopfert. Er selbst ist als Leichenbrand in einer kostbaren bronzenen Urne beigesetzt worden, die zu diesem Zeitpunkt bereits eine Antiquität aus einer fernen Region war.

15 HEROON EINES MÄCHTIGEN MANNES – LEFKANDI

EUBOIA

Wenige Kilometer westlich von Eretria entdeckten Archäologen in den 1960er Jahren an der Küste bei Lefkandi auf einem Xeropolis genannten Hügel einen alten Siedlungsplatz, der wichtige Aufschlüsse über die nachmykenischen Phasen (ab dem 11. Jh. v. Chr.) gab. U. a. wurde hier der berühmte Kentaur von Lefkandi gefunden, der heute als einer der Prunkstücke des Museums von Eretria dort zu sehen ist. Die aus Terrakotta gefertigte, immerhin 36 cm große Figur eines Fabelwesens halb Mensch, halb Pferd wurde in einem Grab als Beigabe gefunden (Abb. 40).

Abb. 40
Sog. Kentaur von Lefkandi; ca. 900 v. Chr.; Eretria, Archäologisches Museum von Eretria Inv. 18

Die zugehörige Siedlung bestand bereits seit der Frühbronzezeit (um 2000 v. Chr.) und scheint auch nach 1200 v. Chr., also zu dem Zeitpunkt der Zerstörung der meisten mykenischen Palastanlagen, weiter bewohnt gewesen zu sein. Die ältere Forschung hat die darauffolgenden Jahrhunderte gerne als die ‚Dunklen' (engl. Dark Ages) bezeichnet. Es sind nicht zuletzt Entdeckungen wie die von Lefkandi gewesen, die zeigen, dass die ‚Dunklen Jahrhunderte' gar nicht so dunkel gewesen sind. Vor Ort jedenfalls blühte das Handwerk weiter und es gab durchaus noch Kontakte in den übrigen Ägäisraum. Viele der gut gebauten Wohnhäuser verfügten über mehrere Räume, vielleicht auch Stockwerke. In großen Vorratsgefäßen lagerten u. a. allerlei Feldfrüchte. Aus der üblichen Wohnbebauung sticht ein langes rechteckiges Gebäude vom Ende der Spätbronzezeit heraus, das in der Früheisenzeit weiterhin genutzt wurde und als ‚Megaron' bezeichnet wird. Hierbei könnte es sich der Größe wegen um den Sitz einer einflussreichen Familie/

Person gehandelt haben. Eine große doppelte Mauer in der Mitte der Gesamtsiedlung aus dem 11. oder 10. Jh. v. Chr. lässt sich entweder als Rest einer Stadtmauer deuten oder diente einst zur Sicherung einer besonderen (kultischen?) Anlage. Die in Lefkandi gefundene Keramik zeigt viele Kriegerszenen, aber auch Darstellungen orientalischer Motive wie Sphingen und Greifen. Der Wohlstand der Einwohner von Lefkandi/ Xeropolis führte allerdings auch dazu, dass die Siedlung wenigstens zweimal durch größere Brände zerstört wurde, die sicherlich auf kriegerische Ereignisse zurückgingen.

Abb. 41
Rekonstruktion des Langhauses von Lefkandi, in dessen Mittelteil im Fußboden zwei Grabschächte ausgehoben wurden

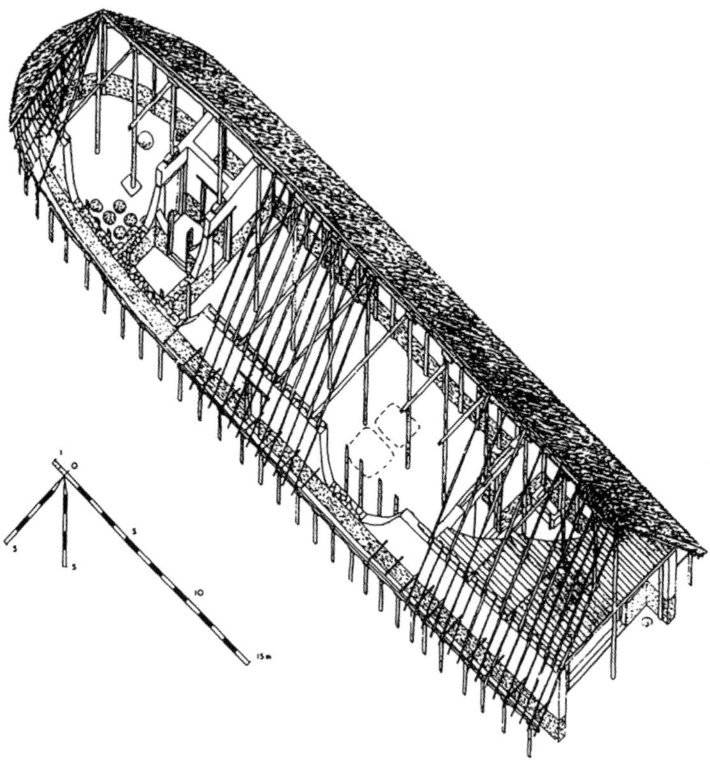

Im Zusammenhang mit der Bedeutung Lefkandis als einer der kulturell führenden und überregionalen Beziehungen unterhaltenden Orte in den ‚Dark Ages' stellt die Freilegung eines Langhauses aus dem 10. Jh. v. Chr. mit einem apsidialen Abschluss sogar einen noch sensationelleren Fund als den des Kentauren dar. Die Nekropolen befinden sich alle etwa 500 m von der eigentlichen Siedlung entfernt an den Abhängen des Hügels über dem modernen Ferienort. Verschiedene Areale sind bekannt. Am östlichen Rand eines künstlichen Hügels (gr. Toumba) liegt die danach benannte Toumba-Nekropole. Hier stand ehemals das bereits einleitend erwähnte 50 m lange und 10 m breite Haus (Abb. 41). Es gehört ins 10. Jh. v. Chr. (um 950 v. Chr.) und kann als der größte Bau bezeichnet werden, der bislang aus der Zeit unmittelbar nach dem Untergang der mykenischen Paläste in Griechenland bekannt ist. Der Bau bestand aus einem Steinsockel, den darauf liegenden Lehmziegelmauern, hölzernen Stützen und einem ebenfalls hölzernen, schilf-/strohgedeckten (?) Dach. Abgesehen von der östlichen Eingangsfront gab es außen im Bereich der beiden Langseiten (Norden und Süden) sowie der Apis des rückwärtigen Teils (Westen) eine umlaufende Reihe von Stützen aus Holz. Es wurde damit gewissermaßen eine Vorform der späteren Ringhallenarchitektur gefunden. Das Innere des Langhauses bestand aus drei Räumen und war durch eine mittig verlaufende Dachstützenreihe gegliedert. Im Zentralraum entdeckten die Ausgräber zwei Grabschächte. In dem einen lag in einem bronzenen Gefäß der Leichenbrand eines Mannes und daneben der nicht verbrannte Körper einer vielleicht gefesselten jungen Frau. Beide hatten reiche Beigaben (Schmuck, Waffen etc.) erhalten. Die zweite Grub barg die Skelette zweier Pferde, die sicherlich einst den ‚Streitwagen' des bestatteten Mannes gezogen haben.

Aufgrund der außergewöhnlichen Begräbnisform und des Reichtums an Beigaben muss es sich bei dem Gesamtensemble um die Bestattung einer hochrangigen Kriegergestalt gehandelt haben. Dass der Tote zudem weitreichende Kontakte in den östlichen Mittelmeerraum unterhielt, zeigen die im Grab gefundenen Artefakte. Von besonderem Interesse ist hierbei das als Urne verwendete große Gefäß. Es stammt bereits aus dem 12. Jh. v. Chr. Die engsten Parallelen weisen nach Zypern, also der Insel, die wegen ihrer Kupfervorkommen schon in der Bronzezeit eine wichtige Rolle im internationalen Rohstoffaustausch der damaligen Großmächte gespielt hatte. Der ‚Herr von Lefkandi' verfügte zu Lebzeiten sicherlich über ein besonderes Prestige, dürfte einen entsprechenden gesellschaftlichen Rang gehabt und damit verbundene Macht ausgeübt haben. Wie er hieß, wissen wir nicht, auch nicht, mit welchem Titel man ihn möglicherweise ansprechen musste. In den mykenischen Linear-B-Texten werden solche lokalen Eliten als qa-si-re-wo bezeichnet. Bei Homer ist daraus Basileus, das Wort für König, geworden. Wie wichtig dieser Mann jedenfalls für die Einwohner des früheisenzeitlichen Lefkandi/Xeropolis gewesen ist, zeigt neben dem geschilderten Aufwand für seine Beerdigung auch die Tatsache, dass danach im nächsten Umkreis seines Grabes weitere Bestattungen angelegt wurden. Die Siedlung von Lefkandi/Xeropolis wurde schließlich am Ende des 8. und zu Beginn des 7. Jhs. v. Chr. aufgegeben.

IM KREIS UM EINE SCHWIMMENDE INSEL MIT PALME – DIE KYKLADEN

Nach antikem Verständnis lagen die danach benannten Kykladen in einem Kreis (gr. Kyklos) um ein ehemals von Sizilien abgerissenes, als Delos bekanntes Felsstück, wo unter einer Palme die sich zurecht vor Heras Eifersucht fürchtende Leto ihre von Zeus gezeugten göttlichen Zwillinge Artemis und Apollon geboren hatte (s. u. Nr. 29). Selbst der Name des die Inseln umgebenden Meeres ist wie so oft in Griechenland mythisch bedingt. In diesem Fall fungierte Aigeus, der Vater von Athens Nationalheld Theseus, als unfreiwilliger Pate. Er stürzte sich in den Tod, nachdem er am Horizont die schwarzen Segel des Schiffes der aus Kreta zurückkehrenden athenischen Gesandtschaft an König Minos gesehen hatte. Vereinbart war nämlich, dass, falls Theseus, der das Unternehmen anführte, im Kampf mit dem Minotauros zu Tode gekommen sei, die Besatzung keinesfalls eine weiße Takelage verwenden dürfe. Leider hatte dieses Versprechen der siegreiche Sohn vergessen, der mit der Tötung des Ungeheuers der regelmäßigen Opferung von Mädchen und Jungen aus Athen ein Ende bereitet hatte. Sein Vater kam auf diese Weise zu ungewolltem, aber immerhin bis heute andauernden Ruhm.

Auf dieser Insel wurden nicht nur gleich zwei der berühmtesten archaischen Dichter geboren, der Lyriker Simonides (557/556–468/467 v. Chr.) und sein Neffe Bakchylides (516–451 v. Chr.), sondern es gab auch ein höchst sonderbares Gesetz gegen altersbedingte Probleme. Demnach mussten sämtliche Über-Sechzigjährigen einen giftigen Schierlingsbecher trinken, damit die Produktion von Nahrungsmitteln für alle übrigen Bewohner ausreichte (Strabon 10, 5, 6). Für die heutigen Besucher besteht freilich kein Grund mehr zur Furcht. Sie können egal welchen Alters diese nordwestlichste der Kykladeninseln gefahrlos besuchen. Selbst vor dem bekanntesten Wahrzeichen von Keos, einem seit Jahrhunderten hier ruhenden Löwen, braucht keiner Angst zu haben, da er aus Stein ist.

16 SCHIERLING FÜR SENIOREN – KEOS

Das heute Kea genannte Keos liegt nur knapp 20 km südöstlich vom Kap Sounion entfernt. Die recht bergige Insel misst an ihrer längsten Stelle 20 km und an ihrer breitesten 10 km. Strabon (10, 5, 6) nennt insgesamt vier Städte. Davon seien zu seiner Zeit jedoch nur zwei übrig gewesen, da man Koresia mit Ioulis und Poieessa mit Karthaia zusammengelegt habe, wobei die jeweils letztgenannte Polis der neuen den Namen gab. Von Ioulis erwähnt er zudem die Lage auf einem 25 Stadien vom Meer entfernten Berg. Der dazugehörige Hafen befand sich an der Stelle des ehemaligen Koresia. In der Nähe ist seinen Angaben nach auch das ehemalige Poieessa zu suchen. Zwischen beiden existierten zwei Heiligtümer. Das eine war Apollon mit dem Beinamen Sminthios/Smintheus (wohl von gr. Sminthos für Maus/Ratte = Mäuse-/Rattenvertilger) geweiht und das andere, näher bei Poieessa, der Athena Nedousia (vom Fluss/Ort Nedon in Lakonien/Messenien; s. Strabon 8, 4, 4; 10, 5, 6). Als Gründer des Letzteren galt Nestor von Pylos, der auf seiner Rückfahrt von Troia auf die Insel kam. Ferner wissen wir von einem Heiligtum des Zeus Ikmios/Ikmaios (von gr. Ikmas = Feuchtigkeit) zwischen Ioulis und Karthaia. Hier feierten die antiken Einwohner von Keos ein besonderes Fest. In Waffen erwarteten die Kultteilnehmer den Aufgang des Sterns Maira (Sirius), dessen Glut die Sommerhitze bringt und der deshalb besänftigt werden muss. Die Durchführung des Kultes oblag nur einer Priesterfamilie, zu der der überaus schlaue Akontios gehörte. Diesem gelang es, sich bei einer Kultfeier auf Delos durch einen Trick die Heirat mit der schönen Kydippe aus Athen zu sichern. Er warf ihr nämlich bei einem Artemis-Fest in deren Heiligtum einen Apfel zu, in dessen Schale er einen Schwur, den Akontios zum Ehemann zu nehmen, vorher eingeritzt hatte. Kydippe fing den Apfel und las überrascht, wie es in der gesamten Antike üblich

Seite 84
Fira an der Caldera von Santorin

war, laut das Geschriebene vor. Im Angesicht der Göttin legte sie damit einen Eid ab, den sie nicht brechen durfte. Ihr, von dieser Begebenheit nichts wissender Vater versuchte zwar, seine Tochter mehrfach anderweitig zu verheiraten, doch jedes Mal erkrankte diese schwer. Am Ende offenbarte ein Orakel des Rätsels Lösung. Die Liebenden durften mit väterlichem und göttlichem Segen endlich heiraten.

Heute stellt sich die Topographie wie folgt dar: Der moderne Hafenort Korissia (auch Livadi genannt) in der nordwestlichen Bucht Agios Nikolaos nimmt die Stelle des antiken Koresia ein, der 6 km landeinwärts liegende Hauptort Kea (im Mittelalter Chora) den von Ioulis. Karthaia wiederum befindet sich oberhalb der Bucht Poles im Südosten und Poieessa im Südwesten über der Bucht Pises. Keos dürfte spätestens im Neolithikum besiedelt gewesen sein, was durch eine wohl nur zwischen 3300 bis 3200 v. Chr. bestehende Siedlung auf dem Vorgebirge Kephala an seiner Nordwestspitze nahegelegt wird. Die damaligen Einwohner nutzten Obsidian von der Insel Melos, stellten einfache tönerne Idole sowie Keramik her und müssen auch Marmorgefäße besessen haben. Der Ort ist insbesondere für die Geschichte der Metallverarbeitung auf den Kykladen interessant, da er die ältesten Zeugnisse der Metallverarbeitung in Form von Schlackenresten erbrachte. Von der Siedlung selbst blieben nur wenige Fundamentmauern aus lokalem Kalkstein erhalten. Die kleinen Behausungen verfügten über einen oder allenfalls wenige weitere rechteckige Räume. Im dazugehörigen Gräberfeld konnten die amerikanischen Archäologen, die hier zwischen 1964 und 1973 gruben, etwa 40 einzelne, ausgesprochen beigabenarme Gräber nachweisen, z. T. mit Mehrfachbestattungen (bis zu 13 Tote), von denen bis auf fünf von niedrigen Steinmauern eingefasst waren. Kulturell gesehen steht die neolithische Fundstelle vom Kap Kephala entsprechenden Plätzen in Attika sowie auf den Saronischen Inseln nahe. Die an diesen Fundorten nachweisbare Kulturstufe gilt als spätneolithischer Vorläufer der frühbronzezeitlichen Grotta-Pelos-Kultur (Frühkykladisch I = 3500–2650 v. Chr.), die nach den Fundorten Grotta auf Naxos und Pelos auf Melos benannt ist.

Bei Agia Irini auf einer nur noch 150 x 80 m großen Landzunge an der Bucht Agios Nikolaos befindet sich der bedeutendste bronzezeitliche Fundort von Keos (Abb. 42). Er wurde zwischen 1960 und 1971 von amerikanischen Archäologen ausgegraben. Er dürfte bereits im Neolithikum besiedelt gewesen sein. Archäologisch wirklich nachweisbar sind aber nur die bronzezeitlichen Schichten. Eine erste frühbronzezeitliche Siedlung bestand von 2500 bis 2200 v. Chr. und wies bereits größere Häuser auf, deren Decken z. T. bis zu 4,50 m breite Räume ohne Stützpfeiler überspannten. Am Ende dieser Phase kam es wie auch sonst auf den Kykladen zu einem kulturellen Zusammenbruch, dessen Ursachen sicherlich vielfältig waren. Nach 2000 v. Chr. wurde hier erneut gesiedelt. Diese Mittelkykladische Epoche (bis 1600 v. Chr.) ist für die Kykladen sonst nur von Melos (Phylakopi) und Paros (Phourion) besser bekannt. Die Siedlung wurde dabei völlig neu errichtet. In den Ruinen gefundene Keramik aus Kreta, Attika und benachbarten Inseln deuten auf einen mehr oder minder intensiven überregionalen Austausch hin. Wohl als Schutz vor auswärtigen Feinden legten die Bewohner bereits in dieser Zeit (19./18. Jh. v. Chr.) eine Befestigungsmauer an, von der ein hufeisenförmiger Turmgrundriss erhalten geblieben ist. Um 1700 v. Chr. nahm vor Ort offenbar der Einfluss der minoischen Kultur Kretas zu. Die Importe und Nachahmungen kretischer Keramikwaren wuchsen. Zudem ist die minoische Silbenschrift Linear-A auch für Agia Irini belegt. Die Mauer verstärkte man mit behauenen Blöcken aus Kalkstein, und die Befestigungstürme besaßen nun einen rechteckigen Grundriss. Als eigentliche Blütezeit Agia Irinis gelten die nachfolgenden Jahrhunderte der Spätkykladischen Epoche (ab 1600 v. Chr.), zu deren Anfang der minoische Einfluss nochmals enorm zunahm. Beeindruckend sind ferner die stark erweiterten Wohnhäuser. Das fünfeckige sog. Gebäude A war 22 x 38 m groß und sicherlich mehrstöckig. Allein das Erdgeschoss bestand aus 39 Räumen. Lichtschächte und ein offener Hof sorgten für ausreichend Licht. Es gab bereits ein Badezimmer mit einem Rinnstein. Ein weiteres Bauwerk wird als Tempel/Heiligtum bezeichnet. An seiner Stelle wurde schon um 1900 v. Chr. ein erstes 5 x 5 m messendes Gebäude errichtet. In spätkykladischer Zeit bildete es gewissermaßen den Sockel eines noch viel aufwendigeren Bauwerkes, das im 15. Jh. v. Chr. mindestens 24 m lang und durchschnittlich 6 m breit gewesen ist. Ein Zugang führte zu einem Hauptraum, über den exklusiv alle sich hieran anschließenden kleineren Räume betreten werden konnten. Die Interpretation als Heiligtum fußt auf den hier gefundenen weiblichen Tonidolen, die von 60 cm an aufwärts sogar Lebensgröße erreicht haben. Die Figuren sind mit einem bodenlangen Rock bekleidet. Oberhalb der Taille tragen sie ein eng anliegendes Gewand, das die Brüste wie bei minoischen Statuetten freigibt. Die Frauen scheinen mit ihren erhobe-

Abb. 42
Mauern der bronzezeitlichen Siedlung von Agia Irini

nen oder in die Hüfte gestützten Armen zu tanzen. Die Röcke wirken, als schwängen sie dabei hin und her. Die im Gebäude entdeckten Trink- und Spendegefäße legen ebenfalls eine kultische Nutzung der Gesamtanlage nahe. Trotz zahlreicher Erdbeben dürfte die Siedlung auch im 14. und 13. Jh. v. Chr. weiterhin bewohnt gewesen sein. Die diesen Schichten zuzurechnende Keramik zeigt einen eindeutigen mykenischen Einfluss. Später scheint zumindest die Siedlung aufgegeben worden zu sein, der ‚Tempel' aber nicht. Keramische Votive belegen eine Nutzung bis ins 4. Jh. v. Chr. In historischer Zeit wurde hier der Gott Dionysos verehrt. Der Kopf eines bronzezeitlichen tönernen Idols wurde dabei in der Zeit nach dem Ende der prähistorischen Phasen als Kultbild verehrt. Die interessanten Funde sind im Museum von Kea-Chora (Ioulis) zu sehen.

Von der antiken Polis Ioulis existieren in Kea/Chora einige wenige Abschnitte der Stadtmauer, die z. T. in das venezianische Kastell verbaut sind. Die am Nordabhang bei der Kirche der Hagia Sophia wiederverwendeten Bauglieder könnten vom ansonsten verlorenen Tempel des Apollon Sminthios stammen. Im Stadtgebiet selbst wurde eine um 530 v. Chr. fertigte Jünglingsstatue (gr. Kouros) entdeckt, die sicherlich einst als Weihgeschenk in einem Heiligtum stand und nach ihrer Auffindung ins Athener Nationalmuseum verbracht wurde. Besondere Berühmtheit hat der nordwestlich von Ioulida aus dem dort anstehenden Granit gemeißelte, 6 m lange und 3 m hohe Löwe aus dem 6. Jh. v. Chr. erlangt

Abb. 43
Löwe von Keos; 6. Jh. v. Chr.

(Abb. 43). Seine Bedeutung ist nicht ganz klar. Möglicherweise hängt er mit einer Lokalsage zusammen und markierte ein antikes Heiligtum der Nymphen. Diese sollen Keos einst allein bewohnt haben, das wegen seines damaligen Wasserreichtums weithin berühmt, aber zugleich den neidischen Göttern verhasst gewesen sei, weshalb diese einen Löwen zur Vertreibung der ehemaligen Besitzerinnen gesendet hätten, woraufhin die Insel sogleich vertrocknet wäre.

Von Koresia kennen wir westlich der modernen Bebauung nur wenige Reste. Sie gehören zur antiken Befestigung und vielleicht zu einem archaischen Tempelbau. Ruinen hellenistischer Wachtürme gibt es auf Keos mehrere. Ein besonders gut erhaltenes dreistöckiges Exemplar steht im Landesinneren bei dem Kloster Agia Marina. Ferner lohnt sich ein Besuch des antiken Karthaia. Dort gibt es nicht nur Teile der Stadtmauer, sondern auch ein Theater sowie allein drei Tempel zu sehen (Abb. 44).

Abb. 44
Tempel in Karthaia

Schwarzes Gold war auf der Apfelinsel (gr. Melos = Apfel) bereits im Neolithikum ein begehrter Rohstoff. Aus Obsidian (Glaslava) ließen sich vortrefflich durch Abschlag extrem feine und entsprechend scharfe Klingen herstellen, die im gesamten östlichen Mittelmeerraum weite Verbreitung fanden. Heute ist Melos in der italienisch-venezianischen Form Milo immer noch weltbekannt, allerdings aus einem anderen Grund. Hier wurde eine der bis heute berühmtesten antiken Frauenstatuen gefunden, die im Pariser Louvre neben Leonardo da Vincis „Mona Lisa" die Besuchermassen anziehende Venus. Es gibt aber eine Konkurrentin, die freilich eher in Fachkreisen Aufmerksamkeit genießt.

17 ZWEI LADYS UND EIN APFEL – MELOS

KYKLADEN

Eine Bucht im Norden von Melos teilt die Insel gewissermaßen in einen westlichen und einen östlichen Teil, wovon der letztere bereits in vorgeschichtlicher Zeit das bevorzugtere Siedlungsareal darstellte. Von 3200 bis 2700 v. Chr. wohnte man beispielsweise im Bereich des heutigen Pelos an der Ostküste. Weitaus bedeutender ist allerdings das etwa 7 km östlich des heutigen Hauptortes am Meer liegende Phylakopi gewesen. Hier gruben britische Archäologen schon Ende des 19. Jhs. sowie in den 1970er Jahren. Diese Forschungen erbrachten wichtige Erkenntnisse zur bronzezeitlichen Siedlungsgeschichte nicht nur von Melos, sondern von den Kykladen im Allgemeinen. Die Datierungen der einzelnen Bauphasen sind nach wie vor umstritten. Die Ausgrabungsstätte wirkt für Laien recht unübersichtlich (Abb. 45). Auch ein Plan hilft hier nicht viel, da die einzelnen Mauern je nach Jahreszeit wegen des Pflanzenwuchses mal mehr, mal weniger überwachsen und somit in ihrem Verlauf oft verunklärt sind. Hinzu kommt, dass sich die einzelnen Bauphasen vor Ort mit ungeübtem Auge kaum auseinanderdividieren lassen. Es zählt aber der Gesamteindruck. Wo sonst kann man auf den Kykladen, und das auch noch in pittoresk-abgeschiedener Meeresnähe, eine frühbronzezeitliche Siedlung mitsamt ihren späteren Phasen näher studieren?

Für die Frühzeit (3000–2650 v. Chr.) sind es insbesondere Grabfunde, die Aufschluss über diese Phase geben. Die wenigen Reste von 30 bis 60 cm dicken Mauern aus ohne verbindendem Mörtel aufgeschichteten Kalksteinfindlingen, die aus der Siedlung selbst stammen, ergeben kein klares Bild. Das frühe Phylakopi scheint aber allenfalls dörflichen Charakter besessen zu haben. Von einer kleinen Stadt ist erst für die Zeit um 2000 v. Chr. auszugehen. Offenbar war die ältere Siedlung nach 2200 v. Chr. aus unbekannten Gründen aufgegeben worden, ein Umstand, der auch auf das übrige Griechenland zutrifft. Die neue Siedlungsphase heißt nach diesem Fundort Phylakopi-Kultur. Charakteristisch sind bestimmte keramische Gefäß- und Dekorationsformen, darunter die kugelförmigen sog. Entenvasen mit einem schnabelförmigen Ausguss sowie ferner besondere Ritualgefäße (gr. Kernoi). Ein Kernos besteht aus mehreren ringförmig angeordneten kleineren Schalen zur Aufnahme von Opfergaben und besitzt in der Regel einen Standfuß. Es gab aber auch tiergestaltige Formen, bei denen Dachse oder Igel in ihren Händen eine kleine Schale halten. Die frühe städtische Siedlung war augenscheinlich dicht bebaut und umfasste immerhin ein Gesamtareal von 220 m Länge. Die einstige Breite kann dagegen nicht mehr festgestellt werden, da ein Gutteil längst ins nahe Meer abgerutscht ist. Die Mauersteine aus Basalt und Kalkstein wurden nun nicht mehr trocken, sondern mit einem Lehmgemisch aneinandergefügt. Ob es eine Befestigung gab, bleibt umstritten. Die ersten Ausgräber hatten im 19. Jh. eine sog. Kyklopenmauer aus großen polygonalen Felssteinen entdeckt, die wahrscheinlich doch späteren Datums ist, und dieser Phase zugewiesen. Bemerkenswert sind die bis zu 1,6 m breiten Straßen. Ein großes Gebäude, dass man als Heiligtum oder ‚Palast' interpretieren könnte, fehlt bislang. Dafür gab es vielleicht mehrere Häuser mit großen Räumen und Freskenschmuck, sofern diese, wie es die ältere Forschung tat, dieser Siedlungsphase tatsächlich zugeschrieben

Abb. 45
Siedlungshügel von Pylakopi von Süden aus gesehen

werden können. Was allerdings nicht bestritten wird, ist die Tatsache weitreichender Kulturkontakte. Sie sind in Form der in Phylakopi produzierten Keramik nachweisbar, da diese weithin exportiert wurde (Argolis, Kreta, südliche Ägäis und angrenzendes Festland), sowie der entsprechenden Importe, die aus Attika und wiederum Kreta stammten.

Mit dem Ende der Mittleren und dem Beginn der Späten Bronzezeit nimmt zunächst kurz der minoisch-kretische Einfluss zu. Danach dominieren eindeutig die Mykener vom griechischen Festland. In architektonischer Hinsicht lässt sich dieser Übergang nicht genau fixieren, was daran liegt, dass die Datierung der großen Stadtmauer und eines als ‚Herrenhaus' interpretierten Gebäudes mit einer Säulenhalle strittig ist. Nach neuerer Auffassung dürften beide eher der mykenischen Phase angehören. Damals wurde die gesamte Siedlung vollkommen neu strukturiert. Den Grund hierfür kennen wir nicht. Vielleicht hatte ein verheerender Brand gewütet und/oder es war zu kriegerisch bedingten Zerstörungen gekommen? Von der damaligen Stadtmauer können im Südwesten und an der Südseite Abschnitte studiert werden. Sie hatte eine Höhe von bis zu 4 m und eine Dicke von 2 m. Zwischen zwei Schalen aus großen, sorgfältig behauenen Blöcken wurden kleinere Steine eingefüllt. Der Befestigungsring sprang aus fortifikatorischen Gründen immer wieder vor und zurück. Die neuen Wohnbauten zeichnen sich z. T. durch Zweistöckigkeit aus. Manche Räume sind derart geräumig gewesen, dass jeweils ein zentraler Pfeiler deren Decken stützen musste. Einige Häuser weisen Freskenschmuck auf. Berühmt sind die fliegenden Fische (heute im Nationalmuseum von Athen). Das als ‚Herrenhaus' bezeichnete Gebäude liegt im Nordosten der Siedlung. Aufgrund seiner Größe (5,7 x 13,6 m) sowie seines charakteristischen Grundrisses lässt es sich von den anderen Bauten gut unterscheiden und zumindest in seiner spätesten Phase (s. u.) somit bestens erkennen. Wie bei einem mykenischen Megaron üblich, führte ein kleiner Vorraum zum größeren rechteckigen Hauptraum mit der Feuerstelle in der Mitte. In den mykenischen Palästen bildete ein solches Bauensemble meist dessen Zentrum und wird daher als ‚Thronraum' des Herrschers (myk. Wanax) interpretiert. Hier gefundene Tontafeln mit Schriftzeichen deuten wenigstens darauf hin, dass das Gebäude in irgendeiner Weise als ‚Verwaltungszentrum' gedient haben dürfte.

Nach 1400 v. Chr. scheint Phylakopi erneut umgestaltet worden zu sein. Die Siedlung erhielt eine neue, ebenfalls 2 m starke Stadtmauer, die mit der alten durch unregelmäßige Quermauern verbunden wurde. Die dabei entstehenden Kammern sind entweder mit Erde verfüllt und/ oder als Räume für Waffen und Krieger genutzt worden. Dass die Mykener allerlei Kriegsgeräte wie Helme, Lanzen, Schwerter und Streitwagen regelrecht horteten, wissen wir von den andernorts gefundenen Linear-B-Tontäfelchen. Es muss also zu diesem Zeitpunkt in Phylakopi einen entsprechenden Kriegerfürsten gegeben haben. Das ältere ‚Herrenhaus' wurde nämlich in einen mykenischen Palast verwandelt. Der neue Standort lag etwa 2 m vom älteren entfernt. Gut zu erkennen sind der 8 x 6 m große Hauptraum und die kleinere Vorhalle. Ein langer Korridor auf der östlichen Seite führte zu einem weiteren Trakt mit mehreren kleineren Räumen. Ein gut 9 m tiefer Brunnen sicherte offenbar die Wasserversorgung dieses Herrschersitzes. Zusätzlich entdeckten die Ausgräber im Süden von Phylakopi direkt an der Befestigungsmauer zusammenhängende Raumstrukturen, die sie wegen dort gefundener Tonfiguren als Heiligtum interpretierten. Zwei Gebäudeeinheiten/Phasen sind nachgewiesen. Um 1360 Chr. wurde das sog. Westheiligtum errichtet. Sein von Osten zugänglicher, 6 x 6,6 m messender Hauptraum verfügte über zwei gemauerte Tische (Altäre?), und im Westen schlossen zwei kleinere Nebenräume an. Zu einem nicht genau zu bestimmenden späteren Zeitpunkt wurde an diesen Komplex im Nordosten im rechten Winkel ein zweiter angebaut, das deshalb sog. Ostheiligtum. Sein Zugang erfolgte über einen vom Westheiligtum und der Stadtmauer zusätzlich begrenzten Hof. Nach 1200 v. Chr. kam es zu größeren Zerstörungen. Unter dem Fundmaterial, zu denen viele männliche Tonfigurinen und mehrere Stiere gehören, ragt sozusagen als bronzezeitliche Vorläuferin der Venus von Milo (vgl. Abb. 47) ein 45 cm hohes weibliches, ebenfalls tönernes Idol hervor, die sog. Lady von Phylakopi (Abb. 46). Gegen 1100 v. Chr. dürfte die Siedlung von Phylakopi endgültig aufgegeben worden sein.

Abb. 46
Ein bronzezeitliches Kultbild (?) aus Ton, die sog. Lady von Phylakopi; 14. Jh. v. Chr.; Melos, Archäologisches Museum Inv. B 655

Zum neuen Siedlungsmittelpunkt wurde ein Platz, der über der engsten Stelle der Einfahrt in eine natürliche Bucht liegt, die auch heute noch als Hafen von Melos genutzt wird. Die Ruinen der antiken Stadt befinden sich folglich oberhalb der modernen Siedlung. Die Polis prägte auf ihre Münzen den Apfel (gr. Melos). Sie versuchte lange, sich den Machtansprüchen Athens zu widersetzten. Berühmt ist der „Melierdialog" des athenischen Historikers Thukydides in dessen Gesamtdarstellung des Peloponnesischen Krieges (5, 84–116). Im Jahr 416 v. Chr. hatten die Athener die Melier vernichtend geschlagen, daraufhin alle Männer getötet und die Frauen sowie Kinder versklavt. Thukydides nutzt diesen brutalen Akt, um exemplarisch über das Verhältnis von Macht und Recht zu sprechen.

Einen höheren Bekanntheitsgrad hat gegenwärtig allerdings die „Venus von Milo" (besser „Aphrodite von Melos") inne (Abb. 47). In den Rui-

nen der antiken Stadt entdeckte am 8. April 1820 der Bauer Giorgos Kentrotas auf der Suche nach geeignetem Baumaterial diese Statue. Der genaue Fundort in einer Nische in der Nähe des Theaters ist heute markiert. Der französische Oberst Olivier Vautier meldete den Neufund dem damaligen französischen Botschafter beim osmanischen Sultan in Konstantinopel, dem Marquis de Rivière. Man wurde sich schließlich handelseinig und das gute Stück als Geschenk für Ludwig XVIII. nach Frankreich verschifft. Dort kam es gerade zum richtigen Zeitpunkt an. Nach der endgültigen Niederlage Napoleons 1815 in der Schlacht von Waterloo und der Restauration der Bourbonenherrschaft hatte die neue Regierung den Louvre quasi leerräumen müssen. Viele der von Napoleon in ganz Europa erpressten antiken und anderen Meisterwerke traten wieder die Heimreise an. Insofern fehlte es nun an wirklich bedeutenden Stücken antiker Bildhauerkunst. Was lag da näher, als flugs zu behaupten, die Venus stamme von Praxiteles höchstselbst? Dieser spätklassische Bildhauer galt allen damals Gelehrten auf der Basis antiker Schriftquellen als ein Meister ersten Ranges. Von seiner Hand stammte die noch berühmtere, jedoch verlorene Aphrodite auf der Insel Knidos, die erste komplett nackte Darstellung der Göttin überhaupt, von der man damals aber nicht wusste, wie sie aussah. Die Wahrheit ist allerdings weitaus prosaischer. Eine mitgefundene Inschrift an der Basis des Standbildes, die als Künstler lediglich einen aus Sicht des frühen 19. Jhs. völlig unbedeutenden hellenistischen Bildhauer namens (Hage?)sandros, Sohn des Menides, aus Antiochia am Mäander nennt, ließen die Verantwortlichen kurzerhand unter den Tisch fallen. Sie bleibt bis heute verschwunden. Der Berühmtheit der Venus von Milo hat dies jedenfalls nicht geschadet.

Abb. 47
Eine der berühmtesten Frauenstatuen der Welt, die sog. Venus von Milo; 2. Jh. v. Chr.; Paris, Louvre

Von den Ruinen am Ort gehört das Theater mit direktem Meerblick zu den beeindruckenderen Resten. Es geht auf einen Bau des 4. Jhs. v. Chr. zurück und wurde in hellenistisch-römischer Zeit umgestaltet. Der Fundort der „Venus von Milo“ gehört zu einem größeren Architekturkomplex, der als Gymnasion interpretiert wird. Gemeinsam mit einem Stadion schließt er direkt an das Theater an. Erhalten blieben ferner Teile der antiken Stadtmauer und direkt am Hafen ein Heiligtum, das als das des Poseidon interpretiert wird. Die Stadt wurde im Lauf des 6. Jhs. v. Chr. in einem schleichenden Prozess weitgehend verlassen. In der Nähe des Dorfes Trypiti befinden sich schließlich, wie der Name sagt, ein ‚durchlöchertes‘ Geländeareal, bei dem es sich um eine wohl in den anstehenden Felsen eingetiefte christliche Begräbnisstätte, eine sog. Katakombe, handelt. Mehr als 2.000 Bestattungen sind nachgewiesen. An der Südküste steht eine der ältesten Kirchen von Melos, die Panagia tou Kipou aus dem 5. Jh. n. Chr.

Johann Wolfgang von Goethes berühmten, ursprünglich auf die weltbekannte Ruinenstadt am Vesuv gemünzten Worte (Italienische Reise vom 13. März 1787) klingen, als hätte der Dichter die Entdeckung des ‚bronzezeitlichen Pompeji' bereits vorausgeahnt: „Es ist viel Unheil in der Welt geschehen, aber wenig, das den Nachkommen so viel Freude gemacht hätte. Ich weiß nicht leicht etwas Interessanteres. Die Häuser sind klein und eng, aber alle inwendig auf das zierlichste gemalt." Hier wie dort war es ein Vulkanausbruch, der für die gute Erhaltung der Ruinen gesorgt hat.

18 EIN BRONZEZEITLICHES POMPEJI – DIE MINOISCHE SIEDLUNG VON AKROTIRI

KYKLADEN

Die im Süden beim Dorf Akrotiri entdeckte Ruinenstätte ist sicherlich die Topattraktion dieser Kykladeninsel, die wegen ihrer besonderen, durch den Vulkanausbruch hervorgerufenen Gestalt – die Insel wurde damals regelrecht zerrissen, sodass bis heute nur eine nahezu sichelförmige Restfläche übrigblieb – in Zeiten eines überbordenden Kreuzfahrttourismus von Besuchermassen geradezu gestürmt wird. Der venezianische Name Santorini geht auf die unter Kaiser Diokletian (284–305 n. Chr.) hierher aus Thessaloniki verbannte Agia Irini/Heilige Irene (Santa Irini) zurück, die 304 n. Chr. auf der bei Herodot (4, 47) als ‚Kalliste' (die Schönste) bezeichneten und von den Römern auch ‚Strongyle' (die Runde) genannten Insel starb und später zu deren Schutzpatronin erhoben wurde.

Der griechische Mythos dachte sich die Entstehung und Namensgebung Santorinis dagegen wie folgt: Der Poseidonsohn Euphemos soll auf der Rückfahrt von Kolchis, er hatte sich als einer der Argonauten an der Suche nach dem Goldenen Vlies beteiligt, in Libyen von Triton, einem weiteren Sohn des Poseidon und ebenfalls Meeresgott, als Gastgeschenk eine Erdscholle erhalten haben. Wie uns der hellenistische Dichter Apollonios Rhodios (um 300 – nach 246 v. Chr.) in seinem Epos „Argonautika" überliefert (4, 1731–1764), ankerte die Argo später bei der östlich von Thera gelegenen kleinen Insel Anaphe. Durch einen Traum bewogen, warf Euphemos das Stück Erde ins Meer. Ihm war nämlich klargeworden, dass daraus eine Insel entstehen werde, auf der seine Nachkommen siedeln konnten; und in der Tat, als diese lange nach dem Tod des Euphemos von ihrer angestammten Insel Lemnos zunächst nach Sparta fliehen mussten, fanden sie hier später eine neue Heimat. Hergeführt hatte sie Theras, der Sohn des Antesion, weshalb ‚Kalliste' ihren Namen in Thera wechselte, unter dem die Insel in der Antike dann allseits bekannt war.

Schon 1870 hatten zunächst französische Forscher und dann 1899 Robert Zahn (1870–1945) beim Dorf Akrotiri Siedlungsspuren entdeckt. Aber erst im Jahr 1967 begannen hier unter der Leitung des griechischen Archäologen Spyridon Marinatos (1901–1974) größere Grabungen, die sofort spektakuläre Ergebnisse erbrachten. Sie dauern bis heute an. Marinatos starb nur sieben Jahre später inmitten der Ruinen. Ihm wurde zunächst in der Ausgrabungsstätte an dem Ort seines Todes ein Grab errichtet, das mittlerweile jedoch an eine Stelle außerhalb umgebettet wurde. Die Leitung der Ausgrabung übernahm dann Marinatos' ehemaliger Assistent Christos Doumas (* 1933). Das untersuchte Areal stellte sich als ein idealer Siedlungsplatz heraus. In der Bronzezeit muss das Umland über ausreichend Flächen für Ackerbau und Viehzucht verfügt haben. Zudem gab es eine vor den Nordwinden geschützte, als natürlicher Hafen fungierende Bucht, von der aus per Schiff das nahe Kreta erreicht sowie Fischfang und Handel betrieben werden konnte.

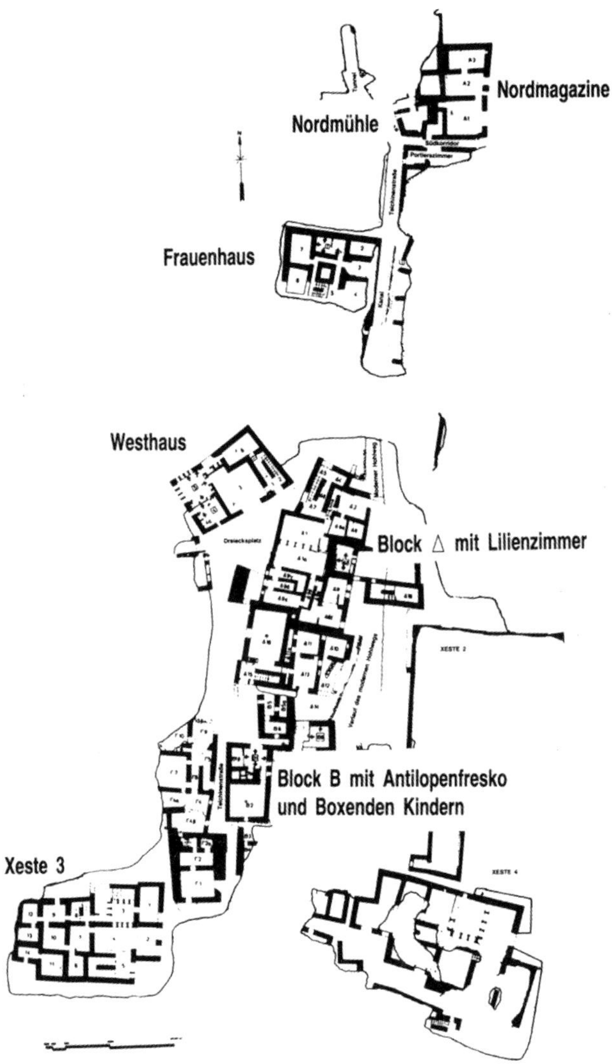

Abb. 48
Grundrissplan von Akrotiri mit Angabe der wichtigsten Baukomplexe

Trotz der mittlerweile über 50-jährigen Erforschung ist bislang 200 m vom Meer nur ein 2 ha großer hangseitiger Teil der Siedlung freigelegt worden. Da deren Gesamtgröße somit nicht bekannt ist, lässt sich auch nicht sicher sagen, wie viele Einwohner sie einst hatte. Die Schätzungen gehen hier weit auseinander und reichen von 1.500/2.000 bis 9.000 Einwohnern. Seit 2012 schützt eine moderne Dachkonstruktion die Stätte. Bequeme Laufstege ermöglichen den Besuchern einen Rundgang (Abb. 48).

Neolithische Funde deuten auf eine erste Besiedlung des Platzes im 5./4. Jt. v. Chr. hin. Metallverarbeitung ist erst für die Zeit ab 2500 v. Chr. nachgewiesen. Ab 2000 v. Chr. scheint die Siedlung deutlich gewachsen zu sein. Zu dieser Phase gehören zahlreiche Gräber, die man damals am Hang über der Siedlung in das weiche Vulkangestein eingetieft hatte. Als die Einwohnerzahl nach 2000 v. Chr. offenbar in größerem Maß anstieg, wurden jene verfüllt, um die Wohnbebauung auch auf den Hang ausdehnen zu können. Das, was man heute hauptsächlich vor Ort sieht, stammt allerdings in der Regel erst aus der letzten Besiedlungsphase des 17./16. Jhs. v. Chr. Vor der endgültigen Zerstörung durch einen Vulkanausbrauch, dessen genaue Datierung weiterhin in der Forschung intensiv diskutiert wird (s. u.), gab es bereits einige Jahrzehnte früher ein erstes schweres Erdbeben, das erhebliche Schäden verursacht und Renovierungen notwendig gemacht hatte. Der dabei entstandene Schutt wurde aber nur z. T. entfernt. Die Siedlung wuchs dadurch gewissermaßen in die Höhe. Das Laufniveau erhöhte sich. Eingestürzte Gebäude sind überbaut sowie aufgestockt worden und erhielten den einen oder anderen Anbau. Soweit wir das beurteilen können, wurden auch die Straßen mit einem kopfsteinartigen Pflaster neu gedeckt. Freigelegt haben die Ausgräber bislang aber nur eine größere. Wegen einer dort gefundenen Werkstatt zur Verarbeitung von Metall nannte sie Marinatos nach den mythischen Schmieden, den Telchinen, die Telchinen-Straße. Sie verläuft in einer nicht geraden, von einzelnen Hausecken immer wieder unterbrochenen Linie von Süden nach Norden den leicht ansteigenden Hang hinauf, ist durchschnittlich 2 bis 2,5 m breit und öffnet sich an vielen Stellen zu kleineren offenen Plätzen hin. Innenliegende Höfe oder gar Gärten ließen sich bislang nicht feststellen. Als Baumaterial für die oft zwei- bis dreistöckigen Häuser dienten unbehauene Tuffsteine. Der Mörtel bestand aus Lehm. Insbesondere die Mauern der Obergeschosse sind in einer Art Fachwerkbau errichtet worden. Die Wandfüllungen bestanden hier aus einem

Abb. 49
Fassade des Westhauses von Akrotiri

Lehm-Stroh-Gemisch. Holzbalken stützten die Decken (Abb. 49). Einige Wände besaßen einen hölzernen Rahmen, der sogar Einbauschränke beinhalten konnte. Mehrere in Zwischenwände eingefügte Türen (gr. Polythyra) stellten Raumverbindungen her. Behauene Steine fungierten als Ecksteine und wurden für den Treppenbau genutzt. Manche Häuser wiesen aber auch Fassaden aus diesem Material aus. Für solche Gebäude verwendete Marinatos einen heute noch üblichen Begriff. Er nannte sie nach dem griechischen Verb xeo (glätten, behauen) Xeste. Die Erdgeschosse der Gebäude wurden aufgrund der dort entdeckten Reste von Werkzeugen, großen Pithoi (Vorratsgefäßen), Mahlsteinen usw. offenbar meist zu handwerklichen und anderen Tätigkeiten sowie zur Vorratshaltung genutzt. Die Fußböden in diesen Räumen bestanden dementsprechend in der Regel aus gestampftem Lehm. Große Fenster könnten auf einen zur Straße bzw. Platz hin ausgerichteten Ladenverkauf deuten. Für die Plätze wird zudem vermutet, dass sie ebenfalls als Flächen für allerlei Tätigkeiten genutzt worden sind. Die oberen Geschosse enthielten Räume, die z. T. eine Freskendekoration aufwiesen und deren Böden aufwendiger gestaltet waren (Schieferplatten oder Steine und Muscheln). Es gab aber auch freistehende, sog. Herrenhäuser, die zusätzlich im Erdgeschoss über einen größeren repräsentativen mit Malereien verzierten Raum verfügen, in dem möglicherweise Zeremonien stattgefunden haben. So gilt Xeste 3 wegen der dort gefundenen Wandmalereien (vgl. Abb. 3) als ein Ort für Kultriten. Auch für das Obergeschoss des sog. Westhauses wird wegen des dortigen Freskenschmucks eine religiöse Nutzung vermutet.

Was ist das bronzezeitliche Akrotiri einst für eine Siedlung gewesen? Wegen der zahlreichen Zeugnisse für handwerkliche Tätigkeiten, darunter Metallverarbeitung, Weberei (in fast jedem Haus standen Webstühle), Keramikproduktion sowie verschiedener Importstücke aus Griechenland, Kreta und Kleinasien, sind wir wohl berechtigt, uns eine kleine überaus geschäftige Stadt vorzustellen, deren Bewohner zur See fuhren. An Hunger dürften sie nicht gelitten haben. Als Speise nachgewiesen sind diverse Getreidesorten, Zwiebeln, Hülsenfrüchte sowie anderes Gemüse, aber auch Obst und insbesondere Fische, Muscheln und Meeresschnecken. Als Fleischlieferanten dienten Schafe und Ziegen sowie Schweine und Rinder. Traubenpressen und Getreidemühle sind weitere Zeugen der lokalen Nahrungsmittelwirtschaft. Neben den Webstühlen lassen die vielen vor Ort gefundenen Purpurschnecken und das auf einigen Fresken dargestellte Sammeln von Safranblüten auf die Produktion und das Färben von Stoffen schließen. Starke kulturelle Verbindungen bestanden zu Kreta. Es gab wohl einen intensiven Austausch. So ist auch die Nutzung der kretischen Linear-A-Schrift nachgewiesen. Ob man deshalb Akrotiri gleich als eine minoische Kolonie bezeichnen kann, muss freilich ungewiss bleiben.

Nicht bekannt ist ferner, wie die Siedlung gesellschaftlich organisiert war. Sind die sog. Herrenhäuser wirklich Häuser einflussreicher Familien oder nicht doch Allgemeinbesitz gewesen? Ebenso wissen wir kaum etwas über die religiösen Vorstellungen der Einwohner des bronzezeitlichen Akrotiri. Gefundene kleine Altäre und anderes bezeugen kultische Handlungen. Inwiefern die dargestellten Themen der Fresken ebenfalls kultisch zu deuten sind, ist hoch umstritten. Die Maler schufen farbenfrohe Bilder von Menschen, Tieren und vielerlei Dingen. Im Westhaus (vgl. Abb. 49) war im Obergeschoss ein sehr langer Fries zu sehen, der auf den Wänden unterhalb der Decke umlaufend eine Schiffsprozession, eine Schiffsschlacht und anderes mehr zeigte. Ferner gab es hier zwei nackte junge Männer mit geschorenen Köpfen, die in der Hand je ein Bündel Fische als Opfergaben (?) halten (Abb. 50), aber auch eine als Priesterin gedeutete Frau. In Xeste 3 sind es wiederum verschiedene reich gekleidete Mädchen – einige sind gerade beim Krokuspflücken – sowie ein Kultschrein, die hier dargestellt waren (vgl. Abb. 3). Die ebenfalls bekannten boxenden Knaben und die Ziegen stammen aus einem anderen Gebäude. Im sog. Haus der Bänke (südwestlicher Teil des Ausgrabungsareals) wurden unter einer dickeren Bimsschicht neben einem größeren Haufen von gestapelten Ziegen- und Rinderhörnern ein einzelnes Hirschgeweih sowie unmittelbar westlich davon ein hölzernes Kästchen, das ein goldenes Ziegenidol barg, entdeckt. Auch das dürfte sicherlich kultisch zu interpretieren sein. Die aus den Häusern stammenden Fresken wurden zunächst mit den übrigen Funden ins Athener Nationalmuseum verbracht, wo sie aber nicht mehr vollständig zu sehen sind. Einige Stücke können heute im neuen Museum der Inselhauptstadt Fira besichtigt werden.

Abb. 50
Junger Mann mit Fischen als Opfergaben (?); Fresko an der Nordwestwand in Raum 5; Obergeschoss des sog. Westhauses von Akrotiri

Abschließend stellt sich die Frage nach dem Untergang von Akrotiri. Dass ein verheerender Vulkanausbruch daran schuld war, steht außer Frage. Er sprengte die Insel quasi in der Mitte auseinander. Dabei stürzte der einstige Vulkangipfel/Krater in sich zusammen, sodass das Meerwasser einströmte. Übrig blieb von der Insel sozusagen nur ihr Rand. Doch wann geschah das? Marinatos stützte sich dabei auf die vor Ort gefundene Keramik. Die jüngsten Zeugnisse lassen sich mit Exemplaren aus Kreta gut vergleichen, die dort in Schichten gefunden wurden, die wiederum durch Importe aus Ägypten um die Mitte des 16. Jhs. v. Chr. datiert werden können. Marinatos ging sogar so weit, indem er das moderne Beispiel des verheerenden Krakatau-Ausbruchs heranzog, dass er vorschlug, die Eruption des Thera-Vulkans sei mindestens genau so heftig gewesen und habe einen Tsunami hervorgerufen, der schließlich zur Zerstörung der minoischen Paläste auf Kreta geführt habe. In den 1980er Jahren kam dann Bewegung in die Diskussion. Untersuchungen von Vulkanascheablagerungen in Eisbohrkernen aus Grönland ergaben ein Datum von ca. 1645 v. Chr. (± 20 Jahre) und die von langlebigen Kiefern aus den kalifornischen White-Mountain einen wohl 1627 v. Chr. zu datierenden Jahresring. Hinzu kommt seit seiner Entdeckung im November 2002 in einer Bimsschicht an einer der Steilwände des Vulkanrandes der Rest eines Olivenbaumastes, der sogar noch Blätter aufwies. Nach 2006 erfolgter Radiokohlenstoffdatierung (C14) könnte der Baum um 1613 v. Chr. (± 13 Jahre) verschüttet worden sein. Auf der Basis dieser naturwissenschaftlich gewonnenen Erkenntnisse haben nicht wenige Forscher Zweifel an der bisherigen Chronologie angemeldet und neue absolute Epochenzahlen vorgeschlagen. Mittlerweile ist man in dieser Hinsicht wieder vorsichtiger worden. Nicht, dass man am Vulkanausbruch als solchem zweifeln würde, vielmehr wird infrage gestellt, ob die bislang publizierten Daten tatsächlich korrekt sind. Neuere Untersuchungen haben jedenfalls Kalibrierungskurven erbracht, die wieder ins 16. Jh. v. Chr. weisen. Vielleicht ist die auf dem Vergleich mit Ägypten beruhende ältere Chronologie doch die richtige, d. h. Akrotiri erst um 1550 v. Chr. zerstört worden? Die bronzezeitlichen Einwohner konnten jedenfalls rechtzeitig fliehen. Auf die Straße gestelltes hölzernes Mobiliar, das nahezu vollständige Fehlen von Wertgegenständen in den Häusern und die völlige Absenz von Skelettresten legen eine gelungene Flucht nahe. Wahrscheinlich hatte ein Erdbeben die Siedler vorgewarnt. Sie dürften mit ihrem Hab und Gut die Schiffe bestiegen und ihr Heil auf dem Meer gesucht haben, wo sie eventuell dem Ausbruch schließlich doch noch zum Opfer fielen, als sie ein Tsunami traf.

Oberhalb des heutigen Ortes Kamari liegt auf einem recht schmalen Felsplateau des Berges Messavouno der Ort, zu dem einst der namensgebende Heros Theras die Kolonisten von Lakonien kommend geführt haben soll. Wie die heutigen Besucher dürften auch sie zunächst den herrlichen Blick auf das Meer und die umliegende Landschaft genossen haben. Ein leicht zu verteidigender Platz in strategisch günstiger Lage mit grandioser Aussicht! Was will man mehr?

19 VON HIER AUS GING ES NACH LIBYEN – ALT-THERA

Der deutsche Archäologe Freiherr Hiller von Gaertringen führte von 1896 bis 1903 in Alt-Thera die ersten umfassenden Ausgrabungen durch. Am Eingang des Alten Museums in Fira hat man später eine Tafel angebracht, deren Inschrift lautet: „Dem großen Philhellenen, Deutschen und Theräer Friedrich Hiller von Gaertringen, 3. 8. 1868 bis 25. 10. 1947, der in den Jahren 1896 bis 1903 auf eigene Kosten die alten Stätten der Insel ausgegraben hat, zum Gedächtnis."

Erste Siedlungsspuren können ins 9. Jh. v. Chr. datiert werden. Bereits im 7. und 6. Jh. v. Chr. ist die Stadt in ein überregionales Kontaktnetz eingebunden gewesen. Sie stand in intensivem Austausch zu den anderen Kykladeninseln, unterhielt zugleich aber ebenso Beziehungen zu den damals bedeutenden Handelszentren Aigina, Athen, Korinth sowie dem kleinasiatischen Milet. Wichtig in diesem Zusammenhang ist die von Herodot (4, 150–153) ausführlich geschilderte Episode von der schon 631 v. Chr. auf göttlichen Ratschluss (Orakel von Delphi) hin erfolgten Gründung des bald mächtig werdenden Kyrene an der libyschen Küste. Zu Beginn des Peloponnesischen Krieges trat Thera dem Delisch-Attischen Seebund bei. Im Hellenismus nutzen die ägyptischen Ptolemaier die Insel von 275 bis 146 v. Chr. als einen wichtigen Flottenstützpunkt.

Aus dieser sowie römischer Zeit stammen daher die meisten der heute sichtbaren Ruinen (Abb. 51). Man erreicht sie über eine von Kamari heraufführende Serpentinenstraße, die nach dem ersten Bundeskanzler Konrad Adenauer benannt wurde, der den Ort 1956 besucht hatte. Der Zugang ist aber auch, allerdings hier nur zur Fuß, von der anderen Seite her möglich. Vom offiziellen Eingang führt der Weg zunächst zur Kapelle des Heiligen Stefan (Agios Stephanos). Der neuzeitliche Bau wurde über den Fundamenten einer frühchristlichen Basilika des 5. Jhs. n. Chr. errichtet. Als erstes antikes Bauwerk erreicht man nach gut

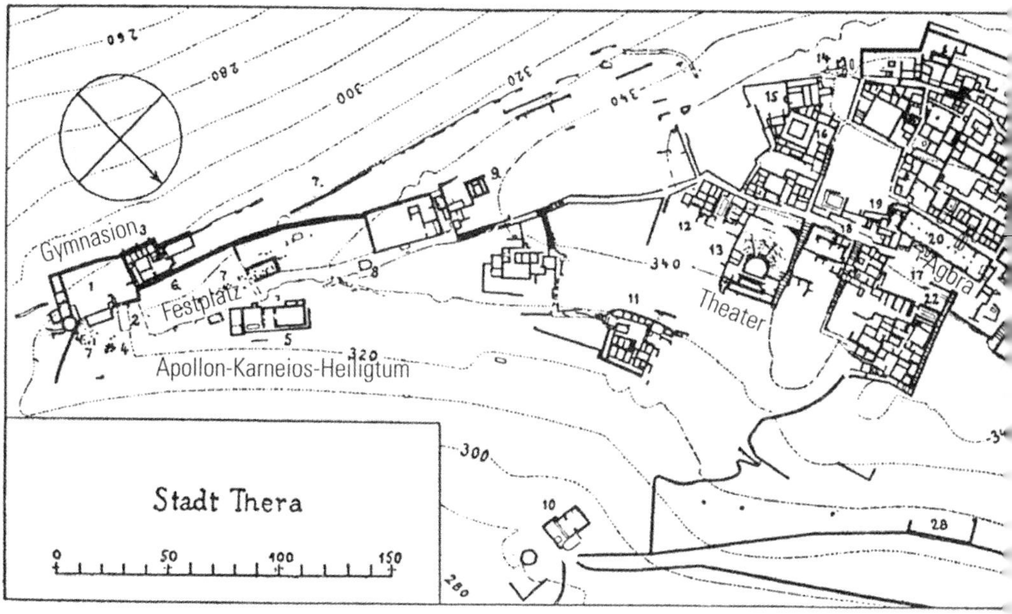

Abb. 51
Grundrissplan von Alt-Thera

200 m ein kleines Heiligtum mit einem Altar (vgl. Abb. 51 r. u.). Als Stifter fungierte ein Admiral im Dienste der ägyptisch-makedonischen Pharaonendynastie der Ptolemäer namens Artemidoros, der ursprünglich in der an der kleinasiatischen Südküste gelegenen Stadt Perge beheimatet war. Die Reliefs der Mauern zeigen als Hinweis auf Poseidon einen Delphin, einen Löwen, den Adler des Zeus – beides durchaus auch ptolemäische Machtsymbole – sowie den Stifter selbst (Abb. 52). Der weitere Weg führt z. T. über Stufen zu den übrigen Ruinen. Auf der Spitze befanden sich die Gebäude der ptolemäischen Garnison und eines zugehörigen Gymnasions (vgl. Abb. 51 Nr. 26–27). Der in Richtung Süden angelegte Hauptweg führt zu einer Agora (vgl. Abb. 51 Nr. 17). Sie besaß an der Westseite des nördlichen Teils Läden. Darüber standen auf einer eigenen Terrasse ein Tempel des Dionysos sowie ein Altar des ägyptischen Königs Ptolemaios VI. Philometor (reg. mit Unterbrechung von 180–176 v. Chr.). An der Westseite des Südteils liegen eine große Halle (gr. Stoa) aus hellenistischer Zeit (vgl. Abb. 51 Nr. 20), die in der Mitte des 2. Jhs. n. Chr. zur Aufnahme von Ehrenstatuen der damaligen Kaiserfamilie umgebaut wurde, sowie direkt südlich anschließend römische Thermen (vgl. Abb. 51 Nr. 19). In der Nachbarschaft zur Agora wohnte man in Häusern, deren Räume in der Regel um einen Innenhof herum gruppiert waren. Diese Viertel weisen einen mehr oder minder rechtwinkeligen Straßenverlauf auf. In diesem Bereich wurde ein Haus von einem Kultverein der Basilistai genutzt (vgl. Abb. 51

Nr. 16). Sie verehrten das ptolemäische Königshaus. Dazu passt das in nächster Nähe befindliche Heiligtum der ägyptischen Götter Anubis, Isis und Serapis (vgl. Abb. 51 Nr. 15). Hier gibt es auch Reste einer byzantinischen Kirche. Gut zu erkennen ist unterhalb dieser Komplexe ein noch in römischer Zeit verwendetes älteres, ursprünglich hellenistisch zu datierendes Theater (vgl. Abb. 51 Nr. 13; 53). Vom Theater aus führt der Hauptweg, der in diesem Abschnitt als ‚Heilige Straße' bezeichnet wird, weiter südlich zu anderen Sakralstätten. Der bedeutendste Bau in dieser Gegend ist das dem Apollon Karneios (gr. Widder) geweihte Hauptheiligtum der Stadt (vgl. Abb. 51 Nr. 5). Bereits im 6. Jh. v. Chr. erhielt der Gott an dieser Stelle einen eigenen Tempel, dessen Fundament direkt aus dem anstehenden Felsen gehauen wurde. Zu ihm gelangt man im Südwesten durch ein Tor auf einen Hof mit Zisterne, über den eine gepflasterte Vorhalle erreicht wird. An die eigentliche Cella schließen zwei in den Felsen gehauene Kammern an, die einst möglicherweise der Aufnahme besonders kostbarer Weihgeschenke

Abb. 52
Kultbezirk des Artemidoros

und Kultgeräts gedient haben. Etwa zeitgleich dürfte die oberhalb liegende Terrasse mit dem Festplatz entstanden sein (vgl. Abb. 51 Nr. 6–7). Nicht weit vom Apollon-Heiligtum entfernt wurde in einem kleineren Kultbezirk der ägyptische König Ptolemaios III. (reg. 246–222 v. Chr.) verehrt (vgl. Abb. 51 Nr. 8). Dazwischen fällt eine halb aus dem Felsen gemeißelte Säule für Artemis auf. Am südöstlichen Ende des Berggrates erhielten die jungen Männer (gr. Epheben) der Stadt im 2. Jh. v. Chr. ein neues Gymnasion (vgl. Abb. 51 Nr. 1). Der Baukomplex bestand aus einem großen Hof für die athletischen Übungen, angrenzenden Sälen, einem Rundbau sowie Baderäumen. Eine felsige Nische/Grotte diente der Verehrung der beiden Schutzgötter der männlichen Jugend, Herakles und Hermes.

Als weiterer Rest des griechisch-römischen Thera liegt bei der Ortschaft Emborio neben der Straße nach Megalochori ein marmorner Tempel. Er blieb hervorragend erhalten, da er später in eine Kapelle des Heiligen Nikolaos verwandelt wurde. Selbst die marmorne Decke als auch das antike Türgewände sowie die Nische für das Kultbild sind noch zu sehen. Geweiht war der im 3. Jh. v. Chr. unter der Herrschaft der Ptolemäer errichtete Bau ursprünglich der sog. Königlichen Göttin (gr. Theia Basileia).

Abb. 53
Theater von Alt-Thera

Hätte Homer geahnt, was ihn heute an Nachtclubs inklusive deren Gesangskulisse erwartet, wäre er zum Sterben wohl doch nicht zur Heimatinsel seiner Mutter gekommen. Der Sänger großer Helden dürfte sich stattdessen eher anderswo nach einem geeigneten Ruheplatz umgesehen haben. Die selbsternannte Blumeninsel gehört trotz ihrer zweifelsohne landschaftlichen Reize und der abseits des Partytreibens durchaus vorhandenen ruhigen Gegenden nicht unbedingt zu den Topzielen einer klassischen Bildungsreise, verfügt aber dennoch über ein preisgekröntes archäologisches Highlight.

20 ANGEBLICHER STERBEORT VON GRIECHENLANDS GRÖSSTEM DICHTER – IOS

KYKLADEN

Der angebliche Tod Homers auf Ios (Strabon 10, 5, 1) wurde schon in der Antike nicht von jedem geglaubt. Gleichwohl zeigte man unweit der Nordspitze der Insel an der Küste auf einem Hügel sein Grab, das noch heute als Begräbnisstätte des Dichters gilt und gerne deshalb aufgesucht wird. Pausanias erwähnt zusätzlich ein Grab von Homers Mutter Klymene (10, 24, 2–3). Laut antiker Überlieferung soll der Dichter am Strand über einem von Fischerjungen gestellten Rätsel, das er nicht zu lösen vermochte, gestorben sein. Wie bedeutend der Dichter für das Selbstverständnis der Insel im Altertum war, zeigt sich u. a. daran, dass ein Monat nach dem Dichter Homeron benannt wurde und Münzen sein Bildnis zeigten. Das Grab gehört zu einem größeren Gräberfeld, das in der Gemarkung Plakoto liegt. Gleichsam bewacht wird es von den Resten eines antiken Turms, der als Psaropyrgos (Fischturm) bekannt ist.

Die Reste der antiken Hauptsiedlung von Ios an der Stelle des mittelalterlichen sowie modernen Hauptortes Chora (amtlich Ios) auf einer recht spitzen Erhebung lohnen kaum der Suche. Dies gilt auch für den bei der Kirche der Heiligen Katerini nachgewiesenen Tempel für den pythischen Apollon. Weitere antike Siedlungsreste gibt es im 1 km entfernten Hafenort Ormos Iou sowie andernorts (Ag. Theodoti und Pasathi).

Unbedingt aufsuchen sollte man dagegen auf einem Hügel im Kambos-Gebiet etwa 1 km nordöstlich des Hafens die bronzezeitliche Siedlung von Skarkos. Ihre Ausgrabung verdanken wir der griechischen Archäologin Marisa Marthari, die hier von 1986 bis 1995 forschte und auch dafür Sorge trug, dass sich die Stätte heute in einem überaus besuchenswerten Zustand befindet (Abb. 54), wofür der Ort den ‚Europäischen

Preis für das Kulturerbe' erhielt. Mit ihrer Fläche von etwa 1,1 ha ist die Siedlung die bis heute größte und am besten erhaltene der frühbronzezeitlichen Keros-Syros-Kultur (2700–2300 v. Chr.), die nach den beiden Inseln benannt wurde. Hier dürften einst 200 bis 300 Menschen gewohnt haben. Die Wohnhäuser, die z. T. bis zu einer Höhe von 3 bis 4 m erhalten geblieben sind, bestanden in der Regel aus einem Erd- und einem Obergeschoss. Die Räume waren um einen geschlossenen Hof herum angelegt. Zusätzlich gab es 1 bis 2 m breite Straßen und Plätze. Die Siedlung erstreckte sich über verschiedene Terrassen. In den Häusern wurde offenbar nicht nur gewohnt, sondern auch Vorratshaltung betrieben und gearbeitet. Werkzeuge aus hartem Gestein für die Herstellung marmorner Gefäße und Figuren, Mörser zur Produktion blauer respektive roter Farbpigmente, Schnitzarbeiten (Knochen), Reste von Metallverarbeitung und anderes mehr belegen ein weites Spektrum an handwerklichen Tätigkeiten. Zahlreiche Vorratsgefäße (gr. Pithoi), die immerhin 1 bis 1,3 m hoch waren, scheinen für eine ertragreiche Landwirtschaft zu sprechen. Die Menschen von Skarkos dürften sich einen gewissen Wohlstand erarbeitet haben. Möglicherweise gab es bereits erste Formen einer sozialen Schichtung. Gefundene Tonsiegel könnten auf die Kennzeichnung persönlichen Besitzes hindeuten und folglich darauf, dass möglicherweise die Produktion und der Vertrieb von Gütern bereits von einigen Individuen oder Gruppen kontrolliert wurde.

Abb. 54
Der bronzezeitliche Siedlungshügel von Skarkos

Für eingeschworene Antikefans hat die östlichste aller Kykladeninseln einiges an Ruinenresten zu bieten, obwohl sie in historischer Zeit keine größere Bedeutung erlangte und den Römern sogar als Verbannungsort galt. In den heißen Sommermonaten sollte man gewissermaßen als Reverenz an das Altertum am besten dünne Gewänder tragen, für die Amorgos damals nämlich berühmt gewesen ist. Die am meisten fotographierte Attraktion stammt jedoch erst aus der Byzantinischen Epoche.

21 ZARTE GEWEBE, EXIL UND STEILE FELSEN – AMORGOS

KYKLADEN

Die drei antiken Hauptorte von Amorgos – Aigiali, Arkesine und Minoa – liegen alle in Nähe des Meeres. Über dem heutigen Hafenort Katapola an der Nordküste siedelten bereits im 3. Jt. v. Chr. erste Menschen. In der zugehörigen Bucht, die vermutlich als natürlicher Hafen diente, wurden frühkykladische Marmoridole entdeckt. Der spätere Name Minoa könnte eventuell auf Beziehungen zum minoischen Kreta hindeuten. Seit dem 9./8. Jh. v. Chr. begann an dieser Stelle eine kleine Polis zu entstehen, die sogar einen Befestigungsring besaß. Im 7. Jh. v. Chr. landeten unter der Führung des Dichters Semonides, der daher den Namenszusatz ‚von Amorgos' erhielt, neue Siedler aus Samos. Die samische Vorherrschaft dauerte nur bis 439 v. Chr., doch noch in der römischen Kaiserzeit bezeichnete man in Inschriften die Einwohner von Minoa als Samier. Die französischen Ausgräber fanden während vergleichsweise kurzer Grabungen 1887/1888 v. a. im Bereich des Muntulia genannten Berghanges immerhin die Fundamente der Stadtmauern mit ihren Toren, ein Stadion, ein Theater sowie weitere öffentliche Gebäude aus hellenistischer bis römischer Zeit. Ferner sind in einem tiefer liegenden Areal, direkt unter der Kirche Katapoliani die Reste des einstigen Tempels für Apollon nachgewiesen.

Aigiale im Nordosten von Amorgos wurde ebenso wie Arkesine und Minoa während des 7. Jh. v. Chr. von Samos aus neu besiedelt, nachdem bereits eine frühkykladische Siedlung an dieser Stelle existiert hatte. Aigiale muss in historischer Zeit eine recht große Ausdehnung gehabt haben. Mauerreste sind gleich in mehreren beieinanderliegenden Dörfern gefunden worden, die Langada, Potamos und Tholaria heißen. Der letztgenannte Name ist von römischen Grabgewölben (gr. Tholoi) in der Nähe dieser Siedlung herzuleiten. Nördlich davon gibt es eine Vigla (Wachtturm) genannte kleine Erhebung, deren Baureste aus der Zeit der ptolemäischen Vorherrschaft über Amorgos stammen. Z. T. unterhalb des Meeresspiegels lassen sich bei Potamos die Fundamente hellenistischer Hafenanlagen ausmachen. Hinzu kommen römische Thermen.

Nicht zu verwechseln mit dem modernen Arkesine ist die gleichnamige antike Polis. Das von ihr beherrschte Gebiet lag im südwestlichen, heute Katomeria genannten Teil der Insel und umfasste die Kolophana-Ebene, in deren Südosten bei einer Kirche ein hellenistischer Wachtturm steht. Die wenigen Reste Arkesines – Gebäude unbekannter Funktion, Stadtmauern, Thermen und Toranlagen – wurden in der Gemarkung Kastri direkt an der Nordküste entdeckt.

Die genannten antiken Stätten der östlichsten aller Kykladeninseln treten meist hinter der Hauptsehenswürdigkeit von Amorgos zurück, dem Kloster der Panagia Chozoviotissa, das wirkt, als sei es wie ein Vogelnest an die steilen Felsen des Prophitis-Ilias-Berges geklebt worden (Abb. 55). Der byzantinische Kaiser Alexios I. Komnenos (1081–1118) erneuerte 1088 eine wohl bereits seit dem 9. Jh. bestehende ältere Anlage.

Abb. 55
Das Kloster Panagia Chozoviotissa von Amorgos

Geographisch gesehen ist nicht Delos, sondern Paros das eigentliche Zentrum der Kykladen. Der berühmteste antike Sohn der Insel war nach Meinung Strabons (10, 5, 7) der Dichter Archilochos (ca. 690/680–640/630 v. Chr.), der als armer Krieger in einer Schlacht der Parier gegen die Naxier fiel. Er wurde in der Antike hochgeschätzt und sogar mit Homer verglichen. Von Paros aus besiedelten Kolonisten Thasos sowie die Stadt Parion am Marmarameer (gr. Propontis). Schon in der Bronzezeit gab es ansehnliche Siedlungen auf der Insel.

22 „VIEL STEINE GAB'S …" – PAROS IN DER FRÜHZEIT

Man muss nicht unbedingt Ludwig Uhlands (1787–1862) Gedicht kennen, um zu verstehen, wie wichtig das Material Stein für die Menschen von Paros bereits in der Frühzeit gewesen ist. Bevor aber die archäologischen Reste dieser Kykladeninsel näher in Augenschein genommen werden, soll der Blick zunächst aufs Meer hinausschweifen, wo zwischen der Paros vorgelagerten und daher Antiparos (gr. anti = vor) genannten Insel noch eine weitere liegt. Auf dieser namens Saliagos befindet sich eine der ältesten Siedlungen der Kykladen. Hier wohnten Menschen bereits im 5./4. Jt. v. Chr. in kleineren Häusern, wohl zusammen mit ihren Herden. Durch Knochenreste belegt sind Rinder, Schafe, Schweine und Ziegen. Ob zwei Rundbauten wirklich als Speicher für Emmer und Gerste gedeutet werden können, lässt sich einstweilen nicht entscheiden. Erhalten blieben nur wenige Fundamentmauern aus lokalem Gestein und größere Mengen an Keramik. Eine spätere römische Nekropole hat weite Teile des neolithischen Fundplatzes zerstört. Zusätzlich sind viele ältere Gräber komplett ins Meer gerutscht. Immerhin konnten in den Haustrümmern noch drei frühe Kykladenidole sowie Fragmente marmorner Gefäße entdeckt werden. Das reiche Obsidianmaterial stammt größtenteils vom 60 km weit entfernten Melos, aber auch von der Dodekanes-Insel Gyali, zu der eine Distanz von 200 km besteht. Es muss folglich schon in dieser frühen Periode regelmäßige Verbindungen zur See gegeben haben. Zu den wichtigsten Fundstücken gehört die sog. Fat Lady of Saliagos (Inv. 887) im Museum von Paros . Es handelt sich dabei um eine nackte sitzende Marmorfigur eindeutig weiblichen Geschlechts aus dem 5. Jt. v. Chr.

Bedeutendere Siedlungsspuren auf Paros selbst stammen dagegen erst aus der Bronzezeit. Der chronologisch früheste Fundplatz wurde 1924 in der Gemarkung Kampos an der Westküste, etwa 2 km südlich von Pounda (Schiffsanleger) bei der Kapelle des Heiligen Nikolaus, ausgegraben. Ein Bauer war auf seinem Acker südlich der späteren Hauptfundstelle zunächst auf ein Steinkistengrab gestoßen. Die offiziellen Ausgrabungen führten zur Freilegung von vier weiteren, komplett unberührten Bestattungen. Die Toten – zwei Skelette blieben in Grab 1 erhalten – lagen in rechteckigen oder trapezförmigen, in die Erde eingetieften Kisten, deren Böden und Wände mehrheitlich aus einer oder mehreren Steinplatten bestanden. Die ausschließlich in den Gräbern 3 und 4 entdeckten Beigaben setzten sich aus einer Griffschale (Grab 3) sowie einer tönernen Dose (gr. Pyxis) und Flasche (beide Grab 4) zusammen. Ihre Form und Dekoration gilt als charakteristisch für eine Kulturstufe im Frühkykladikum, die nach diesem Fundort Kampos-Gruppe heißt. Die genaue Zeitstellung ist umstritten. Sie gilt als Bindeglied zwischen der Grotta-Pelos-Kultur (Mitte 3. Jt. – 2650 v. Chr.) und der Keros-Syros-Kultur (2700–2300 v. Chr.). Zur nachfolgenden Kastri-Kultur (2400–2100 v. Chr.), benannt nach dem Fundort auf Syros, gehört ein schon Ende des 19. Jhs. erforschte Siedlung mit zugehörigem Gräberfeld bei Pyrgos. Ins Mittelkykladikum (2000–1600 v. Chr.) zu datieren, sind die heute mehr oder minder komplett überbauten Siedlungsreste von Phrourion in Parikia, der heutigen Inselhauptstadt. Dort gefundene minoische Keramik weist auf entsprechende Beziehungen mit Kreta hin. Das Straßensystem zeigt enge Parallelen zu denen der Siedlungen von Phylakopi auf Melos und Agia Irini auf Keos.

Die ausgedehnteste und besonders schön gelegene bronzezeitliche Fundstätte auf Paros ist die von Koukounaries (Abb. 56). Sie befindet sich auf dem gleichnamigen Hügel an der Südwestseite der Bucht von Naoussa (Ormos Naousia), einem kleinen Hafenstädtchen in 10 km Entfernung von Parikia, und bietet einen weiten Blick bis nach Naxos hin. Östlich von Naoussa bei Xifara blieben die Reste eines hellenistischen Wachturms erhalten. In Koukounaries begannen die Menschen schon im Neolithikum zu siedeln. Bewohnt wurde der Ort bis in klassische Zeit. Er liegt auf bzw. am Abhang eines 75 m hohen Gipfels, genauer gesagt auf drei terrassenartigen Arealen. Diese befinden sich im Osten auf einer Höhe von 40 bis 50 m, im Süden bei 60 bis 65 m und schließlich auf der Spitze bei 75 m. Der Hügel besteht aus grauem Granitgestein. Ein Zugang ist nur jeweils von Norden oder Süden her über dort vorhandene Einschnitte in den stark korrodierten Felsen möglich. Die von 1974 bis 1992 dauernden Grabungen der Archäologischen Gesellschaft Athen erbrachten reiche Ergebnisse. Koukounaries scheint von der spätesten bronzezeitlichen Phase dem sog. Späthelladikum III C an (ca. 1190–1050 v. Chr.) bis zum 7. Jh. v. Chr. ein wichtiges Siedlungszentrum gewesen sein. Noch ältere Spuren beweisen, dass an dieser Stelle aber schon vorher, d. h. am Ende des Neolithikums, erste Menschen wohnten. Sie verarbeiteten Obsidian aus Melos, aber auch Marmor sowie Bergkristall, und ernährten sich nach Ausweis des gefundenen Knochenmaterials von Schafen, Schweinen und Ziegen. Von besonderem Interesse ist ein auf dem Gipfel freigelegter Bezirk, der von den Ausgräbern als Palast/Herrenhaus identifiziert wird (Abb. 57). Er war offenbar zweistöckig und besaß im Obergeschoss ein Badezimmer; gefunden wurden dort Fragmente einer tönernen Badewanne. Die südliche Fassade bestand aus einem sog. Kyklopenmauerwerk, wirkte also ausgesprochen wehrhaft und repräsentativ. Einer der Räume des Gebäudes wird als Megaron angesprochen. Solche rechteckigen Räume mit zentraler Herdstelle sowie einer kleinen Vorhalle gelten als typisch für mykenische Paläste und werden als Thronsäle interpretiert. Innerhalb des Baus gab es ferner Lagerräume, in denen viel Keramik, darunter größere Vorratsgefäße, Waffen, Fibeln, Werkzeuge sowie zahlreiche weitere Objekte wie Siegelsteine u. a. m. gefunden wurden. Auch das spricht für eine Interpretation der Fundstelle als Palast. Paläste sind in mykenischer Zeit ebenso Produktions- (Werkstätten) als auch Lagerzentren gewesen. Insbesondere wurden in ihnen wichtige militärische Güter und v. a. Nahrungsmittel gehortet. Das ‚Herrenhaus' von Koukounaries ist jedenfalls in der Zeit nach 1200 v. Chr. wie die übrigen mykenischen Paläste der Argolis und anderswo durch eine verheerende

Abb. 56
Blick von Westen auf Hügel und Siedlung von Koukounaries

Katastrophe zerstört worden. Zeugnis hiervon sind die Knochenreste verbrannter Menschen und Tiere, die von den Ausgräbern in den Ruinen geborgen werden konnten. Wahrscheinlich wurde der mykenische Herrscher (gr. Wanax) von wem auch immer angegriffen und dürfte das nicht unbedingt überlebt haben. Die bisherige Forschung diskutiert, ob dieser Wanax seinerseits bereits vor Unruhen aus dem mykenischen Festland hierher geflohen war. Für diese Annahme gibt es aber keine eindeutigen Indizien. Es könnte sich dabei durchaus um einen hier schon immer residierenden Herrscher gehandelt haben, der aus einer lokalen Familie stammte, die von alters her in Koukounaries das Sagen hatte. Um 700 v. Chr. scheint das gesamte Gebiet zumindest als Siedlung endgültig aufgegeben gewesen zu sein. Die Menschen selbst waren an die Küste gezogen. Das dortige fruchtbare Hinterland und der direktere Zugang zum Meer machten es möglich, dass gleich zwei neue Siedlungen entstanden. In Koukounaries existierte stattdessen südöstlich der mittleren Terrasse ein Heiligtum für Athena, das bis in klassischer Zeit fortbestand.

Abb. 57
Das sog. Herrenhaus von Kokounaries

Man nannte ihn Lychnites, den Leuchtenden (gr. Lychnos = Fackel). Parischer Marmor war bei Griechen und Römern gleichermaßen hochgeschätzt. Er galt als größter Exportschlager der Insel. Aber auch Paros' Bildhauer sind im Altertum gefragte Spezialisten und dementsprechend überall in der antiken Welt tätig gewesen. Über das Schicksal derer, die den kostbaren Stein mühsam im z. T. unterirdischen Tagebau brachen, schweigen dagegen die Quellen. Von den glanzvollen Marmorbauten der Parier blieben nur Bruchstücke, geschickt wiederverwendet in nachantiken Mauern.

23 RECYCELTE ANTIKE – PAROS UND SEIN MARMOR

KYKLADEN

In der Inselmitte erhebt sich ein Granit- und Marmorgebirge, dessen antiker Name Marpessa lautete. Antike Steinbrüche (Untertagebau) können in einem etwa 1 Stunde östlich von Parikia gelegenen Hochtal beim Kloster des Heiligen Menas (Agios Minas) besichtigt werden. Selbst unter Tage leuchtet der feinkristalline Marmor. Zwei schräg nach unten führende Stollen, einer davon weist im Eingangsbereich ein dort in die Wand gehauenes Weihrelief für die Nymphen auf, lassen sich einigermaßen bequem besichtigen, sofern eine Genehmigung der zuständigen Antikenbehörde (gr. Ephorie) eingeholt wurde. Der unterirdische Abbau des Marmors ist heute nicht mehr üblich und muss in der Antike ausgesprochen strapaziös sowie gefährlich gewesen sein. Es liegen uns hierzu leider keine direkten Textzeugnisse vor. Das, was der im 1. Jh. v. Chr. schreibende sizilische Historiker über die menschenunwürdigen Arbeitsbedingungen in iberischen und ägyptischen Bergwerken mitteilt (3, 12–13. 38), dürfte aber durchaus auch der hiesigen Realität entsprochen haben. Bis zur römischen Kaiserzeit werden die Steinbrüche im Besitz der Polis Paros gewesen sein, die sie an Unternehmer verpachtete. Danach gehörten sie den Herrschern Roms. Arbeiten mussten hier zahllose Sklaven.

Die Reste der marmornen parischen Polis liegen im Bereich der heutigen Inselhauptstadt Parikia. Die antike Siedlung besaß zahlreiche Heiligtümer und andere öffentliche Bauten, die die Zeiten allerdings schlecht überdauert haben. Sie wurden nach dem Ende der Antike sozusagen nachhaltig recycelt, indem man sie zerschlug und ihre Bruchstücke entweder in die Kalköfen warf oder in moderne Mauern einfügte. In der Altstadt von Parikia lässt sich das an mehreren Stellen sehr gut beobachten (Abb. 58). In der Nähe der Kirche des Heiligen Konstantin liegen die westlichen Fundamente eines Tempels für die Göttin Athena. Er muss laut schriftlicher Überlieferung ein kolossaler Bau vergleichbar dem

Apollon-Tempel von Naxos gewesen sein und dürfte denselben Auftraggeber, den naxischen Tyrannen Lygdamis, gehabt haben, der bis zu seinem 524 v. Chr. erfolgten Sturz eine Zeitlang beide Kykladeninseln beherrschte. Der östliche Teil ist bereits vor langer Zeit ins Meer gestürzt. Teile des Mauerwerks wurden bei der Kirche Christos Kastru in die um 1260 errichtete fränkische Festungsanlage verbaut. Dort befinden sich auch die Reste einer Halle (gr. Stoa) und eines wohl hellenistisch zu datierenden Rundbaus. Ferner blieben einige wenige Abschnitte der ehemaligen Stadtmauer erhalten, die einst ein wesentlich größeres Stadtgebiet umschlossen. Ein weiteres Heiligtum existierte am südwestlichen Rand des heutigen Parikia, bei der heutigen Kirche der Heiligen Anna. Die dort zu sehenden Reste eines Teiles der Terrassenmauer stammen von einem Kultbezirk, der dem Apollon mit dem Beinamen Pythios (von Python dem delphischen Drachen, den der Gott einst besiegt hatte) geweiht war. Direkt darunter wurde Apollons Sohn, der Heilgott Asklepios, verehrt. Von diesem Heiligtum blieben mehr Ruinen erhalten: Teile der steinernen Begrenzungsmauern, ein Altar, zwei Quellen sowie Reste von Säulenhallen. Noch weiter außerhalb der Stadt gab es ein zweites Apollon-Heiligtum, das nach dem Geburtsort des Gottes Delion hieß. Die dort zu sehenden Fundamente sind die der Umfassungsmauern sowie eines Tempels aus dem 5. Jh. v. Chr., in dem auch seine göttliche Mutter Leto und seine Zwillingsschwester Artemis verehrt worden sind. Einen weiteren wichtigen Kultbezirk, den für Demeter, das sog. Thesmophorion, kennen wir bislang nur aus Schriftquellen. Der attische Feldherr Miltiades, dem der Sieg bei Marathon gegen die Perser zugeschrieben wurde, soll hier außerhalb der Stadtmauern von Paros auf angeblichen Rat der Priesterin Timo hin, eingedrungen und heilige, als unberührbar geltende Gegenstände dennoch angefasst und sogar mitgenommen haben.

Abb. 58
Wiederverwendete antike Bauglieder im Kastro von Parikia/Paros

Beim Heraustreten aus dem Tempel habe er sich aber bereits unwohl gefühlt – ein heiliger Schauer sei über ihn gekommen – und beim eiligen Sprung über die Mauer des Heiligtums derart am Bein oder Knie verletzt, dass er später starb. Timo durfte auf Anweisung der delphischen Pythia von den Pariern aber nicht bestraft werden, da nicht sie selbst, sondern nur ein Traumgesicht des Verrats bezichtigt werden könne (Herodot, Historien 6, 132–135).

Zur Ergänzung des im Stadtgebiet von Parikia nur unvollständig zu gewinnenden Eindrucks vom einstigen Aussehen der Polis Paros sollte unbedingt das dortige Archäologische Museum aufgesucht werden. Zwar können Bildwerke aus parischem Marmor ebenso andernorts betrachtet werden, doch nicht wenige der hier ausgestellten Bildhauerarbeiten stammen von verlorenen parischen Bauwerken und ermöglichen es deshalb wie die fast vollständig erhaltene Gorgo, die als Mittelfigur (gr. Akroter) auf einem Dach stand (Abb. 59), besser zu verstehen, wie prachtvoll die Stadt ehemals gewesen sein muss. Ein besonderes Objekt im Museum ist das Fragment einer größeren Marmortafel. Ein weiterer Teil, von dem heute einige Partien verloren sind, gelangte bereits im 17. Jh. nach England. Es befindet sich heute im Ashmolean Museum in Oxford. Zusammen mit einem dritten bildeten die Bruchstücke das sog. Marmor Parium, das auch als ‚Parische Chronik' bekannt ist. Dabei handelt es sich um eine lange Zeittafel, die 299/298 v. Chr. entstand und bis 1582/1581 v. Chr. zurückreicht, wobei die frühen Eintragungen rein mythischer Natur sind. Sie nennen mit einem gewissen Schwerpunkt auf Athen v. a. kulturelle Ereignisse wie die Ursprünge bestimmter Feste und Zeremonien sowie den Beginn einzelner musischer Darstellungsformen bis hin zu Lebensdaten von Dichtern. Dezidiert lokale Angaben zu Paros fehlen ebenso wie eine größere Berücksichtigung politisch-militärischer Begebenheiten. Einzelnes wie die bedeutenden Schlachten von Marathon und Salamis werden allerdings genannt. Wir erfahren aber auch, dass Simonides von Keos Schauspieler ausbildete und 477/476 v. Chr. in Athen einen Preis gewann.

Abb. 59
Oberkörper einer geflügelten Gorgo; Mitte 6. Jh. v. Chr.; Paros, Museum Inv. 1285

Im Westen des heutigen Stadtgebiets erbrachten Ausgrabungen ein wahrscheinlich um 300 n. Chr. errichtetes Gebäude, welches sogar Bodenmosaiken besaß. Über ihm erbaute man schon im 4. Jh. n. Chr. eine erste Kirche für Maria, die sog. Panagia Ekatontapyliani (Abb. 60), die an dieser Stelle wie so oft im griechisch-orthodoxen Glaubensbereich als Allheilige verehrt wurde (gr. Panagia). Einer Legende nach war es die später selbst heiliggesprochene Helena, Mutter Kaiser Konstantins des Großen (306–337 n. Chr.), die die Kirche persönlich anlässlich eines Aufenthaltes auf Paros während ihrer Pilgerreise ins Heilige Land gestiftet haben soll. Der Bau wurde beständig erweitert, bis schließlich Kaiser Iustinian (527–565 n. Chr.) seinen Architekten Isidor von Milet beauftragte, der für ihn bereits die weltberühmte Kirche der Heiligen Weisheit (gr. Hagia Sophia) in Konstantinopel errichtet hatte, Helenas Stiftung komplett in eine großzügige Kreuzkuppelbasilika umzuwandeln. Die Hauptkirche besticht durch ihren klar strukturierten Innenraum. In zwei angebauten Kapellen werden die Heiligen Ärzte Kosmas und Damian sowie die Lokalheilige Theoktisti verehrt. Ferner existiert ein gesonderter Taufbereich (gr. Baptisterium) mit einem kreuzförmigen Taufbecken aus Marmor. Der Name der Kirche lautet in wörtlicher Übersetzung „Allheilige mit den hundert Pforten", obwohl sie nicht über eine derart hohe Zahl an Türen verfügt. Wahrscheinlich handelt es sich dabei eher um eine Verballhornung der Ortsbezeichnung Katapoliani (gr. bei der Stadt). Der Bau ist jedenfalls ein viel besuchter Wallfahrtsort der Kykladen und nimmt nach der noch berühmteren Marienwallfahrtskirche von Tinos (s. Nr. 31) den zweiten Rang ein.

Abb. 60
Kirche der Panagia Ekatontapyliani in Parikia/Paros

Die flächenmäßig Größte der Kykladeninseln war laut Mythos Schauplatz eines Liebesverrats. Theseus ließ auf Naxos die schlafende Ariadne im Stich, obwohl er ihr den glücklichen Ausgang seines Minotauros-Abenteuers zu verdanken hatte. Die so schmählich Verlassene hatte aber Glück im Unglück. Der Gott Dionysos kam vorbei, verliebte sich in die sterbliche Schönheit und erhob sie zu seiner unsterblichen Gattin. Reich wie die Marmorinsel in der Antike war, beherbergt sie heute noch großartige Reste prunkvoller Bauten.

24 MACHT HOCH DIE TÜR, DIE TOR MACHT WEIT – DIE TEMPEL VON NAXOS

Man kann es kaum übersehen! Am Nordende der Hafenbucht der antiken wie modernen Inselhauptstadt Naxos steht auf einem kleinen vorgelagerten Inselchen, die hierherführende Mole entstand bereits im Altertum, ein gewaltiges Marmortor, die sog. Portara (Abb. 61). Es bildete einst den Eingang zu einem nicht minder kolossalen Tempel, den der naxische Tyrann Lygdamis in der Zeit seiner Alleinherrschaft (538–524 v. Chr.) an dieser Stelle dem Apollon errichten wollte. Das Tor büßte in nachantiker Zeit seine riesige Schwelle ein, als der Bau in eine Kirche umgewandelt wurde. Ob der Tempel jemals fertig geworden ist, scheint fraglich zu sein, da die sonst abgearbeiteten

Abb. 61
Die sog. Portara von Naxos, Tür des Apollon-Tempels

Hebebossen noch zu sehen sind. Die Länge der Fundamentmauern legt die Rekonstruktion eines üblichen Ringhallentempels (gr. Peripteros) mit einem umlaufenden Kranz von 6 x 12 Säulen nahe. Er wäre der bislang einzige bekannte Sakralbau dieses Typs auf den Kykladen. Auf beiden Frontseiten ließe sich sogar eine doppelte Säulenstellung rekonstruieren. Dass Lygdamis mit diesem Riesenbau beabsichtigte, in Konkurrenz zu anderen ionischen Tyrannen-Projekten (s. u. Samos Nr. 42) zu treten, liegt auf der Hand. Es ging ihm offenkundig darum, seine Macht in besonders sichtbarer Form zum Ausdruck zu bringen, dadurch dauerhaft Ruhm zu erlangen und andere mit ihm konkurrierende Adelige auf die hinteren Plätze zu verweisen. In gewisser Weise ist ihm das trotz seines Sturzes auch gelungen!

Für die Rekonstruktion der Entwicklungsgeschichte der ionischen Tempelbaukunst ist der Ort Yria von besonderer Bedeutung (Abb. 62). Etwa 3 km südlich ihrer Polis verehrten die Naxier in einem Heiligen Bezirk den Gott Dionysos. Heiligtum und Stadt waren wohl durch einen Prozessionsweg (Heilige Straße) miteinander verbunden. Heute steht hier in der fruchtbaren Ebene an einer Flussmündung stattdessen eine dem Heiligen Georg geweihte Kreuzkuppelkirche. Entdeckt wurden die antiken Baureste 1986. Bis 1998 dauerten die Grabungen unter der

Abb. 62
Der Dionysos-Tempel von Yria

Leitung von Vassilis Lambrinoudakis und Gottfried Gruben an. Vier Hauptphasen des Heiligtums lassen sich nachweisen (Abb. 63): Mykenische Keramikscherben könnten eventuell darauf hindeuten, dass an dieser Stelle bereits in der Späten Bronzezeit ein Kult bestand. Der Gott Dionysos wird andernorts auf mykenischen Linear-B-Tontafeln durchaus genannt. Architektur aus dieser Epoche ist in Yria freilich nicht belegt. Denkbar wäre ein Naturheiligtum eventuell mit einem ‚heiligen' Weinstock und einer Opferstelle als Zentrum. Dass der bronzezeitliche Kult ohne Bruch in der Geometrischen Epoche fortgesetzt wurde, erscheint zumindest möglich. Die frühesten geometrischen Scherben stammen aus dem 9. Jh. v. Chr. Nur wenig später, d. h. schon zu Beginn des 8. Jhs. v. Chr., errichtete man über dem alten Opferplatz ein erstes 5 x 10 m messendes Gebäude, das ein flaches Dach besaß. Den Innenraum gliederten drei mittig angeordnete Stützen. In ihm stand ein Opfertisch. Eine am Flussufer errichtete Mauer schützte den Bau gegen mögliche Überschwemmungen. In ihrer Nähe fanden die Ausgräber eine Aschenschicht mit verbrannten Tierknochen, was sie als Reste von Opfermählern deuteten. Es dauerte keine zwei Generationen, bis die Anlage nach der Mitte des 8. Jhs. v. Chr. erneut eine größere Umgestaltung erfuhr. Das hausähnliche Gebäude wurde erheblich vergrößert und maß jetzt 10 x 16 m. Der dadurch entstandene, nun wesentlich breitere Innenraum besaß drei Reihen von jeweils fünf runden hölzernen Stützen, die ihn in vier Schiffe unterteilten. Die an den Innenwänden entlanglaufenden Bänke boten Platz für gut 60 Personen. Im hinteren Raumdrittel diente eine quadratische Herdstelle (gr. Eschara) als Brandopferaltar. In den dort gefundenen

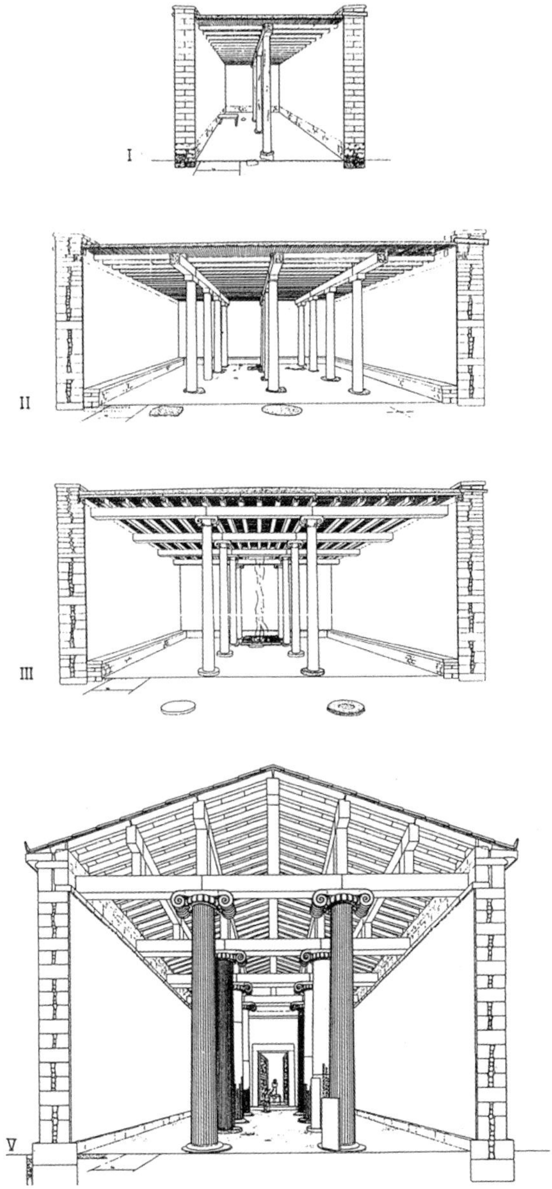

Abb. 63
Rekonstruierte Ansichten der vier Hauptphasen des Tempels von Yria

Ascheresten lagen wiederum viele Tierknochen. Eine Terrasse vor diesem frühen Tempel war ausreichend dimensioniert, um eine größere Kultgemeinde aufnehmen zu können. Da Naxos wegen der Marmorvorkommen in archaischer Zeit beständig an Bedeutung gewann und die Einwohner der Insel offenbar eine Phase der wirtschaftlichen Prosperität erlebten, wuchs ebenso der Kult, sodass der zur Verfügung stehende Raum augenscheinlich bald nicht mehr ausreichte, weshalb am Anfang des 7. Jhs. v. Chr. das Gebäude abermals erweitert wurde. Es erhielt eine Vorhalle mit vier Säulen an der Front. Damit war in Yria ein sog. Prostylos entstanden, wie ein solcher Tempeltyp in der Fachsprache heißt. Die Neugestaltung machte aber auch vor dem Innenraum nicht halt. Man reduzierte die Zahl der Schiffe von vier auf drei, wodurch ein klar definiertes mittiges Hauptschiff entstand. Dort umgaben vier Stützsäulen auf Marmorbasen die zentrale Eschara als dem eigentlichen Kultmal. Die Vorhalle scheint besonders aufwendig gestaltet worden zu sein. Ihre Gebälkzone war mit einem umlaufenden Terrakottafries verziert, von dem eine Platte mit der Darstellung eines Zweigespanns erhalten blieb. Das Flachdach besaß an seinen Rändern sogar marmorne Wasserspeier. Monumentalisiert wurde in dieser Phase ebenso das übrige Gelände. Im Westen ersetzte ein offener Torbezirk (gr. Propylon) eine alte Brücke aus dem 8. Jh. v. Chr., die wegen der stellenweisen Trockenlegung des Flusses ohnehin funktionslos geworden war. Auf dieser Aufschüttung entstanden zusätzlich Räume, die auf den großen Bau hin ausgerichtet waren und wahrscheinlich für Kultgelage dienten. Aber auch damit fand die Baugeschichte des Heiligtums von Yria noch kein Ende. Zwischen 580 und 550 v. Chr. kam es zu einer erneuten, diesmal weitaus tiefgreifenderen Umgestaltung, die schließlich zur Errichtung eines ‚richtigen' Tempels führte. Dieser diente fortan nicht mehr wie in den vorausgehenden Jahrhunderten der Kultgemeinde als Versammlungsort zu gemeinsamen Opfer, sondern wurde offenbar als Haus des Gottes verstanden. Mit der neuen Funktion ging eine Steigerung der äußeren Pracht einher. Die Säulen erhielten ionische Kapitelle. Die Portale, das Gebälk des jetzt aufwendigeren Giebeldaches und selbst die Dachziegel bestanden fortan aus feinstem naxischen Marmor. Wie uns der kaiserzeitliche Reiseschriftsteller Pausanias (5, 10, 3) im 2. Jh. n. Chr. mitteilt, soll es der Naxier Byzes gewesen sein, der als erster marmorne Dachziegel hergestellt habe. In einer Entfernung von gut 12 m zur Tempelfront wurde schließlich als Ersatz für die verschwundene Eschara in der Cella ein ebenfalls marmorner Brandopferalter errichtet; und die Kultgemeinde versammelte sich ab dem späten 6. Jh. v. Chr. in zwei neuen quadratischen Bankettäumen, in denen jeweils elf Gelagebetten (gr. Klinen) standen. Sie lagen in der Nähe des alten Propylons, das gleichfalls umgebaut wurde. Der neue Torbau besaß zwei Zugänge.

Zu weiteren tiefgreifenden baulichen Veränderungen ist es danach nicht mehr gekommen. Gegen 40 v. Chr. ließen die Naxier in der Cella neben dem Kultbild des Dionysos eine Statue des ‚Neuen Dionysos' aufstellen, wie sich der Römer Marcus Antonius v. a. im Osten des Imperiums in der Nachfolge hellenistischer Herrscher titulieren ließ. Die Statue blieb erhalten und wurde bei den Ausgrabungen freigelegt. Im 5. Jh. n. Chr. endete der Kult endgültig, als man den Tempel in eine Kirche verwandelte.

Ein letztes Tempelhighlight beherbergt der Westen von Naxos im Gebiet der Gemeinde Sangri. Etwa 1,5 km südlich des Dorfes in einem Areal, das die Flurbezeichnung Gyroulas trägt, entdeckte es der griechische Archäologe Nikolaos Kontoleon bereits 1949. Aber erst 1976 bis 1985 konnte die Freilegung und anschließende Restaurierung der Baureste durch ein griechisch-deutsches Team realisiert werden, das wie schon im Fall des Dionysos-Tempels in Yria abermals gemeinsam von Vassilis Lambrinoudakis und Gottfried Gruben geleitet wurde (Abb. 64). Im Jahr 2001 öffnete schließlich ein kleines Museum am Ort, das einen Überblick über die geleistete Forschungsarbeit gibt. Die Baugeschichte des Tempels beginnt im 6. Jh. v. Chr., genauer gesagt um 530 v. Chr., und endete im 6. Jh. n. Chr., als das Gebäude nahezu komplett

Abb. 64
Der Tempel für Demeter und Kore in Sangri

abgetragen wurde, um die Steine für die Errichtung einer dreischiffigen christlichen Kirchenbasilika verwenden zu können. Wem er geweiht war, wird diskutiert. Lokal ist zwar ein Kult für Apollon belegt, doch lassen die im Heiligtum gefundenen Votivgaben eher den Schluss zu, dass hier Demeter wahrscheinlich gemeinsam mit ihrer Tochter verehrt wurde. Der Bau besteht komplett aus naxischem Marmor und weist zahlreiche Besonderheiten auf. An erster Stelle zu nennen ist die älteste bekannte Marmordecke der griechischen Tempelarchitektur. Sieben 4 m lange Balken überspannten den gesamten Tempelvorraum (gr. Pronaos). Aber auch das ganze Satteldach bestand aus naxischem Marmor. Ein steinernes Gebälk trug steinerne Ziegel. Ungewöhnlich ist ferner der mit 13,29 m x 12,73 m nahezu quadratische Grundriss. Zudem fehlt der sonst bei griechischen Tempeln übliche dreistufige Unterbau (gr. Krepis). Die Säulen und Mauern stehen mehr oder minder direkt auf dem mit nur einer Steinschicht bedeckten Boden. Die Haupttempelfassade befindet sich nicht wie sonst üblich im Osten, sondern im Süden. Sie wird von fünf Säulen gebildet, die zwischen den vorgezogenen Seitenmauern (gr. Anten) in einer Reihe stehen. Sie weisen einen unkannelierten Schaft auf, ruhen auf sog. Samischen Basen (charakterisiert durch eine bestimmte Abfolge von Wülsten und Hohlkehlen), deren unterer Teil (sog. Spira) allerdings entgegen der üblichen Gestaltung ebenfalls unkanneliert ist, und tragen Blattkranzkapitelle, bei denen die florale Ornamentik nicht gemeißelt, sondern lediglich gemalt war. Der Tempel muss somit der ionischen Ordnung zugerechnet werden. Hinter dem Pronaos gelangten die Gläubigen durch zwei, auf den zweiten bzw. fünften Säulenzwischenraum (sog. Interkolumnium) ausgerichtete Türen in die Cella, in der wiederum fünf Säulen standen. Sie teilten den Raum in Querrichtung in zwei Hälften. Die Cellawände sind zweischalig gewesen, nach außen hin rechteckige Quader und im Innern dagegen unregelmäßig geformte kleinere Steine. Die Zwischenräume enthielten Bruchsteine und Marmorsplitter. Die gesamte Außenseite muss einst verputzt und ausgesprochen farbig gestaltet gewesen sein. Der Tempel bietet sich den heutigen Besuchern in einem hervorragend restaurierten Zustand dar. Ermöglicht wurde dies durch den Umstand, dass dank des frühchristlichen Kirchenbaus mehr als 1.600 einzelne Werkstücke die Zeiten überdauert haben.

Mit diesen einzigartigen Zeugnissen der ionischen Tempelbaukunst auf den Kykladen kann ein weiteres antikes Gebäude freilich nicht konkurrieren, doch lohnt der längere Fußmarsch von Philoti aus durchaus. Auf die Wanderer wartet ein gut erhaltener Wachturm, der der hellenistischen Epoche angehört, als Naxos immer wieder zum Spielball der wirklich Mächtigen wurde.

Wer sich näher mit den naxischen Bildhauerwerkstätten beschäftigen möchte, sollte unbedingt ins Umland der Inselhauptstadt fahren. Gleich an mehreren Stellen liegen unvollendete Statuen am Boden. Sie wurden bereits in antiker Zeit an Ort und Stelle belassen, weil der Weitertransport wegen diverser Risse sowie sonstiger Beschädigungen im Gestein offenbar nicht mehr lohnte. Die Naxier konnten sich diesen Luxus erlauben, da sie im wahrsten Sinn des Wortes steinreich waren und auf ihrer Insel über nahezu unerschöpfliche Marmorsteinbrüche verfügten. Da kam es auf den einen oder anderen aussortierten Koloss nicht an!

25 KOLOSSE AM BODEN – DIE BILDHAUERKUNST DER NAXIER

Ein Dorf im Westen der Insel hat gleich zwei solcher großformatigen Marmorarbeiten zu bieten. Von besonderem Interesse ist die Gemarkung Flerio/Phlerio etwa 1 km südöstlich der Ortschaft Melanes. Die eine Statue liegt in einem Garten und ist ca. 4,7 m groß, die andere, 5 m messende dagegen noch im Steinbruch (Abb. 65). Beide dürften zwischen 5 und 7 t schwer sein. Um das zu transportierende Gewicht zu reduzieren, wurden die Figuren wenigstens grob ausgearbeitet, sodass man schon erkennen konnte, wer oder was eigentlich dargestellt war. Die weitere Detailausarbeitung erledigten die Bildhauer erst in ihren Werkstätten oder direkt an den gewünschten Aufstellungsorten solcher Standbilder, da ansonsten die Gefahr bestand, dass die empfindlichen Oberflächen beim Transport Beschädigungen erlitten. Das, was auf Naxos liegenblieb, muss daher so irreparabel beschädigt gewesen sein, dass die Werkstücke verworfen wurden. Es könnten plötzlich Risse aufgetreten bzw. erstmals sichtbar geworden oder die Figuren an besonders gefährdeten schmalen Stellen wie im Bereich der Gelenke gebrochen sein. Beide Standbilder sollten einen nackten jungen Mann (gr. Kouros) darstellen. Solche Kouroi waren aristokratische Auftragsarbeiten und standen entweder in Heiligtümern als Votive oder auf Grabmälern. Die muskulös-trainiert wirkenden Kör-

Abb. 65
Kouros von Flerio/Melanes

per entsprachen zeitgenössischen adeligen Werten. Sie sind geradezu als ‚Verkörperungen' der männlichen Kampf- sowie Leistungsfähigkeit (gr. Arete) zu verstehen. In den Augen der zeitgenössischen Betrachter zeigten sie das Ideal der sog. Kalokagathia (von gr. kalos = schön und gr. agathos = gut), d. h. die äußere Schönheit ist der Spiegel eines inneren guten Charakters.

Abb. 66
Heiligtum bei Flerio/Melanes

Unweit der Quellen bei Flerio existierte ein Heiligtum, in dem wohl eine unterirdische (gr. chtonische) Gottheit verehrt wurde (Abb. 66). Der dortige Kult lässt sich bis ins 8. Jh. v. Chr. zurückverfolgen. Mehrere Bauphasen sind nachgewiesen. Der heilige Bezirk besaß zunächst im Norden eine Mauer, an die südlich ein 5,4 x 6,4 m großes, einräumiges Gebäude angebaut war. Seine Wände aus grobem Felsgestein trugen ein Flachdach, das im Innern zusätzlich von zwei Holzsäulen auf einfachen marmornen Basen gestützt wurde. Die Opferfeuer brannten westlich des Baus auf einer Terrasse. Südlich davon gab es ein zweites Gebäude, das drei Räume umfasste und als Ort ritueller Opfermahlzeiten gedeutet wird. Im 3. Viertel des 7. Jhs. v. Chr. scheint es zu einer Erweiterung des Heiligtums gekommen sein. Dabei legte man die Westwand des erstgenannten Baus nieder, um sie durch eine Zwischenmauer zu ersetzen, die zu einem 4,5 x 7,6 m großen Gebäude überleitete, das nun auf der Terrasse entstand. Dieses hatte ein marmornes Portal mit einem Marmorblock als Türschwelle und steinernen Türpfosten. Innerhalb lag eingefasst in einen Steinkreis die bislang unter freiem Himmel genutzte Brandopferstätte. Im Südwesten wurden weitere Terrassen angelegt, zu denen es einen eigens gestalteten Zugang gab. Die hier zu sehenden, teilweise vom Feuer geröteten Felsen lassen den Schluss zu, dass die Brandopfer wohl dorthin verlegt worden sind. Nach der Verbrennung sammelte man die Reste der Opfergaben ein und verbarg sie für die verehrte Gottheit dauerhaft in Gruben (gr. Bothroi), und deckte sie mit Steinplatten ab. Später wurde der Terrassenzugang durch eine Mauer versperrt und dann im Süden während des 6. Jhs. v. Chr. ein neuer Eingangsbereich angelegt. In diese Phase gehört wahrscheinlich auch der Umbau des ältesten Einraumkomplexes. Er wurde durch eine Zwischenwand geteilt und scheint ab diesem Zeitpunkt nur noch das Nebengebäude des größeren sog. Westbaus gewesen zu sein, der im Innern eine umlaufende hufeisenförmige Steinbank erhielt. Der größte Eingriff in die ältere Bausubstanz fand schließlich ebenfalls im 6. Jh. v. Chr. statt, als im Süden der dreiräumige Nebenbau abgerissen und leicht nach Westen versetzt von einem kleinen Marmortempel ersetzt wurde. Sein Eingang im Nordosten scheint auf die beiden anderen oberhalb liegenden Gebäude ausgerichtet gewesen zu sein. Die Pracht dieses Baus überwog bei weitem die der übrigen Heiligtumsarchitektur. Sowohl seine Wände als auch das Dach (Ziegel) bestanden aus Marmor. Zwei ebenfalls marmorne Säulen, von denen die erhaltenen Basen im bzw. vor dem Gebäude stammen, dürften Statuen (im Inneren vielleicht das Kultbild) getragen haben. Unfertige Skulpturen wurden in der Cella entdeckt. Das gesamte Heiligtum scheint v. a. von den in den nahen Steinbrüchen arbeitenden Marmorhandwerkern frequentiert worden zu sein, worauf zahlreiche Votive aus diesem Material hindeuten. Zudem bezeugt eine in der Nähe gefundene Weihinschrift die Verehrung der beiden Giganten Ephialtes und Otos als Schutzdämonen der Steinbrecher. Es sind allerdings wohl ebenso viele weibliche Verehrerinnen ins Heiligtum gekommen. Von ihnen dürften die vielen Webgewichte und Spinnwirteln sowie weibliche Tonfiguren stammen und einen Kult für eine chthonische Fruchtbarkeitsgöttin bezeugen. Über das 6. Jh. v. Chr. hinaus scheint das Heiligtum nicht weiter von größerer Bedeutung gewesen zu sein. Die Zahl der Weihgaben ging drastisch zurück. Neue Bauten wurden nicht mehr in Angriff genommen. Die Gründe hierfür bleiben im Dunkeln.

Der größte unfertige Koloss misst 10,7 m und ist mehr als 80 t schwer (Abb. 67). Er liegt im Norden von Naxos bei dem Ort Apollonas, dessen moderner Name offenbar auf ein antikes Apollon-Heiligtum zurückgeht und weniger mit der älteren Deutung der unfertigen Statue als einer Darstellung des Apollon zu tun hat. Noch im 19. Jh. glaubte man fälschlicherweise, alle Kouroi stellten diesen Gott dar und nannte sie deshalb Apollines. Genau genommen handelt es bei diesem Standbild ohnehin nicht um einen Kouros. Der Bart und das lange Gewand passen nicht zu den sonst immer nackten sowie bartlosen Kouroi und deuten eher auf Dionysos hin.

Abb. 67
Der sog. Apollon von Apollonas

Man muss schon einige Mühen auf sich nehmen, um hierher zu gelangen, doch allein der Ausblick lohnt die kleine Wanderung durch eine steil nach oben führende Schlucht, wo ein eindrucksvoller spitzer Stein den Weg weist. Für Archäologiebegeisterte ist der Ausflug umso lohnender, als eine Nekropole auf die Besucher wartet, die in dieser Form und Lage sonst in Griechenland nicht existiert. Dabei gilt es die Augen weit aufzumachen, um im umliegenden Geröll die versteckten Spuren der Vergangenheit entdecken zu können.

26 TOT AM BERG – TSIKALARIO AUF NAXOS

KYKLADEN

Westlich des naxischen Dorfes Chalki thront auf einer steilen Bergwand die venezianische Festung von Potamia (Epano Kastro). Auf einem Hochplateau südlich davon erstreckt sich eine einzigartige Nekropole aus der Geometrischen Epoche (10.–8. Jh. v. Chr.), für die bislang keine wirklichen Parallelen in ganz Griechenland bekannt sind. Von Osten her über eine kleine Schlucht, an deren Ende ein über 3 m hoher keilförmiger Stein, ein sog. Menhir, steht, führt ein noch heute erhaltener antiker Weg zu den Resten der Gräber. Die Bauern glaubten lange, der Menhir sei der Grabstein eines Königs und gruben daher in seiner Nähe nach vermeintlichen Schätzen. Dabei zerstörten sie viele der Bestattungen. Die in den 1960er Jahren durchgeführten offiziellen Grabungen versuchten zu retten, was damals noch zu retten war.

Das Außergewöhnliche an Tsikalario sind die vielen Grabhügel (lat. Tumuli). Manche waren rund, andere eckig. Einige wenige scheinen nur aus aufgehäuften Steinen und Erde bestanden zu haben, die keinerlei Grabstätten bedeckten, sondern eventuell nur erinnernden Charakter hatten. Die meisten Tumuli aber sind über Gräbern errichtet worden. Sie bestanden in der Regel aus einem steinernen Kreis von 7 bis 12 m Durchmesser. Um die Toten zu verbrennen, wie es seit dem Ende der Bronzezeit üblich geworden war, wurden Scheiterhaufen aufgeschichtet. Hiervon blieben unter einigen Grabhügeln dicke Aschenschichten als Zeugnisse dieses Bestattungsrituals übrig. Die den Verstorbenen mitgegebenen Beigaben, u. a. Keramik, Schmuck sowie Dolche und Schwerter, scheint man ebenfalls verbrannt zu haben. Verkohlte Früchte (Feigen und Weintrauben) belegen zudem Ess- und wohl auch Trankspenden, zu deren Aufbewahrung sicherlich einige der tönernen Gefäße gedient hatten. Große Amphoren könnten wie in anderen Nekropolen, so im Athener Kerameikos, als Urnen für den Leichenbrand verwendet worden sein. Eine 1 x 2,5 m große Steinplatte, die die Archäologen allerdings in zerbrochenem Zustand fanden, wird als großer Opfertisch gedeutet.

Die Beigabenkeramik besteht größtenteils aus Gefäßformen, wie sie für ein Gelage (gr. Symposion) üblich waren. Offenbar wollte man den Toten an ihren Begräbnisstätten ein letztes Bankett als Ehrengeschenk (gr. Geras Thanonton) ausrichten und damit vielleicht der Hoffnung auf ein entsprechend glückliches Jenseits Ausdruck geben. Auf jeden Fall aber bezeugten die Grabbeigaben und Rituale den jeweiligen sozialen Stand der Verstorbenen und ihrer Familien. Dabei achtete man ebenso darauf, ob eine Frau, ein Mann oder ein Kind beerdigt wurde und gab geschlechtsspezifische Beigaben mit auf die Jenseitsreise.

Auf einem niedrigeren Niveau des Areals konnten sogar Häuser (?) entdeckt werden. Ein 15 x 18 m messender Komplex im Südosten bestand aus gleich drei nebeneinanderliegenden Gebäuden mit jeweils zwei oder drei Zimmern und einem Hof. Hinzu kommen zwei weitere, nordöstlich gelegene Bauten (5 x 10 m und 4 x 12 m). Dort freigelegte senkrechte Steinplatten sind von den Ausgräbern als Feuerstellen interpretiert worden. Reste einfacher Gebrauchskeramik und steinerner Gerätschaften legen die Vermutung nahe, dass in diesen Räumen tatsächlich Menschen wohnten und offenbar arbeiteten. Da aber das Gefundene keinerlei chronologische Anhaltspunkte liefert, kann nicht gesagt werden, ob die Gebäude zeitgleich mit den Gräbern entstanden sind.

Abb. 68
Blick von Epano Kastro nach Tsikalario

Der heutige Partyhotspot der Kykladen genoss schon in der Antike einen zweifelhaften Ruf. Strabon (10, 5, 10) berichtet uns, dass unter der Insel die von Herakles beim großen Kampf der Götter gegen die Söhne der Erdgöttin Gaia getöteten Giganten begraben lägen und sich oberhalb allerlei kahlköpfige Mykonioten tummelten. An dieser Insel kommt trotz des gegenwärtigen Trubels kein archäologisch interessierter Reisender vorbei, da es nur von hier aus per Schiff nach Delos geht. Es sollte allerdings darauf geachtet werden, dass man sich angesichts der unverschämt hohen Saisonpreise nicht selbst die Haare vor Ärger ausreist.

27 UNTEN GIGANTEN, OBEN KAHLKÖPFE – MYKONOS

KYKLADEN

Zu allem Überfluss soll der Sage nach vor der Insel auch noch der lokrische Aias auf seiner Heimfahrt von Troia ertrunken sein. Wahrlich kein gutes Image! Ihr Namenspatron ist Mykonos, der Sohn des delischen Königs Anios. Gemäß einer anderen Tradition waren es die zu Stein gewordenen Giganten, aus denen die Insel einst entstand. Nennenswerte antike Baureste hat Mykonos nicht zu bieten. Zu nennen sind ein spätsteinzeitlicher Fundplatz oberhalb der Bucht von Panormos an der Nordküste, südöstlich davon im Landesinnern auf der Anhöhe Palaikastro eine mittel- und auf der im Südosten liegenden Halbinsel Anavolousa eine frühbronzezeitliche Siedlung. In historischer Zeit scheint es auf Mykonos zwei Poleis gegeben zu haben, im Landesinnern beim bereits genannten Palaikastro (Dorf Ano Mera) und an der Stelle des heutigen Hauptortes. Sehenswert ist jedoch allein das auf der Spitze eines Hügels in Angeliki in der Nähe des Hotels Lytra entdeckte kreisrunde Grab mit einem Durchmesser von 5,8 m, das gegen Ende des 15. Jhs. v. Chr. angelegt wurde. Erhalten blieb die in den Boden eingetiefte Innenverkleidung in Form einer bis zu 4 m hohen Steinmauer. Die sich darüber wölbende Kuppel (gr. Tholos) stürzte dagegen ein. Solche Tholosgräber waren in dieser Phase typisch für Bestattungen der mykenischen Kriegerelite. Kein Wunder, dass man diese Reste sogleich mit dem ertrunken Aias verband. Abgesehen von der hierzu nicht passenden Zeitstellung dürfte es den mythischen Helden in der Realität ohnehin nicht gegeben haben, wohl aber einen mächtigen Herrn, für den ein so weithin sichtbares Erinnerungsmal geschaffen worden ist.

Ebenso mitten in den troianischen Sagenkreis führt der lohnenswerte Besuch des kleinen Archäologischen Museums im heutigen Mykonos-Stadt (Chora). Es ist in einem neoklassizistischen Gebäude von 1905 untergebracht. Dort sind nicht nur die im Tholosgrab gefundenen Beigabenreste (Keramik, Goldschmuck, Siegel) zu sehen, sondern v. a. ein Objekt, das wegen seiner Darstellung eine gewisse Bekanntheit genießt. Hierbei handelt es sich um einen großen tönernen Pithos aus der Zeit um 670 v. Chr., dessen gesamter Gefäßkörper mit erzählenden Reliefs dekoriert ist (Abb. 69). Sie zeigen in allerlei grausigen Details die Eroberung Troias durch die Griechen. Man sieht beispielsweise, wie Hektors Sohn Astyanax entgegen der epischen Schilderung von Neoptolemos mit einem Schwert durchbohrt wird. Er bleibt aber nicht das einzige Opfer. Weitere Frauen und Kinder werden geschändet. Geradezu heiter wirkt dagegen das Bild mit dem Troianischen Pferd, aus dem guckkastenartig die einzelnen Helden herausschauen. Inmitten dieser Katastrophe agierte auch der lokrische Aias wenig heldenhaft. Er vergewaltigte die troianische Prinzessin Kassandra, obwohl diese sich schutzflehend ins Heiligtum der Athena geflüchtet hatte. Ein solches Sakrileg konnte die Göttin nicht ungestraft lassen. Sie ließ Aias – wie bereits erwähnt – vor Mykonos ertrinken. Davor braucht heute aber keiner mehr Angst zu haben, der sich vom Hafen aus nach Delos einschiffen möchte.

Abb. 69
Troianisches Pferd; Detail eines Reliefpithos; um 670 v. Chr.; Mykonos, Museum Inv. 2240

Bevor das Schiff Delos erreicht, wird Rheneia (auch Rhenaia) passiert. Beide Inseln sind an der engsten Stelle des sie trennenden Sundes nur 600 m voneinander entfernt. Hierher zu gelangen ist allerdings nicht ganz einfach, da Rheneia im Gegensatz zur Antike heute nicht mehr bewohnt wird. Einzelne Ausflugsschiffe steuern dieses besondere Ziel dennoch gelegentlich an. Überall stößt man auf die Reste antiker Grabanlagen. Rheneia wirkt wie eine einzige große Totenstadt.

28 ANTIKES GROSSREINEMACHEN – RHENEIA

Das moderne Rinia/Rineia ist heute v. a. wegen seines großen Volksfestes zu Ehren der Heiligen Dreifaltigkeit (gr. Agia Triada) bekannt, das regelmäßig am Pfingstsonntag des griechisch-orthodoxen Kirchenjahres stattfindet. Hierzu kommen von den umliegenden Inseln mehrere hundert Menschen auf dem ansonsten unbewohnten Rheneia bei einer der Agia Triada geweihten Kapelle zusammen. Im Rahmen des Gottesdienstes werden auch die am Strand ankernden Boote gesegnet. Ein ausgiebiges Festmahl mit Musik und Tanz schließt sich an.

Schon zu Zeiten des Strabon scheinen keine Menschen mehr dauerhaft auf der Insel gelebt zu haben, was der Geograph ausdrücklich vermerkt (10, 5, 5). Stattdessen hätten hier die Delier ihre Toten bestattet, da deren Einäscherung und Bestattung wie das Halten von Hunden auf Delos selbst nicht gestattet sei. Dies hing mit der Bedeutung von Delos als Heiliger Insel aller Ionier zusammen. Im Angesicht des reinen Sühne-

Abb. 70
Blick vom delischen Hafen auf die Nachbarinsel Rheneia

Abb. 71
Unterirdische Grabanlagen auf Rheneia

gottes Apollon durfte nichts Unreines dauerhaft dort sein. So überliefert beispielsweise der Historiker Thukydides für den Winter des attischen Jahres 426/425 v. Chr. (Peloponnesischer Krieg 3, 104) eine entsprechende Reinigungszeremonie, bei der damals die Athener alle Gräber auf Delos entfernt und die Gebeine nach Rheneia verbrachten. Von da an waren auf Delos alle Todesfälle, aber auch Geburten quasi amtlicherseits verboten. Rheneia jedenfalls durfte sich über regelmäßigen Zuwachs erfreuen. Auch wenn die neuen ‚Bewohner' in der Regel nicht mehr lebten, so brachten sie dennoch Leben auf die Insel. Im Kontext der regelmäßig durchzuführenden Totenfeste und nicht nur anlässlich der eigentlichen Bestattungen dürften nicht wenige Delier per Boot hierhergekommen sein und die vorgeschriebenen rituellen Gelage gefeiert haben.

Im Jahr 2019 startete die für die Kykladen zuständige Antikenbehörde ein fünfjähriges Forschungsprogramm, dessen Ziel es ist, alle antiken wie nachantiken Relikte wissenschaftlich zu dokumentieren. Die heute von Mykonos aus v. a. landwirtschaftlich genutzte Insel bietet dem Kundigen einen tiefen Einblick in griechisch-römische Bestattungssitten und

Grabformen. Auf Ortygia, wie Rheneia auch hieß, soll angeblich Apollons Schwester Artemis geboren worden sein, die hier ein Heiligtum hatte. Der südliche Teil der Insel wurde im Altertum weitgehend landwirtschaftlich genutzt und warf wohl laut einiger steinerner Abrechnungsurkunden, die auf Delos gefunden worden sind, größeren Gewinn ab. Im Norden lag die antike Polis Rheneia. Erste archäologische Untersuchungen fanden bereits im späten 19. und frühen 20. Jh. statt. Schon lange vorher war es immer wieder dazugekommen, dass die Gräber geplündert wurden, weshalb einige Grabstelen etc. von Rheneia aus in diverse europäische Museen gelangt sind. In der sog. Reinigungsgrube bei der Bucht von Agia Kyriaki kamen unzählige Keramikgefäße aus der Zeit vom 8. bis zum 5. Jh. v. Chr. zutage, die wahrscheinlich zurecht als die Überreste der delischen Bestattungen gelten, die die Athener 426/425 v. Chr. bei ihrer großangelegten Reinigungsaktion hierhergebracht hatten. Die Fülle des damals gefundenen Materials führte zur Gründung des Archäologischen Museums von Mykonos, wo die Objekte noch heute zu sehen sind. Auf der Insel selbst blieben weitere Bestattungen erhalten, darunter der große steinerne Löwe von Rhenaia und der Sarkophag einer römischen Dame namens Tertia Horaria. Hinzu kommen unzählige marmorne Fragmente von Grabaltären, Grabbauten und Sarkophagen. Es gab aber auch unterirdische Gräber, die sog. Kolumbarien (lat. Taubenschlag), in denen die Urnen mit der Asche der Toten standen (Abb. 71). Was davon tatsächlich zugänglich ist und besichtigt werden kann, lässt sich im Einzelnen nicht sagen. Ferner wurden Reste antiker Gehöfte und einer Straße entdeckt. In der Gemarkung Chomasovouni mit direktem Sichtkontakt zu Delos liegen die Reste eines größeren, vielleicht zum Heiligtum der Artemis gehörenden Gebäudes. Antike Schriftzeugnisse bezeugen die Existenz eines Tempels, der wohl direkt auf dem Hügel gelegen haben dürfte, eines Altares, dem ein Fundamentrest unmittelbar unterhalb des Gipfels zugeordnet wird, sowie weiterer Bauten. Vor Ort wurden zudem zahlreiche Skulpturenfragmente, darunter auffallend viele Vogelfiguren gefunden, die sich heute im Museum von Delos befinden. Von der neuzeitlichen Bebauung sind die Ruinen einer öffentlichen Quarantänestation von besonderem Interesse. Von etwa 1850 an bis zum Beginn des 20. Jhs. mussten bei Ausbruch von Epidemien alle Schiffe hier für eine bestimmte Zeit ankern, bevor sie griechische Häfen anlaufen durften.

Delos' Ursprung ist mythisch auf das Engste mit Zeus und seinen Liebschaften zu zwei Titaninnen verbunden. Die eine der beiden Schwestern, Asteria (gr. die Strahlende), sprang auf der Flucht vor den Nachstellungen des Olympiers ins Meer, in dem sie fortan als schwimmende Insel trieb, während die andere, Leto, nur auf dieser gebären konnte, da Hera verfügt hatte, ihre Rivalin dürfe auf keinem festen Stück Erde niederkommen. So wurde Delos, wörtlich die Erscheinende (von gr. delos = deutlich, klar), zur Geburtsstätte des Apollon und seiner Zwillingsschwester Artemis.

29 GEBURT ZWEIER GÖTTER UNTER EINER PALME – DIE DELISCHEN HEILIGTÜMER

Nach dem Ende der Antike lag Delos jahrhundertlang mehr oder minder verlassen da. Ab und an kamen gelehrte Reisende wie Cyriacus von Ancona (1391–1455) hierher, um Zeichnungen sowie Abschriften antiker Denkmäler und Inschriften anzufertigen. Im Auftrag des aus Bayern stammenden griechischen Königs Otto (reg. 1832–1862) reiste auch der damalige Chefarchäologe Griechenlands, Ludwig Ross (1806–1859), nach Delos. Seine 1840 bis 1852 in vier Bänden veröffentlichten Aufzeichnungen sind ein unschätzbares Dokument des Zustands der Ruinen, bevor ab 1873 die Französische Archäologische Schule mit ihren bis heute andauernden Freilegungsarbeiten und archäologischen Untersuchungen begann.

Die heutigen Besucher kommen per Schiff von Mykonos aus an. Sie erblicken ein ausgedehntes Ruinenfeld. Die gesamte Insel ist mit Bauresten aus der Antike geradezu überzogen. Die Fülle des Erhaltenen und die

Abb. 72
Blick auf die Löwenterrasse im Heiligtum des Apollon

Kürze der Zeit zwingen zu einer Auswahl. In Delos kann nicht übernachtet werden.

Das, was man heute sehen kann, entspricht nicht ansatzweise der einstigen Pracht (Abb. 72). Die vielen Tempel, Säulenhallen und anderen sakralen Gebäude leuchteten teils bunt bemalt in der glitzernden Sonne. Hinzu kamen die unzähligen Weihgeschenke, nicht wenige von ihnen aus kostbaren Materialien. Seit archaischer Zeit füllte sich das gesamte Heiligtum zusehends mit den Bau- und sonstigen Stiftungen reicher Gönner. Selbst die Perser verzichteten 490/480 v. Chr. darauf, das Bundesheiligtum aller ionischen Griechen zu verheeren. Mit der Entscheidung Roms, Delos zum Freihafen zu erklären, entwickelte sich ab dem 2. Jh. v. Chr. zugleich eine geschäftige Stadt, in der sich die reichen Händler luxuriöse Wohnsitze errichten ließen. Diese absolute Blütezeit von Delos nahm jedoch schon nach kurzer Dauer ein jähes Ende. Mithridates VI., König von Pontos (ca. 120–63 v. Chr.), der im ganzen griechischsprachigen Raum die römische Herrschaft beenden wollte, befahl 88 v. Chr. die Plünderung der Insel. In der Folge fielen immer wieder mit dem König verbündete Piratenhorden ein und zerschlugen mehrfach, was gerade im Aufbau war. Von diesen Schrecken erholte sich zumindest die Hafenstadt Delos nicht mehr. Der Niedergang nahm seinen Lauf. Das Heiligtum blieb noch länger in Nutzung. Im 4. Jh. n. Chr. besuchte es Kaiser Iulianus Apostata (331–363 n. Chr.), der im Gegensatz zu seinen Vorgängern aus der Dynastie Konstantins des Großen wieder den alten heidnischen Glauben angenommen hatte. Bald darauf dürften nach seinem Tod die Opferfeuer aber endgültig erloschen sein.

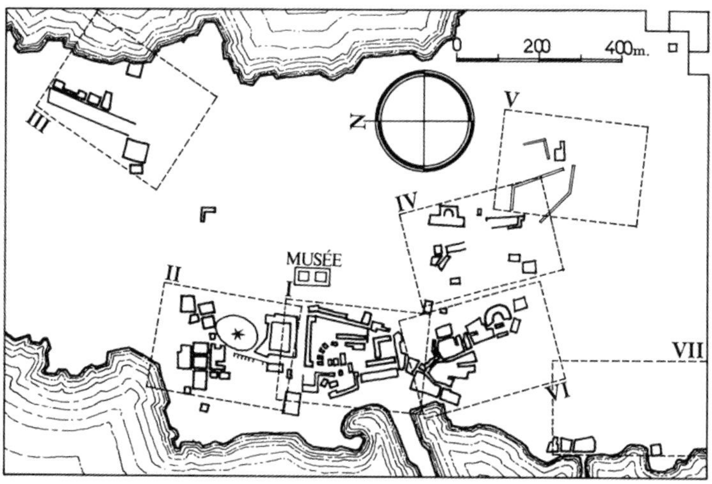

Abb. 73
Gesamtplan von Delos mit Einzeichnung der einzelnen Areale

Ein Blick auf einen Übersichtsplan (Abb. 73) erleichtert die Orientierung. Das auf den ersten Blick sich wie eine grenzenlose Steinwüste darbietende Ruinenfeld lässt sich in klar voneinander trennende Bereiche einteilen: Von der modernen Anlegestelle aus erreicht man zunächst sich links haltend an der Westküste der Insel den eigentlichen Heiligtumsbezirk (Nr. I). Ihm schließt sich ein größeres Areal an, dessen Zentrum der ehemalige Heilige See bildet (Nr. II). Von hier aus führt ein längerer Weg zu einem weiteren an der Ostküste gelegenen Wohnviertel, dem sog. Stadionquartier (Nr. III). Auf dem Rückweg gelangt man am Museum und den bereits besuchten Gebieten vorbei zu den terrassenartigen Anlagen für die fremden Götter und einem benachbarten Wohnviertel (Nr. IV), das nach dem dortigen delischen Flüsschen Inoposquartier heißt. Weiter bergaufwärts ist der heilige Berg von Delos, der Kynthos, zu erreichen (Nr. V). Talabwärts befindet sich rund um das Theater das gleichnamige Wohnviertel (Nr. VI). Den Abschluss bildet die ganz im Süden der Insel, direkt am Meeresgestade liegende wenig spektakuläre Bebauung (Nr. VII).

Das delische Hauptheiligtum, das dem Apollon geweiht war, beginnt bereits unmittelbar hinter der heutigen Hafenmole mit ersten Mauerzügen und leeren ehemaligen Statuenbasen (Abb. 74). Hinzu kommen die Reste zweier Säulenhallen (Nr. 1) aus hellenistischer Zeit, die eine im Nordosten eine Stiftung des makedonischen Königs Philipp V. (Nr. 2). Vor beiden Bauten flankierten Statuen, zu denen ein Reiterstandbild des pergamenischen Generals Epigenes sowie Darstellungen gefallener Gallier gehörten, und prächtige Marmorsitze den Weg ins Heiligtum hinein. Der Eingang erhielt erst um die Mitte des 2. Jhs. v. Chr. ein neues monumentales Torgebäude (gr. Propylon) mit vier dorischen Säulen und drei Durchgängen, das einen einfachen älteren Bau ersetzte (Nr. 3).

Erst dahinter liegt der eigentliche sakrale Bezirk, zu dem drei Tempel sowie eine Vielzahl anderer Bauwerke gehören. Hinzu kommen die zahllosen verstreut liegenden Basen einstiger Votivgaben. Unmittelbar hinter dem Propylon erhob sich ehemals ein gewaltiges Versammlungshaus (Nr. 4). Dieser sog. Oikos der Naxier kündete samt daneben errichtetem gewaltigem Koloss (ein Teil des Oberkörpers steht im Gelände) eines nackten Apollon vom Reichtum und Einfluss seiner Stifter am Ende des 7. Jhs. v. Chr. Nur wenige Meter östlich davon liegen die Fundamente des sog Tempels Γ (Nr. 5), dessen tatsächliche Funktion man gar nicht kennt. Sicher ist nur, dass er zu den ältesten Architekturen des Heiligtums gehört, möglicherweise eine bis in mykenische Zeit reichende Vorgeschichte hat und die ganze Antike über gepflegt wurde. Gut 30 m entfernt beginnt die Reihe der eigentlichen Tempel. Tiefen-

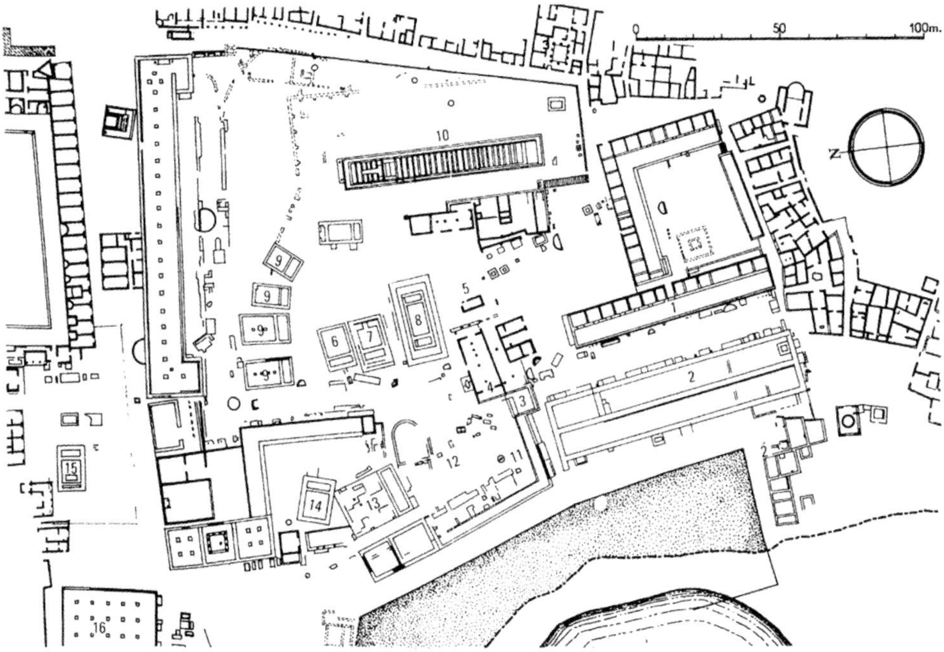

Abb. 74
Plan des Apollon-Heiligtums

grabungen haben gezeigt, dass hier eine uralte mykenische Siedlung lag. Der nördlichste Bau (Nr. 6) ist zugleich der älteste. Er besteht aus Poros-Kalkstein und war vielleicht eine Stiftung des athenischen Tyrannen Peisistratos. Das wenige, was man von den Fundamenten kennt, legt eine Rekonstruktion als einfachen Prostylos (gr. Tempel, der nur aus dem Kultbildraum selbst besteht und vier vorgeblendeten Säulen an der Frontseite) nahe. Daneben erhob sich der gegen 420 v. Chr. aus pentelischem Marmor errichtete Tempel der Athener (Nr. 7), wie er den Inschriften nach hieß. Statt nur einer, diesmal aus sechs dorischen Säulen bestehenden Säulenreihe an der Front besaß er eine zweite an der Rückseite, war also ein Amphiprostylos. Die Cella barg das altehrwürdige, noch aus der Mitte des 6. Jhs. v. Chr. stammende Kultbild des Apollon, geschaffen von den berühmten archaischen Bildhauern Angelion und Tektaios. Es stand gemeinsam mit sechs weiteren Statuen auf einer hufeisenförmigen Basis. Zwei großformatige Skulpturengruppen bekrönten an beiden Frontseiten die Giebelmitte (gr. Akroter). Im Osten raubte Boreas die Oreithyia und ihm Westen Eos den Kephalos (alle im Museum). Die Liebe der Götter zu den beiden Sterblichen aus Athen demonstrierte vor aller Augen die spezielle göttliche Wertschätzung, die die Stadt genoss, und war somit als mythisch verbrämter Machtanspruch Athens zu verstehen. Die Erfolge in den Perserkriegen schienen den Athenern darin recht zu geben. Nach Beendigung des Kampfes stifteten sie einen neuen monumentalen Tempel (Nr. 8). Bis zur Mitte des 5. Jhs. v. Chr. war der Bau bis zur Höhe des Gebälkfrieses gediehen. Dann gerieten die Arbeiten ins Stocken. Der Tempel erhielt eine provisorische Eindeckung und konnte trotz neuerlicher Baumaßnahmen vom Ende des 4. Jhs. v. Chr. letztlich nicht vollendet werden. Er sollte mit seinem Säulenkranz aus 6 x 13 Säulen der einzige Ringhallentempel (gr. Peripteros) in ganz Delos bleiben.

Um die delischen Tempel herum standen im Heiligtum weitere sakrale Gebäude, kleinere Häuser (gr. Oikoi) sowie Säulenhallen (gr. Stoai), und die für den Kult notwendigen Altäre (Nr. 9). Die Funktion der Bauten ist im Einzelnen nur schwer zu bestimmen. Sie könnten Schatzhäuser zur sicheren Aufbewahrung der kostbarsten Votive gewesen sein, aber auch der Abhaltung kultischer Feiern und anderer ritueller Zusammenkünfte gedient haben. Entlang der Ostseite des Areals liegen die Ruinen einer nach dem figürlichen Schmuck ihrer Stützpfeiler sog. Stierhalle aus dem 4. Jh. v. Chr. (Nr. 10). In ihr ruhte ein besonderes Weihgeschenk, ein dem Apollon geweihtes Schiff. Von der großen Halle, die den nördlichen Abschluss des Bezirks bildete, kennen wir sogar den Namen des Stifters, König Antigonos II. Gonatas von Makedonien (reg. 283–239 v. Chr.). Davor ließ der Herrscher auf einer 20 m langen Basis Statuen seiner Vorfahren (gr. Progonoi) errichten. Vor der Südwestecke des Naxier-Oikos stand das Votiv des 413 v. Chr. bei der unheilvollen sizilischen Expedition gestorbenen Athener Politikers Nikias, eine bronzene Palme, deren Basis erhalten blieb (Nr. 11). Nur 25 m weiter nördlich erhob sich die Ehrenstatue (Nr. 12) des Königs Antiochos III. aus der Dynastie der Seleukiden (reg. 223–187 v. Chr.).

Ein besonderer Festplatz im delischen Heiligtum war das berühmte Keraton (Nr. 13). So nannten die Griechen ein um die Mitte des 4. Jhs. v. Chr. vielleicht von den Athenern errichtetes Kultgebäude, das den altehrwürdigen, weil angeblich von Apollon selbst gestifteten Altar barg, der aus lauter Hörnern (gr. Keras) bestanden haben soll. Laut Plutarchs (ca. 45–125 n. Chr.) Biographie des Theseus (Kapitel 2) tanzte hier der Nationalheld Athens mit den athenischen Knaben und Mädchen, die er vor dem Minotauros gerettet hatte. Auch soll er die delischen Wettkämpfe aus diesem Anlass begründet haben. Nördlich des Keratons befand sich mittig auf einem dreiseitig von Säulenhallen umfassten Platz der Tempel von Apollons Zwillingsschwester Artemis (Nr. 14), dessen älteste Fundamentschichten sogar bis in die mykenische Epoche hinabreichen, und bei dessen Neugestaltung im 4. Jh. v. Chr. sozusagen aus Pietätsgründen der alte Bau des 7. Jhs. v. Chr. ummantelt wurde. In diesem Bezirk standen in archaischer Zeit zahlreiche Votivgaben aufrechtstehender Mädchenfiguren (gr. Koren) als Weihung an die jungfräuliche Göttin (vgl. Abb. 4).

Außerhalb des eigentlichen Apollonbezirks lagen weitere Kultbauten wie die den zwölf höchsten Göttern geweihten Altäre samt dorischem Tempel mit je sechs Säulen an der Front- und Rückseite, das sog. Dodekatheon (gr. Zwölfgötterareal) (Nr. 15), sowie ein großer Versammlungsraum (gr. Hypostylos) (Nr. 16), in dem einst 24 dorische und 20 ionische Säulen die Decke trugen, und schräg gegenüber dem Dodekatheon wurde um 540 v. Chr. der eigentlich wichtigsten Person der Insel, der Göttermutter Leto, ein einfacher Tempel (Abb. 75 Nr. 17) errichtet. Von hier aus sind es dann nur wenige Schritte bis zum wahren sakralen Zentrum, dem Heiligen See, der 1925 aus hygienischen Gründen trockengelegt werden musste (Nr. 18). Die damals gepflanzte Palme soll an die Geburtspalme der Leto erinnern, die schon in den ersten Verszeilen des sog. Homerischen Apollonhymnos (1–6) Erwähnung findet. Gegenüber dem Heiligen See befindet sich eine Terrasse (Nr. 19). Hier säumen sitzende Marmorlöwen aus dem 7. Jh. v. Chr. den Prozessionsweg. Einst waren es mindestens neun, vermutlich sogar 16 Figuren (vgl. Abb. 72). Hinter dem Tempel der Leto erstreckt sich der größte

Abb. 75
Plan der Gegend um den Heiligen See

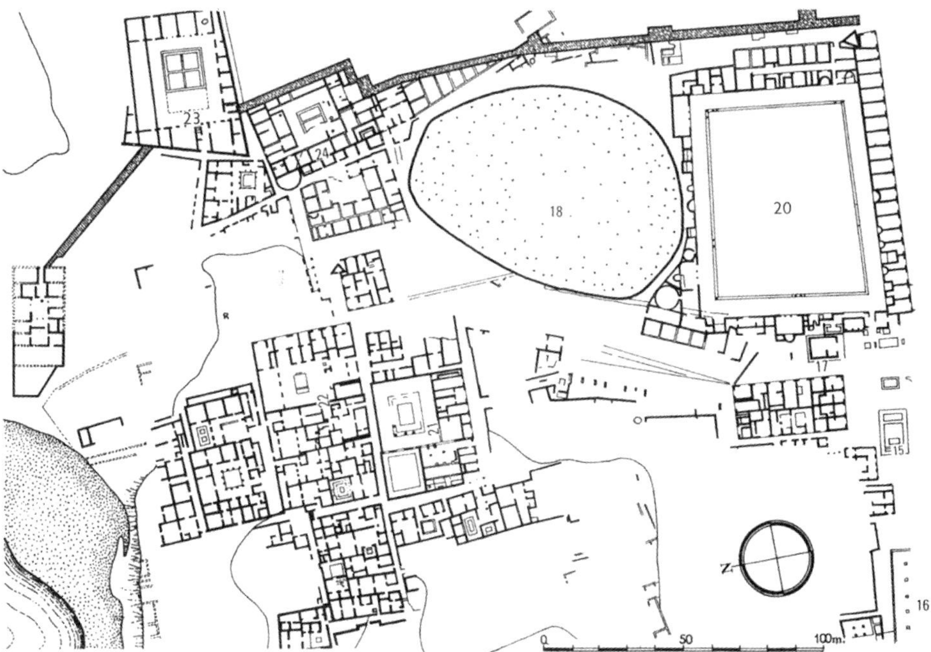

zusammenhängende Architekturkomplex der Insel (vgl. Abb. 75 Nr. 20). Er grenzt unmittelbar an den Heiligen See, dessen südlichen Abschluss er bildet. Inschriftlich gesichert ist seine Benennung als Markt (gr. Agora) der Italiker, also der aus Rom und Italien stammenden Händler. Der an allen vier Seiten von Säulenhallen vollständig umgebene Platz umfasste neben dem riesigen freien Areal zahlreiche mehr oder minder großzügig geschnittene Versammlungs- sowie Geschäftsräume. Baubeginn dürfte um 110 v. Chr. gewesen sein. Der Überfall der Truppen des Mithridates im Jahr 88 v. Chr. führte zu größeren Zerstörungen, welche wohl so groß waren, dass der Bau trotz sofortiger Wiederaufnahme nach deren Abzug niemals vollendet werden konnte. Nach einer Vermutung des bekannten italienischen Archäologen Filippo Coarelli diente die Agora der Italiker hauptsächlich als Sklavenmarkt. Viele auf der Insel agierende Händler scheinen offenbar geradezu landsmannschaftlich organisiert gewesen zu sein. Sie konnten mit dem Gewinn auf Delos aufwendige Häuser errichten. Bereits nördlich des Heiligen Sees gibt es erste Reste der einstigen Wohnbebauung zu sehen. Zwei Anlagen stechen aus den übrigen hervor. Bei der einen handelt es sich um die Niederlassung (Nr. 21) von seehandelstreibenden Kaufleuten aus Beirut (gr. Berytos), die sich vor Ort zu einer Kultgemeinschaft für Poseidon (gr. Poseidoniasten) zusammengeschlossen hatten. Das um 110 v. Chr. begonnene weiträumige Anwesen, von dem heute noch vier Säulen aufrecht stehen, die das Gebälk mit der Weihinschrift tragen, verfügte über eine reiche Skulpturenausstattung. Zahlreiche Götterbilder standen in einzelnen Kapellen. Zu ihnen gehörte auch eine Roma. Die bekannteste, heute im Athener Nationalmuseum zu sehende Gruppe ist die der Liebesgöttin Aphrodite, die spielerisch mit ihrer Sandale dem sie seitlich bedrängenden Hirtengott Pan droht. Zum Gebäude gehörten aber auch einige Wohn- und Geschäftsräume sowie ein Innenhof mit umgebenden Säulengang und einer Zisterne in der Mitte. Bemerkenswert ist ferner das sog. Haus des Diadumenos (Nr. 22), benannt nach einer dort gefundenen Marmorkopie (heute ebenfalls im Nationalmuseum von Athen) eines berühmten Bildwerkes des hochklassischen Bildhauers Polyklet, der gegen 420 v. Chr. das Bronzestandbild eines Athleten geschaffen hatte, der sich die Siegerbinde umlegte (gr. Diadumenos). Wegen weiterer Skulpturen, einige davon unvollendet, ist die Vermutung geäußert worden, es handele sich bei dieser Anlage um die Ruine eines hellenistischen Bildhauerateliers.

In unmittelbarer Nachbarschaft liegen östlich die Fundamente zweier offener Trainingsplätze (gr. Palaistra) mit angrenzenden Räumen (Nr. 23. 24). Es sind zwei Gymnasien, Ausbildungsstätten junger Männer. Ein dritter, um die Mitte des 3. Jhs. v. Chr. erbauter Gymnasions-

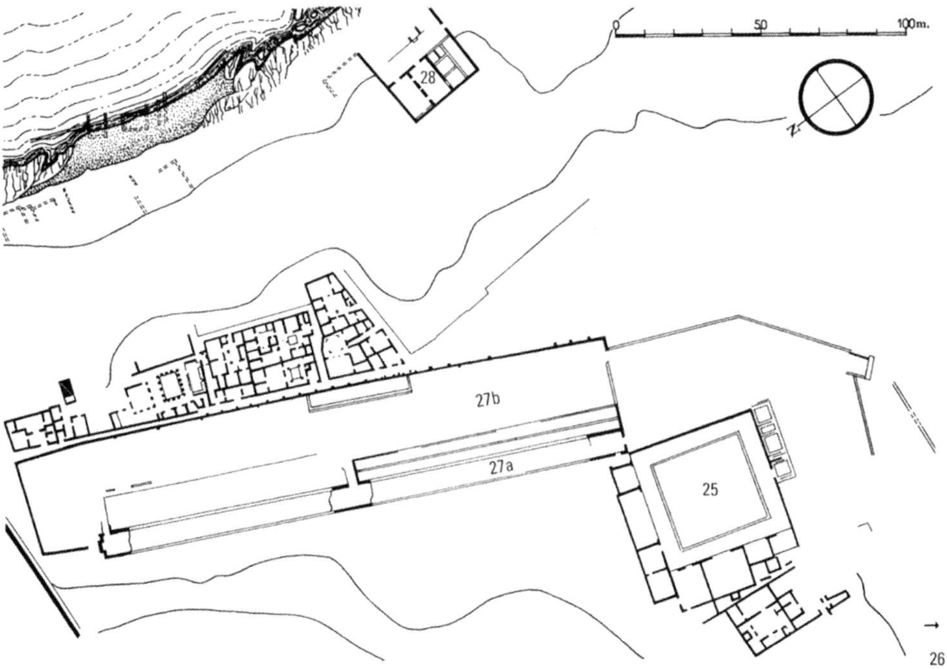

Abb. 76
Plan des Stadions und seiner Umgebung

komplex (Abb. 76 Nr. 25) findet man mit dem danebenliegenden Stadion im nach letzterem benannten Quartier an der Westküste (Nr. 27) von Delos. Um hierher zu gelangen, muss die ganze Insel überquert werden. Dabei führt der Weg von dem zuletzt besichtigten Wohnviertel und dem eigentlichen Heiligtumsareal an einem Bezirk (gr. Archegeseion) für den mythischen Stadtgründer Anios vorbei (Nr. 26). Zum delischen Gymnasion gehörte auch eine eigene Laufhalle (Nr. 27) für die witterungsbedingt schlechteren Jahreszeiten. Unterhalb und parallel zu dieser konnten die jungen Athleten in den wärmeren Monaten ein offenes Stadion nutzen. Der am Südende des Baus beginnende Weg führt bis zur jüdischen Synagoge (Nr. 28), die aus der Mitte des 1. Jhs. n. Chr. stammt und gut 100 Jahre lang genutzt wurde.

Auf Delos wurden zudem ab dem 3. Jh. v. Chr. verstärkt fremde Götter verehrt. Die meisten von ihnen stammten aus Ägypten und Syrien. Richtung Kynthos, wie der kleine delische Berg heißt, führt der Weg zunächst zu diversen am Hang liegenden Kultstätten. Die Reihe beginnt mit einem Heiligtum für den in hellenistischer Zeit sehr verehrten griechisch-ägyptischen Mischgott Serapis (Abb. 77 Nr. 29). Anfang des 3. Jhs. v. Chr. hatte laut einer Inschrift ein Priester aus Ägypten den Kult

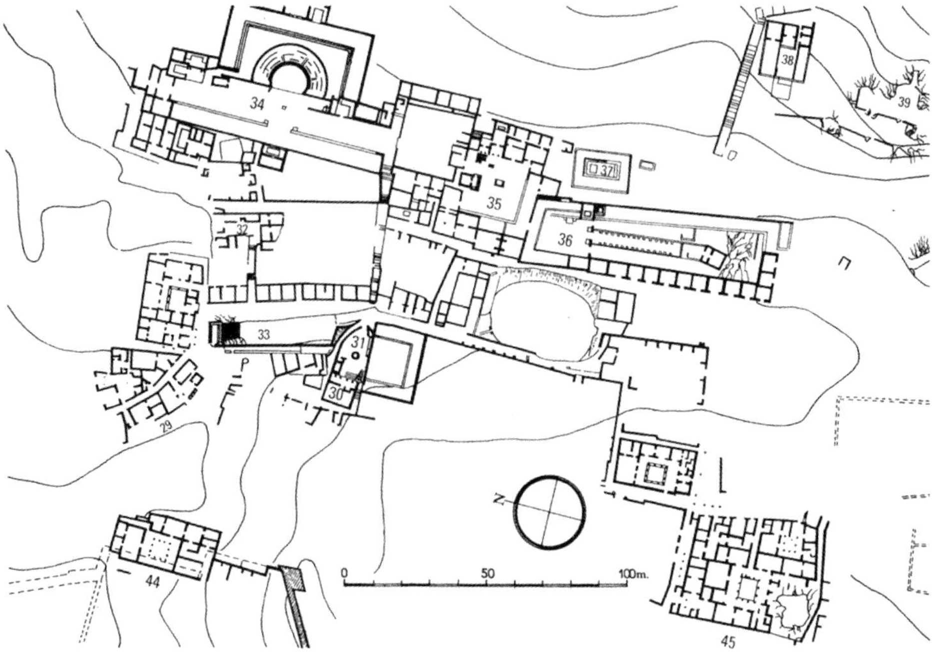

Abb. 77
Plan des Inopos-Viertels und der benachbarten Heiligtümer

auf Delos eingeführt. Sein Enkel errichtete dann gegen 220 v. Chr. die gesamte Anlage, zu der eine Treppe den Zugang bildet. Das Heiligtum selbst besteht aus einem an zwei Seiten von Hallen gesäumten Platz, der mehrere Altäre aufweist und in dessen Mitte sich ein kleiner Tempel erhebt. Über eine weitere Treppe geht es weiter südlich zum Samothrakeion (Nr. 30), dem Verehrungsort der ursprünglich auf der Insel Samothrake verehrten Kabiren (gr. die Mächtigen/Großen), chthonische (gr. unterweltliche) Gottheiten. Es handelt sich dabei um einen einfachen quergelagerten Raum, der im Osten eine Vorhalle mit vier Säulen besaß. Im 2. Jh. v. Chr. wurde der Bau erneuert. Sein Ursprung geht bis auf das 4. Jh. v. Chr. zurück. Unmittelbar anschließend liegt eine Verehrungsstätte (gr. Heroon) für den pontischen König Mithridates VI., das einst mit den Büsten seiner Generale geschmückt war (Nr. 31). Errichtet im Jahr 102/101 v. Chr., verstümmelte man seinen Bildschmuck, nachdem Soldaten des Herrschers Delos heimgesucht und geplündert hatten. Von hier aus sollte man zurückgehen bis zum Serapeion und ostwärts weiter – vorbei an einem zweiten kleineren Serapis-Heiligtum (Nr. 32) sowie einem Wohnhaus mit davorliegender Zisterne (Nr. 33) – zu einer langgestreckten Terrasse hinaufsteigen. Hier oben befindet sich das recht großzügig gestaltete Heiligtum der syrischen Götter Atargatis und Hadad (Nr. 34), letzterer ein Wetter- und Vegetationsgott. Für die Griechen war er identisch mit Zeus, die Dea Syria Atagartis hingegen mit der Hagne Aphrodite, der heiligen Aphrodite. Die dortigen Inschriftenfunde belegen eine private Gründung im Jahr 128/127 v. Chr. Offizielle Anerkennung scheint der Kult dann gut 20 Jahre später gefunden zu haben, was in den Folgejahren mit großzügigen baulichen Erweiterungen einherging, die freilich wegen der beiden Plünderungswellen 88 und 69 v. Chr. nicht lange genutzt werden konnten. Zum Heiligtum gehörten ein mit Säulen geschmückter Torbau, ein großer Hof, an dessen Südseite sich Kapellen befanden, auf der Westseite eine die nordsüdlich ausgerichtete Terrasse begrenzende Säulenhalle und ein ihr am Osthang gegenüberliegendes, gut 400 bis 800 Zuschauer aufnehmendes kleines Theater, von dem aus sich die Kulthandlungen leicht überblicken ließen. Am Nordende der Terrasse befanden sich Räume, die als Bankettsäle interpretiert werden, sowie ein weiterer monumentaler Zugang. Auf dieser Höhe folgt weiter südlich ein drittes Serapeion (Nr. 35), das größte seiner Art auf Delos. Es besteht eigentlich aus zwei komplett für sich stehenden Arealen. Der erste Hofkomplex, an zwei Seiten von Säulenhallen gerahmt, umfasst den Tempel des Serapis, ein recht einfacher Bau mit vier Säulen an der Frontseite, und zwei aneinandergerückte Tempel. In dem einen, von den Athenern gestifteten Tempel verehrte man Isis, in dem anderen Bau eventuell Isis, Serapis und Anubis gemeinsam. Der zweite Hofkomplex (Nr. 36) besaß nur einen recht kleinen Tempel, dafür aber in Analogie zu größeren ägyptischen Heiligtümern einen von Sphingen und Altären gesäumten Prozessionsweg. Das Serapeion scheint mehrere Jahrhunderte, vom 2. Jh. v. Chr. bis zum 2. Jh. n. Chr. ununterbrochen benutzt worden zu sein. Von hier aus sind es nur noch wenige Schritte, bis die Stelle erreicht ist, an der auf Delos auch die eifersüchtige Hera einen Kultplatz hatte (Nr. 37). Im Gegensatz zu den in diesem Bereich verehrten nichtgriechischen Gottheiten, scheint ihr Heiligtum bereits im 7. Jh. v. Chr. erstmals errichtet und im darauffolgenden Jahrhundert durch einen Neubau ersetzt worden zu sein, der auf einer eigenen von starken archaischen Mauern gestützten Terrasse ruhte. Verlässt man das Heraion, erblickt man gut 25 m südlich den Anfang einer in den Felsen geschlagenen Treppe, die zum Kynthos, der höchsten Erhebung der Insel, führt. An ihrem Weg liegt zunächst ein Heiligtum der Agathe Tyche (gr. Gutes Glück), ein von Westen zugänglicher Hof mit Säulenhallen im Norden und Süden und einem kleinen Tempel in der Mittelachse, der eine relativ tiefe Vorhalle aufweist (Abb. 78 Nr. 38). Im 3. Jh. v. Chr. scheinen hier zunächst der ägyptische König Ptolemaios II. und seine Gattin Arsinoë, die zugleich seine Schwester war, verehrt worden zu sein. In unmittelbarer Nachbarschaft befindet sich eine eigentümliche Grotte (Nr. 39) samt Terrasse, deren Funktion zunächst nicht ganz klar zu sein schien. Mancher hielt sie für die eigentliche Geburtsstätte des Apollon und sie galt als Sitz seines Orakels. Der altertümliche Charakter der Anlage täuscht jedoch. Sie ist erst in hellenistischer Zeit zur Verehrung des Herakles, des dynastischen Stammvaters der Ptolemäerdynastie entstanden. Eine in den Felsen gehauene Kulthöhle, über der zehn, sich gegenseitig stützende Granitblöcke ein primitiv wirkendes Dach formen, bildet den kultischen Mittelpunkt. In der Höhle lag die Basis mit dem marmornen Kultbild, von dem die Füße und ein Baumstamm mit Löwenfell erhalten geblieben und im delischen Museum zu sehen sind. Vom Heiligtum der Agathe Tyche führt die Felsentreppe weiter zum Gipfel des Kynthos, der schon vom 3. bis zum 2. Jt. v. Chr. besiedelt gewesen sein dürfte. Seit dem 6. Jh. v. Chr. diente der Ort der Verehrung von Zeus und Athena. Die heute sichtbaren Mauern sind mehrheitlich hellenistisch. Es handelt sich dabei um die Reste einer großen Terrasse samt Kulträumen (Nr. 40), die die Bergspitze weitgehend einnimmt. Südöstlich davon wurde Zeus Hypsistos (gr. der Höchste) in einem eigenen kleinen Heiligtum verehrt (Nr. 41) und östlich davon errichtete ein reicher Bankier namens Philostrat aus Palästina einen Sakralbezirk für die aus seiner Heimat mitgebrachten Götter von Askalon (Nr. 42). Weitere, sich in nördlicher Richtung anschließende Heiligtümer (Nr. 43) bleiben namenlos und sind architektonisch gesehen auch wenig spektakulär.

Abb. 78
Plan der Heiligtümer am Kynthos

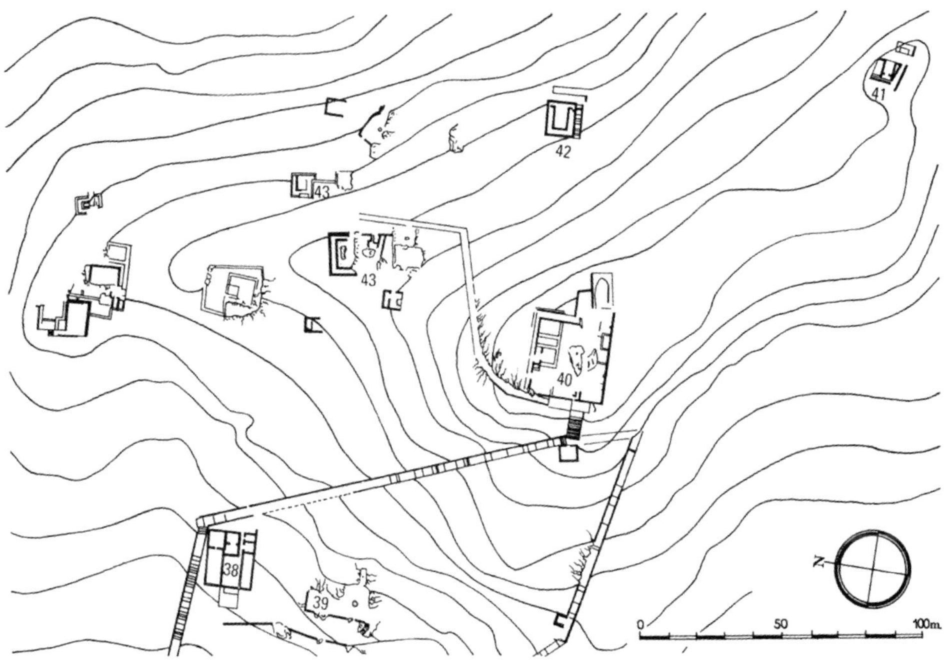

Es wohnten auf der Insel aber nicht nur die Götter. Auch die Menschen hatten hier ihre Häuser. Es waren v. a. die Händler des 2. und 1. Jhs. v. Chr., die ihren Reichtum auf Delos in luxuriös ausgestattete Privatbauten investierten. Zu diesen gehörte kostbares Interieur wie stuckierte Wände und farbige Mosaikfußböden mit allerlei figürlichen Darstellungen.

30 WOHNLUXUS VOM FEINSTEN – DIE SIEDLUNG VON DELOS

KYKLADEN

Das interessanteste Wohnviertel der Stadt liegt unterhalb des Kynthos rund um das Theater (Abb. 79). Die delischen Häuser wirken von der Außenwelt streng abgeschirmt, da sie kaum Fensteröffnungen an den Außenseiten besitzen. Die Räume gruppierten sich um einen Innenhof, der sowohl Licht spendete als auch multifunktional genutzt werden konnte. Abgeschieden, d. h. meist im Obergeschoss, lag der besondere Frauentrakt (gr. Gynaikonitis). Die Männer trafen sich dagegen abends in kleinem Kreis nach dem Essen in einem in der Regel ebenerdig liegenden Männerzimmer (gr. Andron). Bis zum Ende des 5. Jhs.

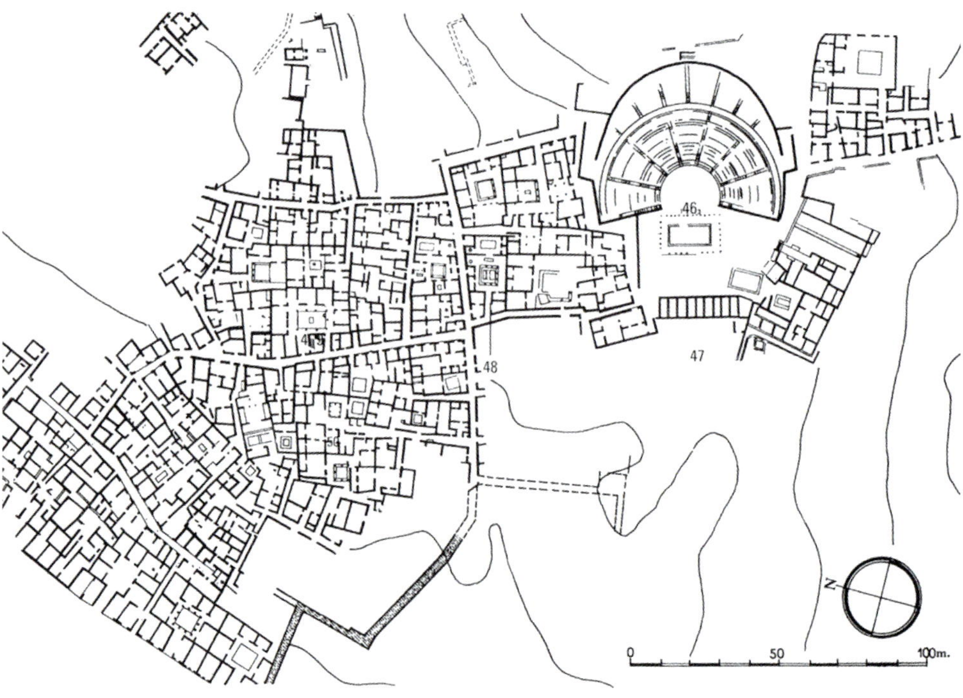

Abb. 79
Plan des Theaters und des angrenzenden Wohnviertels

v. Chr. scheinen griechische Wohnhäuser, selbst die der Reichen, kaum dekoriert gewesen zu sein. Ab diesem Zeitpunkt änderte sich dies aber zusehends. Besonders signifikant ist die Nobilitierung der einstmals rein funktional genutzten Innenhöfe. Umlaufende Säulenstellungen werteten diese Areale zu sog. Peristylhöfen auf. Derartiges kannte der antike Besucher in größeren Dimensionen aus der sakralen Prachtarchitektur der Heiligtümer sowie der hellenistischen Königspaläste. Aber auch die Innenräume wurden zusehends luxuriöser ausgestattet. Schriftquellen erwähnen beispielsweise Wandmalereien, und im archäologischen Befund lassen sich ab dem 4. Jh. v. Chr. figürliche Mosaiken sowie anderer Baudekorluxus nachweisen. Die Häuser des delischen Theaterviertels gehören einer Epoche an, in der sich der private Dekorationsprunk längst allgemein – zumindest bei den gesellschaftlichen Eliten, die ihn sich leisten konnten – etabliert hatte. Von dieser Pracht hat kaum etwas die Zeiten überdauert. Heute künden in den delischen Ruinen nur noch die ab und an sichtbaren Mosaikfußböden davon. Einen ersten Eindruck vom architektonischen Reichtum eines delischen Wohnhauses erhält der Besucher oberhalb des Theaterviertels im sog. Inopos-Quartier, das seinen Namen – wie bereits erwähnt – von dem eines kleinen Flusses hat, dem einzigen „größeren" Wasserlauf auf Delos. Hervorzuheben ist hier das sog. Haus des Hermes (vgl. Abb. 77 Nr. 44), das wegen seiner direkt in den Hang hoch zum Kynthos gebauten, mehrgeschossigen Terrassenanlage bemerkenswert ist. Die Errichtung geschah wohl in zwei Phasen im 2. und 1. Jh. v. Chr. Die Erschließung der auf verschiedenen Stockwerken liegenden Räume erfolgte über ein ausgeklügeltes Treppen- und Gangsystem. Gut 150 m in südlicher Richtung entfernt liegt das in der 2. Hälfte des 2. Jhs. v. Chr. errichtete sog. Haus der Masken (Nr. 45), das mit einem reichen Fußbodenmosaikschmuck prunkt. Das eleganteste Tableau zeigt den jungen, noch bartlosen Dionysos reitend auf einem Panther mit Weinlaubhalsband. Im Gegensatz zu den Mosaiken sind bei den meisten delischen Häusern die farbig stuckierten Wände, die ab dem 2. Jh. v. Chr. ebenfalls zum Standard gehoben Wohnens gehört haben, weniger gut erhalten. Diese Dekorationsform imitiert gewissermaßen kostbare Buntgesteinsplatten, wie wir sie für die Tempel und Herrscherpaläste erwarten können. Aber auch die Möbel und das Geschirr dürften in so manchem delischen Wohnhaus exquisit, d. h. aus kostbarsten Materialien, darunter Edelmetalle wie Bronze, Silber und Gold gewesen sein. Berühmt im ganzen Mittelmeerraum waren beispielsweise die delischen Gelagebetten, die ein wahrer Exportschlager der Insel gewesen sind.

In unmittelbarer Nähe des zuletzt besuchten Hauses liegt das große Theater aus dem 3. Jh. v. Chr., nach dem das Wohnviertel seinen modernen Namen hat (vgl. Abb. 79 Nr. 46). Es wurde wie alle griechischen Theater direkt an den Hang gebaut (Abb. 80). Das Theater diente allerdings beileibe nicht nur der Aufführung von dramatischen Werken, sondern eben auch als wichtiger Versammlungsort der Bürgerschaft, besaß mithin also eine bedeutende Funktion im sozialen Leben der Stadt. Ganz unten saßen auf besonderen Ehrensitzen hohe Würdenträger direkt an der sog. Orchestra, dem Ort des eigentlichen Spielgeschehens. Beim Hinabsteigen vom Theater passiert man gleich westlich eine große Zisterne (Nr. 47). Dort beginnt die Hauptstraße, die das Theaterwohnviertel durchschneidet. Sie führt zu weiteren Wohnhäusern wie das Haus des Dreizacks (Nr. 48) oder das des Dionysos (Nr. 49) mit prachtvollen Mosaikfußböden. Das Haus der Kleopatra (Nr. 50) ist von seinen geringen Dimensionen her ein eigentlich recht bescheidenes Anwesen. Im schmalen Hof des Hauses allerdings stehen derart geschickt positioniert, dass eintretende Besucher sie sofort erblicken konnten, zwei Standbilder. Laut Inschrift stellen sie Kleopatra, Tochter des Adrastos aus Myrrhina, und ihren Ehemann Dioskurides dar. Das Besondere dabei ist, dass hier die Ehefrau als Stifterin zweier privater Ehrenstatuen fungiert. Stolz verzeichnet sie auch die Wohltaten, die ihr Gatte für die Gemeinschaft erbracht hatte. Er stiftete Dreifußkessel aus Silber, die im Tempel des Apollon beiderseits den Eingang flankierten. Da in der Inschrift Timarchos von Athen namentlich genannt wird, der dort das Amt des sog. Jahresbeamten (gr. Archon Epo-

Abb. 80
Blick vom Kynthos auf das Theater von Delos

nymos) bekleidete – nach diesen Männern pflegten die Athener ihre Jahre zu benennen, können wir das Ganze sicher in das Jahr 138/137 v. Chr. datieren. Offenbar war es Dioskurides trotz der erwähnten Stiftung nicht vergönnt gewesen, auf einem der belebten Plätze in der Stadt oder gar in einem der Heiligtümer eine öffentliche Ehrenstatue zu erhalten, weshalb die Gattin wenigstens eine doch recht private Aufstellung ermöglichte.

Nach Besichtigung des Theaterviertels kann entlang der Küste in Richtung Süden abschließend ein weiteres, allerdings sehr viel schlechter erhaltenes Wohnquartier (Abb. 81 Nr. 51) aufgesucht werden, zu dem auch das Heiligtum der Zeussöhne (Nr. 52) gehört, die hier als Schutzpatrone der Seereisenden schon seit dem 7. Jh. v. Chr. kultisch verehrt wurden. Noch weiter südlich stößt man in der Bucht von Phourni auf die Reste eines letzten großen Hauses (Nr. 53) und v. a. auf die Ruinen des Asklepios-Heiligtums aus dem 4. Jh. v. Chr. (Nr. 54).

Abb. 81
Plan der Ruinen im Südwesten von Delos

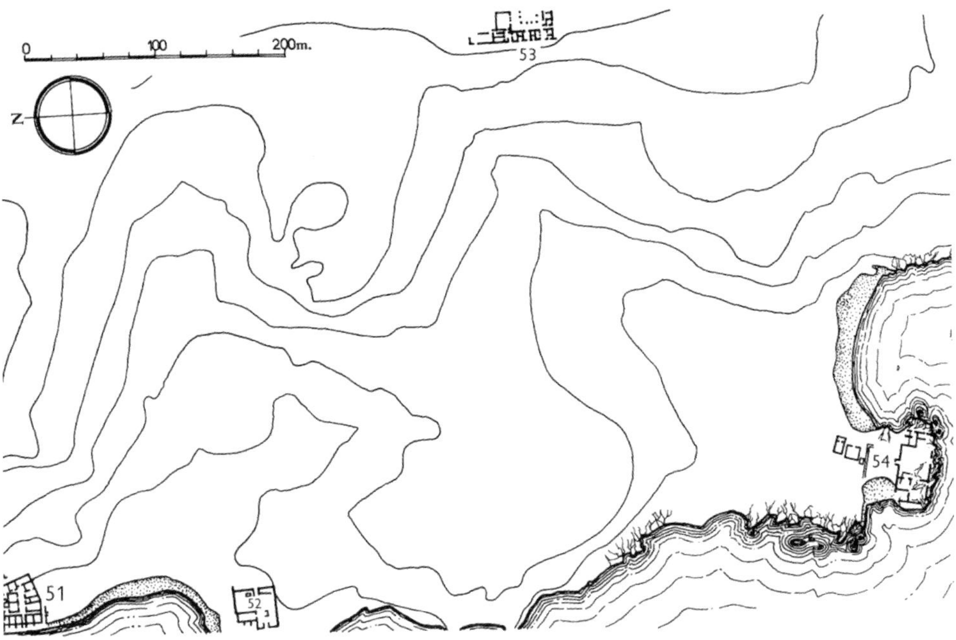

Zu den beiden Hochfesten der Muttergottes, Verkündigung und Himmelfahrt, sollte man keinesfalls nach Tenos reisen. Zu voll und zu teuer ist die Insel in dieser Zeit. Auch sonst kann sich die oberhalb des Hauptortes erhebende, 1830 fertiggestellte Wallfahrtskirche der Panagia Evangelistria kaum über mangelnde Besucher beklagen. Geradezu leer mutet dagegen der Ort an, zu dem in der Antike die Pilger in Scharen strömten, das Heiligtum des Meeresgottes und seiner Gattin Amphitrite.

31 IM SCHATTEN DER WUNDERTÄTIGEN MARIA – DAS HEILIGTUM DES POSEIDON VON TENOS

KYKLADEN

Von der antiken Polis Tenos ließen sich unter dem heutigen Hauptort nur wenige Reste feststellen. An der Stelle der Kirche wird ein Dionysos-Tempel und ein zugehöriges Theater vermutet. Teile der Stadtmauer sind oberhalb davon nachgewiesen. Das Übrige kennen wir nicht. Strabon sagt in seiner „Geographika“ (10, 5, 11) aber deutlich, dass die Stadt nicht groß sei, wohl aber das außerhalb in einem Hain liegende und sehr sehenswerte Heiligtum des Poseidon. Dort gäbe es sog. Hestiatorien, d. h. Häuser, in denen Opferfeste gefeiert wurden, die auf eine Vielzahl von Kultteilnehmern hindeuteten. In der Tat spielte der Heilige Bezirk in hellenistischer Zeit eine größere Rolle, da Tenos eine Zeitlang der Sitz des nur kurzlebigen Nesioten (Insel-)-Bundes war. Im Jahr 22 v. Chr. diente der später in der Schlacht im Teutoburger Wald zu Tode gekommene Publius Quinctilius Varus auf der Insel als römischer Beamter. Vom heutigen Hafen und Hauptort aus sind es nur 3 bis 4 km, bis bei Kiona (neugr. Säulen) direkt am Meer die Reste des Heiligtums für Poseidon und Amphitrite erreicht werden (Abb. 82). Der Meeresgott wurde hier schon seit dem 7. Jh. v. Chr. zugleich als Heilgott verehrt. Er soll die Insel mithilfe vieler Frösche von der in der Antike sprichwörtlichen ‚Tenischen (Schlangen)plage‘ befreit haben.

Ihm galten die alljährlichen Festspiele, die Poseidonia, die aus athletischen und musischen Wettkämpfen bestanden. Der Kult seiner Gattin kam wohl erst im 3. Jh. v. Chr. dazu. Die Baureste sind allesamt hellenistisch zu datieren. Viel aufgehendes Mauerwerk blieb nicht erhalten, da die Steine für den Bau der großen Wallfahrtskirche wiederverwendet worden sind. In der Antike gelangten die Gläubigen von einem kleinen Hafen mit Mole aus als erstes zu einem Torbau (gr. Propylon). Von hier aus konnten sie den Heiligen Bezirk (gr. Temenos) betreten. Er wurde von einem Ringhallentempel mit 6 x 8 dorischen Säulen dominiert. Die nahezu quadratische Cella bot Raum für die Kultbilder des göttlichen Paares. Vor seiner Ostseite stand ein großer Opferaltar, der vorspringende Seitenflügel hatte. Unter den übrigen Bauten stechen in Strandnähe eine 170 m lange Halle aus dem 1. Jh. v. Chr. und ein römisches Bad des 2. Jhs. n. Chr. hervor. Gut erhalten ist ferner eine halbkreisförmige Exedra. Solche Kleinarchitekturen dienten mit ihren umlaufenden Bänken einerseits den Besuchern als Sitzgelegenheiten, sind andererseits aber auch Denkmäler ihrer Stifter gewesen, deren Statuen häufig auf dem oberen Rand der Außenmauer standen. Das Heiligtum scheint im Zusammenhang mit den vielen kriegerischen Konflikten des 1. Jhs. v. Chr. schwere Zerstörungen erfahren zu haben, die vollständig erst im 2. Jh. n. Chr. beseitigt waren. Nach dieser römischen Blütezeit kam im Lauf des 4. Jhs. n. Chr. schließlich das endgültige Aus für den einstmals weithin berühmten Kult.

Abb. 82
Blick auf das Zentrum des Poseidon-Heiligtums von Tenos

Auch hier tummeln sich nicht gerade die Besuchermassen. Umso interessanter ist der Berg für Archäologen. Hier lag die alte Polis von Tenos, und es gab auch Heiligtümer. Gefunden wurden zudem zahlreiche größere Reliefgefäße, die wahrscheinlich in Zusammenhang mit Bestattungen standen. Ihre Darstellungen zeigen viele bekannte mythische Szenen, darunter die Geburt der Athena aus dem Kopf ihres Vaters Zeus.

32 LEBEN AM BERG – EXOBOURGO AUF TENOS

Vor der Erbauung der direkt am Meer liegenden Polis siedelten die Menschen 13 km von der Küste entfernt im Landesinneren an den West- und Südhängen eines heute (E)xobourgo genannten Granitfelsens. Hierher kehrten sie auch nach dem Ende der Antike zurück, als die Zeiten wieder stürmischer wurden. Ein venezianisches Kastell diente damals dem Schutz vor Piratenüberfällen. Oberhalb des heutigen Dorfes Tripotamos liegen die ausgedehnten Ruinen (Abb. 83) der älteren antiken Polis von Tenos. Zu sehen sind v. a. die Überbleibsel der archaischen Stadtmauer aus dem 8. bis 7. Jh. v. Chr., die aus großen Steinblöcken besteht. Am Nordende der Siedlung bestatteten die Bewohner außerhalb des Befestigungsrings ihre Toten. Einige Gräber (steinerne Sarkophage) sind gut zu erkennen. Die Wohnbebauung bestand aus

Abb. 83
Ansicht des Berges Exobourgo

einer Art Reihenhaussiedlung, für die man am Berghang mehrere Terrassen angelegt hatte. Sie werden als einstöckige, nebeneinanderstehende würfelförmige Gebäude rekonstruiert (Abb. 84). Funde mehrerer, mit Mythenszenen verzierter Reliefgefäße (gr. Pithoi) aus dem 7. Jh. v. Chr. und die architektonische Gestaltung eines der Häuser, das von manchen Forschern als tempelartig bezeichnet wird, führte zu der bis heute andauernden Diskussion, ob es sich hierbei eventuell um ein Heiligtum handelt. In einigen Häusern schufen ihre Besitzer später durch den Einbau einer hakenförmigen Mauer einen separaten kleinen Raum, der als Männerzimmer (gr. Andron) für Gelage (gr. Symposien) diente. Die in einem dieser Andrones gefundenen attisch-rotfigurigen Scherben deuten auf das 5. Jh. v. Chr. als Zeit des Umbaus hin.

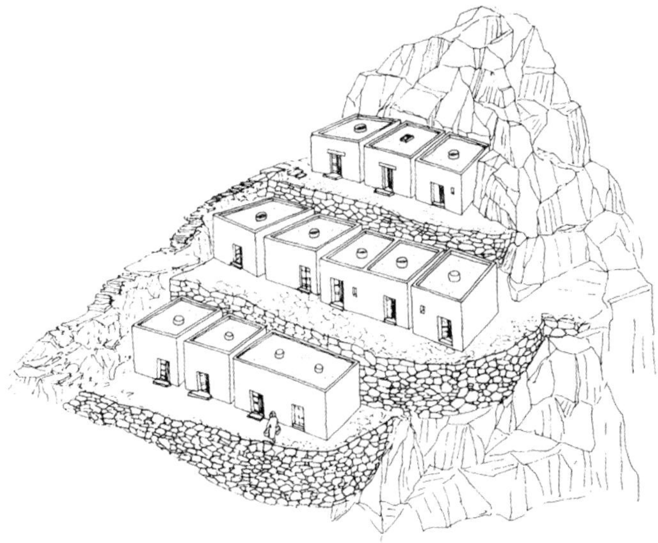

Abb. 84
Rekonstruktion der oberen Hausterrassen von Exobourgo

Die tönernen Pithoi befinden sich heute im Archäologischen Museum von Tenos (modern Tinos), in einem der Gassen unterhalb der Wallfahrtskirche. Eines der Gefäße ist besonders aufwendig mit Reliefdarstellungen verziert. Um 680/670 v. Chr. entstanden, zeigt es von unten nach oben betrachtet verschiedene Figurenfriese mit behelmten Kriegern, einem Wagenrennen, mehreren Löwen, die mit Pferden und Menschen kämpfen, sowie grasenden Pferden. Auf dem Hals aber prangt eine besondere Darstellung. Wie es Hesiod in seiner ebenfalls im 7. Jh. v. Chr. entstandenen „Theogonie“ (V. 886–899. 924–926) erzählt, entsteigt die vollgerüstete Athena dem Haupt des auf seinem Thron sitzenden Zeus. Als Geburtshelfer fungiert Hephaistos, der dem Göttervater den Schädel mit einer Axt spaltete.

Die immerhin zweitgrößte Insel der Kykladen ist heute neben Chios und Kefalonia v. a. dafür bekannt, dass von ihr die wichtigsten griechischen Reederfamilien stammen. Die Ironie der Geschichte will es, dass ausgerechnet hier zwei Siedlungen entdeckt wurden, deren gleichförmige Häuser keine derartigen wirtschaftlich begründeten sozialen Unterschiede erkennen lassen, wie dies heute der Fall ist. Der eine Ort, Strofilas, war bereits in neolithischer Zeit besiedelt, der andere, Zagora, dagegen erst in der Geometrischen Epoche.

33 SOZIALE GLEICHHEIT IN EINST EINSAMER GEGEND – STROFILAS UND ZAGORA AUF ANDROS

Das Umland mit einer wilden Mülldeponie und einem alten Betonwerk ist nicht gerade pittoresk zu nennen, die traumhafte Lage von Strofilas (Strophilas) über dem Meer dagegen schon (Abb. 85). Hier auf dem gleichnamigen Kap in der Mitte der Westküste von Andros siedelten bereits im Neolithikum die ersten Menschen. Der Platz besaß mehrere Vorzüge, zwei sichere natürliche Hafenbuchten, die steilen hohen, leicht zu verteidigenden Felsen zum Meer hin und einen gleichfalls einfach zu befestigenden landseitigen Zugang über einen Felssattel. Wer hier saß, kontrollierte in gewisser Weise den Schiffsverkehr und damit schon in der Frühzeit wichtige Handelsrouten. Dies dürfte auch der Grund dafür sein, dass Strofilas zwischen 4500 und 3300 v.

Abb. 85
Neolithische Siedlung von Strofilas

Chr. bereits befestigt war. Seine Mauern sind das älteste, bislang bekannte Beispiel eines Befestigungsringes auf einer griechischen Insel. Er bestand aus einer Vor- und der eigentlichen zweischaligen Hauptmauer mit Bastionen. In der Siedlung selbst standen sowohl apsidenförmige als auch rechteckige Häuser dicht an dicht. Die Außenwände sind bis zu 1 m hoch erhalten und z. T. 60 bis 80 cm dick, was auf ein Obergeschoss deuten könnte. Als größtes Gebäude gilt ein hallenartiger Bau, dessen Grundfläche immerhin 100 m² beträgt. Im Süden befindet sich ein erhöhter Lehmboden, der ein Drittel der Gesamtfläche einnimmt. Darauf liegt ein zentral platzierter Steinkreis von 2 m Durchmesser, und direkt an der Südseite steht eine Steinbank. Der tiefer liegende Felsboden weist ein größeres Felsbild auf. Weitere solcher Darstellungen (gut 100), die offenbar die ältesten in der Ägäis sind, wurden über die ganze Siedlung verteilt entdeckt. Die eingeritzten und ehemals wohl weiß eingefärbten Bilder zeigen eine Vielzahl an Motiven. Häufig wurden Boote dargestellt, aber auch Fische. Unter den vielen Funden von Keramik und Steinwerkzeugen ragen wenige Metallobjekte wie ein Kupferdolch und Goldperlen hervor, die sich freilich nicht genau datieren lassen. Dennoch ist klar, dass die neolithische Siedlung von Strofilas einen intensiveren Warenaustausch sowie das Beherrschen neuerer Techniken und damit Frühformen handwerklicher Spezialisierung kannte.

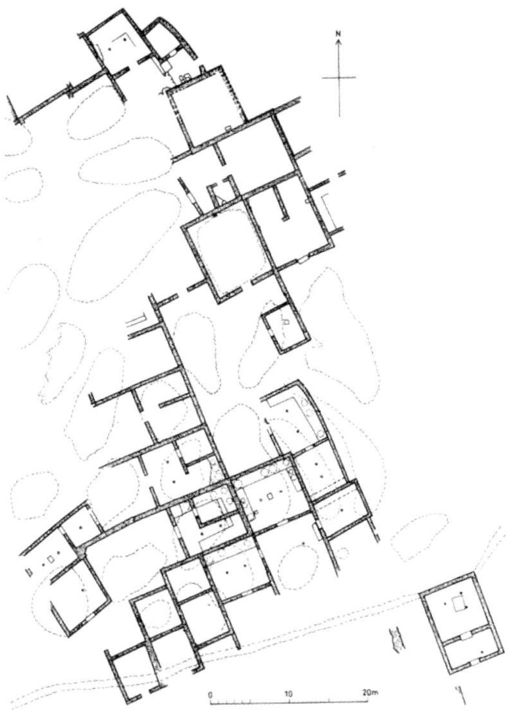

Abb. 86
Plan der geometrischen Siedlung von Zagora

Etwa 1 km südlich von Strofilas liegt ein zweites, archäologisch nicht minder interessantes Kap. Dort bei Zagora wurde im 2. Viertel des 8. Jhs. v. Chr. eine Siedlung angelegt, die ihre Bewohner allerdings nur etwa zwei Generationen später gegen 700 v. Chr. wieder aufgaben. Die am Ort gefundene Keramik könnte darauf hindeuten, dass die Siedler ursprünglich aus Eretria von der Insel Euboia stammten. Wie in Strofilos nutzt die kleine Stadt ein natürliches Felsplateau hoch über dem Meer (Abb. 86). Auch hier ließ sich der landseitige Zugang zu den Bergen mit einer Mauer leicht kontrollieren. Im Osten ist eine 140 lange Befestigung nachgewiesen, die von Schlucht zu Schlucht reichte. Die aus Schiefer gefertigten Wohnhäuser bestehen aus mehreren Räumen mit einem Fußboden aus gestampftem Lehm und Höfen. Sie stehen dichtgebaut nebeneinander. Holzsäulen stützten die ebenfalls hölzernen Dachbalken. Inmitten der dichten Bebauung gibt es einen freien Platz, auf dem einst ein besonderer Bau stand. Er besteht aus einem 5,9 m x 6,3 m großen Haupt- mit vier sowie einem Vorraum mit zwei Stützsäulen. Das Gebäude wird als Tempel gedeutet, der allerdings erst nach der Aufgabe der Siedlung entstand. Bis zur Mitte des 6. Jhs. v. Chr. gab es hier einen Kult für eine Gottheit, die vielleicht Athena war. Ein danebenliegendes Haus, das das größte von ganz Zagora ist, wird wegen seiner Maße für die Residenz des lokalen Anführers der Siedlungsbewohner gehalten. Ein 51 m^2 großer Raum mit umlaufenden Steinbänken an drei Seiten bildet sein Zentrum. In ihm wurde vergleichsweise viel dekorierte Keramik gefunden.

Abb. 87
Hellenistischer Wachturm

Ab dem 7. Jh. v. Chr. scheint die Bevölkerung von Andros hauptsächlich in der heute Paleopolis genannten Gegend gesiedelt zu haben. Von der antiken Polis blieben am Ort einige Reste erhalten. Die ehemalige Stadtmauer mit ihren Türmen und Toren ist noch recht gut zu erkennen. Ferner meint man die Agora lokalisieren zu können. Dort liegen die Fundamente einer im 3./2. Jh. v. Chr. errichteten Halle, vor der eine Reihe von Ehrenstatuen auf ihren jeweiligen, heute noch erhaltenen Basen standen. Aus dieser Zeit stammt ferner die beeindruckende Ruine eines fünfgeschossigen hellenistischen Wachturms beim Dorf Agios Petros (Abb. 87). In der heutigen Inselhauptstadt Andros gibt es zudem ein sehenswertes Archäologisches Museum, dessen bekanntestes Stück eine große Marmorstatue des sog. Hermes von Andros ist.

ABSEITS DER GROSSEN ROUTEN – DIE NORDÄGÄISCHEN INSELN

Sie gehören nicht unbedingt zu den ganz großen Reisezielen des modernen Massentourismus in Griechenland. Glücklicherweise liegen sie zudem abseits der Hauptrouten der Kreuzfahrtschiffe. Allein Thasos erfreut sich bei Pauschaltouristen einer gewissen Beliebtheit. Wer sich für die Hinterlassenschaften der Antike interessiert, sollte aber unbedingt auch diese Inselgruppe in der Nordägäis bereisen. Besonders lohnend sind Thasos und Samothrake, die ihrer geographischen Lage wegen auch Thrakische Inseln genannt werden. Aber auch Lemnos ist durchaus einen Besuch wert.

Die wegen ihrer üppigen Vegetation gerne als ‚die grüne Perle' der Nordägäis angepriesene Insel verfügte im Altertum über bedeutende Bodenschätze. Gold, Silber und Kupfererze sowie insbesondere der nicht nur bei den Römern hochgeschätzte thasische Marmor ließen die Kassen klingeln. Noch heute künden die ausgedehnten Ruinen der antiken Polis Thasos vom einstigen Wohlstand.

34 STADT DER VIELEN TORE – DIE POLIS THASOS

Seite 155
Ansicht der Insel Thasos von Westen

Die ersten Menschen kamen bereits im Neolithikum nach Thasos. Später siedelten hier die thrakischen Stämme der Saier/Sintier. Laut Herodot sollen es die Phoinikier gewesen sein, die mit dem Abbau von Gold begannen. Dies könnte durchaus richtig sein, da der spätere Hauptgott der Thasier, Herakles Thasios, dem phoinikischen Herakles Melquart recht ähnlich ist. Es waren dann Griechen von der Kykladeninsel Paros, die um 650 v. Chr. aufgrund eines Orakels aus Delphi hierherkamen. Zu diesen Kolonisten gehörte auch der Dichter Archilochos. Die Führung hatte dessen Freund Glaukos, der als Gründerheros (gr. Heros Ktistes) als einziger innerhalb der Mauern der neuen Siedlung bestattet werden durfte. Sein Monument befand sich auf der Agora (s. u.). Diese Stadt liegt an der Nordküste, an gleicher Stelle, an der sich der heutige Hauptort der Insel befindet (Abb. 88).

Der Rundgang beginnt am modernen Hafen, dem ehemaligen antiken Kriegshafen. Bevor man die sich hier direkt anschließende Agora betritt, ließe sich zunächst alternativ der im Wesentlichen aus dem 5. Jh.

Abb. 88
Panoramablick auf die Stadt Thasos; am rechten Bildrand sind die drei wichtigsten Erhebungen zu erkennen (Pythion mit Festung, Athenaion und Pan-Bezirk)

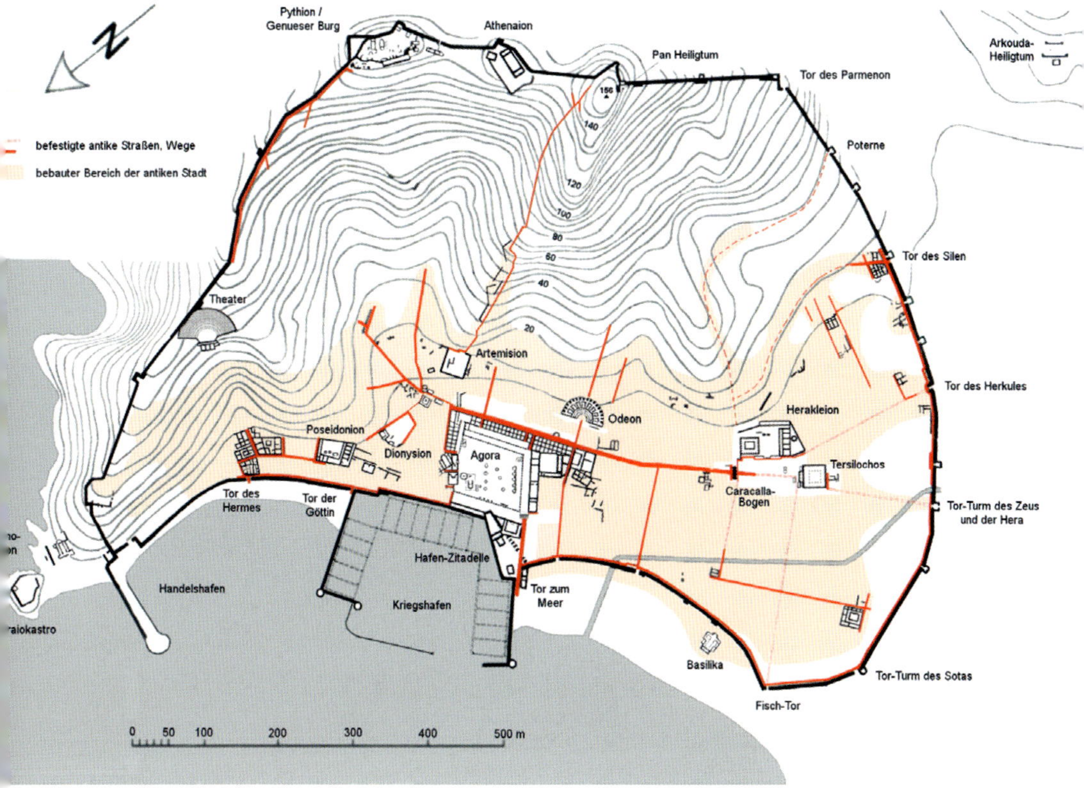

v. Chr. stammende höchst eindrucksvolle Mauerring mit vielen Toren verfolgen (Abb. 89). Er führt quasi einmal um die ganze Stadt herum und schließt die Besichtigung der auf den Anhöhen liegenden Heiligtümer mit ein. Beeindruckend sind nicht nur die Mauern selbst, sondern auch die Tore, die häufig Reliefdarstellungen tragen, nach denen sie modern benannt wurden. Diese entstanden alle in der 1. Hälfte des 5. Jhs. v. Chr. Östlich des Hafens beim ehemaligen Poseidon-Heiligtum steht an der modernen Straße ein solches Tor. Sein Relief zeigt eine Göttin (Artemis?) auf einem von einem bärtigen Mann (Hermes?) gelenkten Wagen. Der Heilige Bezirk des Meeresgottes konnte im Westen vom Hafen aus betreten werden. Nur wenig hat davon die Zeiten überdauert. Beim ehemaligen Eingang liegen zwei Basen, die laut ihrer Inschriften Weihgeschenke für Poseidon trugen. Knapp 150 m weiter nordöstlich existiert ein zweites Tor mit der Darstellung eines Mannes (Hermes?), der sich nach drei Frauen umschaut (Chariten?). Das dahinter sich erstreckende Wohnviertel entstand im 6. Jh. v. Chr. und blieb bis in die Spätantike durchgängig besiedelt. Weitere 200 m in nördlicher Rich-

Abb. 89
Übersichtsplan des antiken Thasos mit Kennzeichnung der wichtigsten antiken Baureste

tung vom sog. Hermes-Tor entfernt, weisen die Reste einer Molenmauer auf die einstige Lage des sonst nicht mehr erhaltenen antiken Handelshafens an dieser Bucht hin. Das zugehörige ins Meer hineinragende Kap besitzt eine kleine Terrasse mit den Fundamenten einer frühchristlichen Kirche aus dem 5. Jh. n. Chr. Sie ist gut zu finden, da in ihrem Mittelschiff heute die kleine Kapelle der Heiligen Apostel steht. Die Christen nutzten einen Platz, an dem unterhalb der Kirche direkt am Meer im Altertum verschiedene Gottheiten in einem sog. Thesmophorion verehrt worden sind. Der Bezirk wurde im 3. Jh. Chr. erweitert. Er erhielt damals eine zum Wasser hin offene Säulenhalle.

Jetzt geht es entlang der Stadtmauer weiter den Hang hinauf. Als erstes wird ein Theater erreicht, dessen Anfänge bis ins 5. Jh. v. Chr. zurückgehen dürften. Im 3. Jh. v. Chr. stiftete der vermögende Thasier Lysistratos ein neues Bühnengebäude. Seine Marmorfassade wies zwölf Säulen, Pilaster und einen dorischen reliefgeschmückten Fries (im Museum von Istanbul) auf. Der Zuschauerraum ist dagegen erst römisch zu datieren. Manche Sitze sind durch Inschriften individuell gekennzeichnet. Einbauten im Bereich der Spielfläche (gr. Orchestra) deuten auf einen Umbau für Gladiatorenspiele und Tierhatzen hin. Noch weiter nach oben führt die Mauer zu einer Erhöhung, auf der sich heute die Reste einer mittelalterlichen, von den Genuesen angelegten Festung befinden. In der Antike stand hier aber das Pythion, also das Heiligtum des Apollon, der in Delphi als Bezwinger des Drachen Python den Beinamen Pythios trug und der den parischen Siedlern das Orakel erteilt hatte. In die Burgmauern verbaut lassen sich einige antike Werkstücke des Heiligtums sowie Inschriften und ein Relief entdecken. Tiefer als das Pythion liegt auf einer weiteren Erhebung, man muss zunächst die Reste eines mittelalterlichen Dorfes durchschreiten, der Kultbezirk der Athena. Vom Tempel blieben nur die Fundamente. Er war 38 m lang und seine Cella besaß einen Vor- (gr. Pronaos) sowie einen rückwärtigen Raum (gr. Opisthodom). Eine Ringhalle scheint es jedoch nicht gegeben zu haben. Dieser Komplex entstand im 5. Jh. v. Chr. Bettungsspuren in den Felsfundamenten lassen aber zusätzlich die Existenz eines älteren archaischen Vorgängerbaus vermuten. Es folgt die dritte und höchste Erhebung, auf der in einem kleinen felsigen Grottenheiligtum Pan verehrt wurde. Erhalten blieb hier ein kleines Weihrelief mit der Darstellung des Gottes. Auf dem Gipfel oberhalb macht die Mauer einen scharfen Knick. Kurz davor sieht man auf einem herabgestürzten Steinblock zwei eingemeißelte große magische Augen und eine Nase, die übelabwehrend wirken sollten. Wenige Schritte unterhalb gibt es einen Block, der die Signatur des Steinmetzen Parmenion trägt, nach dem die kleine Pforte in der Nähe benannt wurde. Ein größeres Tor 250 m weiter westlich ist mit einem Relief geschmückt, das einen Silen mit einem erigierten Penis zeigt. Die kleine Nische im Stein war sicherlich für Opfergaben bestimmt. Es fehlen jetzt nur noch zwei weitere Tore. Das erste heißt Herakles-Tor wegen des Reliefs mit dem bogenschießenden Helden, das allerdings nicht vor Ort, sondern im Istanbuler Museum betrachtet werden kann. Das letzte 150 m nordwestlich davon wird als Hera-Tor bezeichnet. Die Gattin des Zeus trägt ein Zepter und hebt mit der rechten Hand ihren Schleier. Sie blickt auf die vor ihr stehende Götterbotin Iris. Westlich dieses Eingangs in die Stadt erstreckte sich in einer Ebene die Nekropole von Thasos. Der Sarkophag des Poliades aus dem 3. Jh. n. Chr. blieb an Ort und Stelle, während andere ins Museum gebracht worden sind. Man kann jetzt zum Hafen zurückgehen, um die Besichtigung mit dem Besuch der Agora fortzusetzen.

Dieser einstige Hauptplatz von Thasos in unmittelbarer Hafennähe war auf allen vier Seiten von Säulenhallen (gr. Stoai) eingefasst: Zur Seeseite hin liegen die Reste der sog. Nordweststoa, die sich mit 35 dorischen Säulen nach Südosten hin öffnete. Vor ihr standen eine Reihe von Ehrenstatuen und Altäre. Das Gebäude in der Nordwestecke aus dem 4./3. Jh. v. Chr. könnte der Marktverwaltung als Amtssitz gedient haben. Der Rat (gr. Boule) der Stadt tagte vielleicht in dem Marmorbau mit seitlich vorspringenden Flügeln und zwölf frontseitigen Säulen, der die Platzmitte einnimmt. In byzantinischer Zeit wurde er teilweise von einer Kirche überbaut. Im 2. Jh. v. Chr. stiftete der reiche Thasier Theodektes eine weitere Halle an der Nordostseite der Agora. Sie hatte nur elf Säulen, durch die man vom Platz aus in die Läden im Halleninnere eintreten konnte. Weitaus größer ist die erst im 1. Jh. n. Chr. fertiggestellte Stoa im Südosten. An der Langseite standen 31 Säulen. Dahinter lag ein großer, von 16 Pfeilern in zwei Schiffe gegliederter Saal, dessen Vorderwand durch Türen und Fenster mit dem vorgelagerten offenen Säulengang korrespondierte. Unter dem Nordostende dieser Halle gab es ein besonders ehrwürdiges Mal, das Grab des Stadtgründers Glaukos. Die Brüder Euphrillos und Miklas stifteten schließlich im 1. Jh. n. Chr. die letzte Säulenhalle im Südwesten der Agora.

Oberhalb der Südostecke des Markplatzes wird auf einer künstlich aufgeschütteten Terrasse das Artemision erreicht. Die Umfassungsmauer des nahezu quadratischen Bezirks ist hellenistisch. In der Mitte der Terrasse blieb eine archaische Mauer aus dem 6. Jh. v. Chr. stehen. Die Funde im Heiligen Bezirk belegen, dass der Kult bereits im 7. Jh. v. Chr. mit der Ankunft der ersten parischen Siedler eingesetzt hatte. Von der hellenistischen Skulpturenausstattung künden einige im Südosten entdeckte Basen von Ehrenstatuen. Nördlich davon liegt nur 100 m weiter das Dionysion. Sein Tempel wird von modernen Häusern überlagert. Die Umfassungsmauer ist aus dem 4. Jh. v. Chr. In der Nordostecke befindet sich ein kleines Podium mit einem vierstufigen Unterbau. Hinter einer Fassade (vier dorische Säulen) standen in einem Schrein auf einer gerundeten Basis Statuen des Dionysos sowie acht weiterer Figuren. Inschriftlich kennen wir vier von ihnen. Es waren Personifikationen verschiedener Gattungen der Dichtkunst. Teile der Figuren sowie eines weiteren ähnlichen Monumentes blieben erhalten und befinden sich heute im Museum. Es handelt sich dabei um eine besondere Denkmalsgattung. Sie wurden im 2. Jh. v. Chr. von reichen Bürgern gestiftet, die als sog. Choregen (Chorführer) die Theateraufführungen im Rahmen der Kultfeiern für den Gott bezahlt und möglichst prachtvoll ausgestattet hatten. Es gab wie in Athen eine Art Wettbewerb unter diesen Stiftern, und wer den Sieg davontrug, durfte solche Choregischen Monumente errichten lassen.

Das Hauptheiligtum von Thasos war das des Herakles. Zu ihm führte von der Südwestseite der Agora herkommend eine der Hauptstraßen der Stadt. In der Regierungszeit des Caracalla (reg. 211–217 n. Chr.) wurde sie von einem zu Ehren des Kaisers gestifteten Bogen überspannt, der in Resten erhalten blieb. Jenseits der Straße liegt ein römisches, vielleicht gedecktes Theater (gr. Odeion) aus der Zeit Kaiser Hadrians (reg. 117–138 n. Chr.). Die Straße endet mit einer Treppe am Herakles-Heiligtum, das von hier aus über einen Torbau (gr. Propylon) mit dorischen Säulen an beiden Frontseiten betreten werden konnte. Rechts davon gab es eine Halle des 5. Jhs. v. Chr. mit Säulen ionischer Ordnung, deren langgestreckte Räume möglicherweise für Kultfeiern bestimmt waren. Sie steht über einem älteren Tempelbau aus dem 6. Jh. v. Chr. Ersetzt wurde dieser im 5. Jh. v. Chr. von einem neuen Gebäude, das man damals links vom Eingang platzierte und in dessen umlaufender Ringhalle die ionischen Säulen in relativ weitem Abstand zueinanderstanden. Gegenüber des dorischen Propylons wurde ebenfalls im 5. Jh. v. Chr. ein recht langes Gebäude errichtet, das wohl einen aufwendigen Fassadenschmuck aufwies.

Das Archäologische Museum von Thasos sollte unbedingt besucht werden, auch wenn einige Prunkstücke, bevor die Insel griechisch wurde, nach Istanbul gelangt sind. Die vor Ort zu sehenden Objekte ermöglichen dennoch einen vollständigen Eindruck von der kulturellen Entwicklung Thasos‘ in der Antike. Insbesondere sind die zahlreichen Marmorskulpturen aus archaischer bis römischer Zeit sehenswert.

Ein Besuch des antiken Thasos wäre nicht vollständig ohne die Betrachtung der Marmorsteinbrüche bei Aliki. Zusätzlich lassen sich dort noch die Reste eines frühchristlichen Kirchenbezirks besuchen; und das tiefblaue Meer sowie die schönen Strände laden zu einer Badepause nach einer anstrengenden Besichtigungstour ein.

35 THASISCHER MARMOR – ALIKI AUF THASOS

Südöstlich von Thymonia schiebt sich eine Landzunge in das Meer hinein. Der Platz muss bereits den parischen Kolonisten, die in der Mitte des 7. Jhs. v. Chr. auf die Insel kamen, ins Auge gefallen sein. Sie gründeten hier ein kleines Heiligtum, das immerhin mehrere Jahrhunderte lang bis zur Spätantike Bestand hatte. Zu diesem Bezirk gehörten sicherlich die beiden an der östlichen Bucht freigelegten Gebäude. Ihr Grundriss ist gleich. Sie müssen in der 2. Hälfte des 6. Jhs. v. Chr. erbaut worden sein. In Aliki/Alyki, wie der Ort modern heißt, wurde eine Inschrift gefunden, die die Existenz eines Heiligtums für die Dioskuren (Söhne des Zeus), Kastor und Polydeukes, bezeugt. Die Vermutung, dass sich die Inschrift möglicherweise auf die beiden Gebäude beziehen lässt, liegt nahe, kann aber einstweilen nicht bewiesen werden. Das

Abb. 90
Der frühchristliche Basilikakomplex von Aliki

Abb. 91
Blick auf die direkt am Meer liegenden Marmorsteinbrüche von Aliki

Ende des heidnischen Kultes kam spätestens im 5. und 6. Jh. n. Chr., als man anstelle des paganen Heiligtums wiederum zwei Gebäude, diesmal in Gestalt von dreischiffigen Kirchenbasiliken, errichtete, die gemeinsam den seltenen Typus einer Doppelkirche bildeten. Die beiden Bauten wurden jedoch nicht lange genutzt (Abb. 90). Um 600 scheint ein Großteil der Bevölkerung aus unbekannten Gründen weggezogen zu sein. Vielleicht war die direkte Nähe zum Meer zu gefährlich geworden.

Bei Aliki liegen ebenfalls direkt am Wasser zudem Marmorvorkommen (Abb. 91). Seit dem 6. Jh. v. Chr. wurde an diesem Ort der begehrte Stein abgebaut. Die Spuren davon sind deutlich zu erkennen. Die Gewinnung des Marmors, der mittels der in ihn hineingetriebenen hölzernen Pfähle geradezu herausgesprengt wurde, war nicht einfach. Die Sprengkraft entstand auf natürlichem Wege. Das mit Wasser übergossene Holz schwoll so stark an, dass sich im Gestein Risse bildeten. Einfacher ist dagegen der Transport gewesen. Durch die direkte Lage am Meer konnten die tonnenschweren Blöcke gleich im nahen Hafen auf die Schiffe geladen und mussten nicht wie andernorts mühsam auf dem Landweg transportiert werden. In der römischen Kaiserzeit war der thasische Marmor immer noch hochbegehrt. In Aliki scheint es in der Spätantike sogar eine Werkstatt gegeben zu haben, die aus diesem Material Säulenkapitelle anfertigten, die bis in den italischen, aber auch syrischen Raum exportiert worden sind.

Diese Insel führt touristisch gesehen eher ein Schattendasein. Auf sie verirrt sich vergleichsweise nur ein kleines Publikum. Es gibt keinen Flughafen und die Anreise führt bis zur Nordostgrenze Griechenlands nach Alexandroupolis. Nur von dort fährt regelmäßig eine Fähre. In archäologischer Hinsicht ist Samothrake aber ein absolutes Highlight. Das wunderschön gelegene Heiligtum der Großen Götter muss man gesehen haben.

36 HEILIGTUM GEHEIMNISVOLLER GÖTTER – DAS KABIRION VON SAMOTHRAKE

Auf Samothrake wurden wie im boiotischen Theben die sonderbaren Kabiren verehrt. Diese Unterweltsgottheiten hießen hier die Großen Götter. Die Griechen identifizierten Axieros, Axiokersos, Axiokersa und Kadmilos/Kasmilos, wie sie im Einzelnen genannt wurden, mit Demeter, Hades, Persephone und Hermes. Nach Ausweis der Weihinschriften galten sie v. a. als Retter in Seenot. In ihre Mysterien musste man erst eingeweiht werden. Die Mysten trugen dann Eisenringe. Die Kultsprache am Ort war thrakisch. Die ältesten Spuren reichen bis ins 7. Jh. v. Chr. zurück, als die ersten Kolonisten aus Lesbos auf die Insel kamen. Ab der Mitte des 4. Jhs. v. Chr. erfuhr das Heiligtum sukzessive eine grundlegende Umgestaltung, die bis in die römische Kaiserzeit hinein andauerte. Der Kultbezirk war mit der in nächster Nähe

Abb. 92
Blick von Süden auf die Ruine des sog. Hierons im Heiligtum der Kabiren

liegenden einzigen samothrakischen Polis durch eine Straße verbunden. Heute befindet sich hier der kleine Ort Paleopolis. In Küstennähe haben von der antiken Siedlung noch einige nicht sehr spektakuläre Stadtmauerreste die Zeiten überdauert.

Das Heiligtum selbst hat trotz Küstennähe keine direkte Meerlage. Die Ruinen stehen abseits von Wasserlinie und Uferstraße wie in einer Art Heiliger Hain inmitten von recht dichter Begrünung, was überaus pittoresk wirkt (Abb. 92). Ein Pfad führt von Norden her direkt zu den ersten Bauresten. Westlich des Weges gibt es einige als Schatzhäuser gedeutete Bauten (Abb. 93 Nr. 1–3), ein unvollendetes Gebäude frühhellenistischer Zeit (Nr. 4), Reste einer byzantinischen Festung (Nr. 5) sowie eine in die 2. Hälfte des 3. Jhs. v. Chr. zu datierende Stiftung einer

Abb. 93
Übersichtsplan des Kabirions von Samothrake

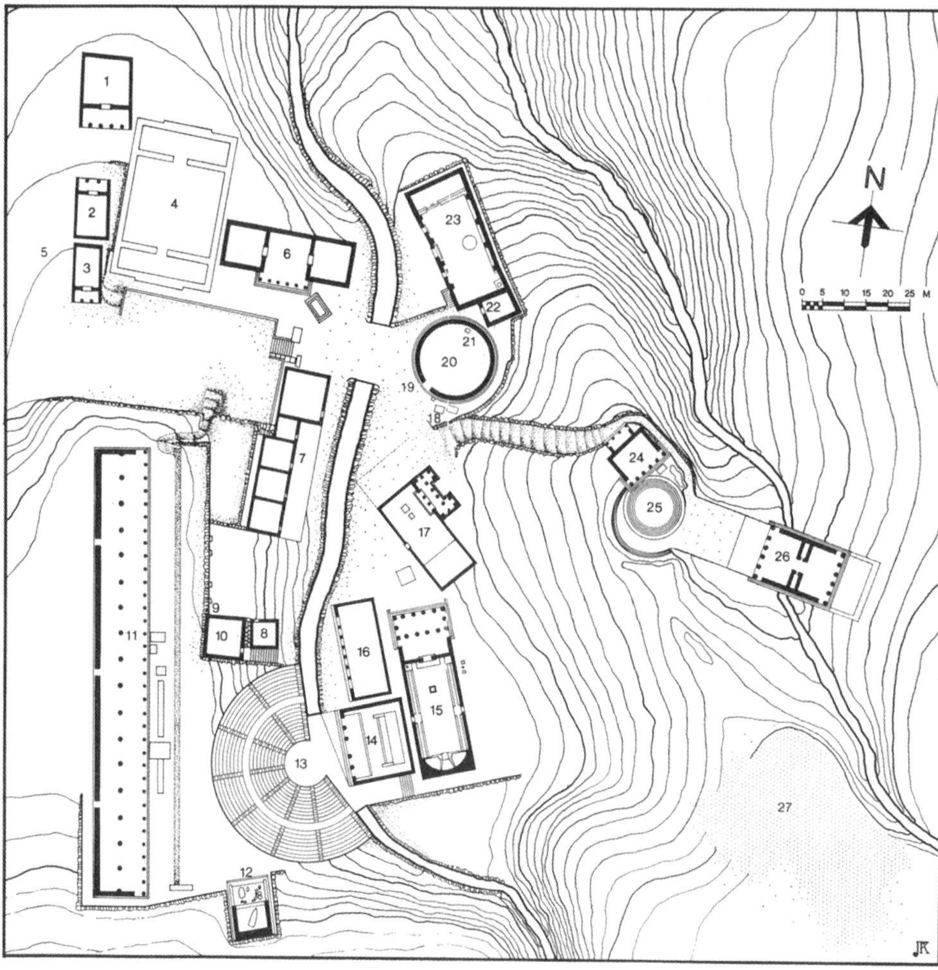

Frau aus Milet (Nr. 6). Der Bau mit ionischen Säulen könnte als Speisehaus (gr. Hestiatorion) gedient haben. Auf der sich südlich dieses gesamten Komplexes erstreckenden Terrasse, zu der von Osten her eine kleine Treppe hinaufführt, wurden die dort schlecht erhaltenen Mauerreste, die auf dem Plan nicht eingezeichnet sind, von den amerikanischen Ausgräbern als Neokorion gedeutet, eine zweischiffige Halle zur Aufnahme eines besonderen Weihgeschenks, eines echten Kriegsschiffes. Die sich östlich davon anschließende Reihe von Räumen (Nr. 7) werden ebenfalls für ein Hestiatorion gehalten. Unterhalb davon gibt es mehrere, nicht sicher zu deutende nischenartige Raumstrukturen (Nr. 8–10). Westlich dahinter stand seit dem 3. Jh. v. Chr. eine lange Halle mit dorischen und ionischen Säulen (Nr. 11), an deren Südende etwas nach Osten versetzt eine beckenartige Konstruktion (Nr. 12) ins Auge fällt. Man stellt sich diese als mit Wasser gefüllt vor. Lange glaubten Archäologen, dass über dem unteren Bassin, in dem Felsblöcke eine Art Klippe darstellten, in dem oberen auf einer steinernen Basis in Form eines Schiffbugs die dort gefundene, große marmorne Siegesgöttin stand, die als Nike von Samothrake weltbekannt ist und zu den Topsehenswürdigkeiten des Pariser Louvre gehört (Abb. 94). Es könnte sich bei dieser Installation um ein Seesiegesdenkmal von Rhodos aus der Zeit nach 200 v. Chr. gehandelt haben. Unterhalb davon wurde etwa zeitgleich in den natürlichen Hang hinein ein Theater eingebettet (Nr. 13). In seiner Flucht steht ein Hof aus dem späten 4. Jh. v. Chr. mit einem Altar (Nr. 14), an dessen Ostseite der eigentliche Kultbau, das Hieron, anschließt (Nr. 15). Dieser hat eine lange Baugeschichte. Unter ihm sind Vorgängerbauten aus dem 6. und 5. Jh. v. Chr. nachgewiesen. Er selbst wurde im späten 4. Jh. v. Chr. begonnen. Im 2. Jh. v. Chr. wa-

Abb. 94
Marmorne Siegesgöttin aus Samothrake; Paris, Louvre Inv. MA 2369

ren die Arbeiten noch nicht abgeschlossen. In römischer Zeit erfolgte eine Restaurierung. Das Hieron diente der Einweihung in die höheren Riten. Von den 14 dorischen Säulen der tiefen Vorhalle sind einige wiederaufgerichtet worden (vgl. Abb. 92). Die meisten der im 2. Jh. v. Chr. gearbeiteten Giebelfiguren befinden sich heute im Wiener Kunsthistorischen Museum. Westlich des Hierons erbaute man erstmals um die Mitte des 6. Jhs. v. Chr. zur Aufnahme kostbarer Weihgeschenke eine immer wieder erneuerte Halle (Nr. 16). Schräg gegenüber gibt es einen gesonderten Heiligen Bezirk (gr. Temenos), der an seiner Nordostecke einen eigenen Torbau (gr. Propylon) aus dem 4. Jh. v. Chr. mit sechs ionischen Säulen besitzt (Nr. 17). Durch ihn führt ein Weg in nördlicher Richtung direkt zu zwei Altären (Nr. 18), wovon der eine der Hekate geweiht war (Nr. 18). Sie befinden sich außerhalb eines Rundbaus, der größte in ganz Griechenland, von 20 m Durchmesser mit 7 m hohen Marmorwänden, denen innen korinthische Halbsäulen vorgeblendet waren. Als oberer Abschluss des außergewöhnlichen Gebäudes gab es außen eine umlaufende Galerie mit Pilastern und dorischem Gebälk. Es wird nach seiner Stifterin, der Ptolemäerin Arsinoë II., Arsinoeion (Nr. 20) genannt und stammt aus den Jahren zwischen 289 und 280 v. Chr. Seine genaue Funktion bleibt unklar. Unter ihm liegen ältere, einstmals offene Bezirke und ein Altar (Nr. 21). Bei dem nördlich sich anschließenden Komplex handelt es sich um ein kleineres Heiliges Haus (gr. Hiera Oikos) unbekannter Funktion (Nr. 22) und einen Saal für die Einweihung der Mysten, das um 500 v. Chr. erstmals errichtete und später immer wieder umgebaute Anaktoron (Nr. 23). Östlich der bislang kurz vorgestellten Bezirke liegen auf einer Erhöhung, zu der verschiedene Pfade hinaufführen, weitere Baukomplexe. Dabei handelt es sich um ein Monument in dorischer Ordnung zu Ehren Alexanders des Großen, gestiftet nach seinem 323 v. Chr. in Babylon erfolgten Tod von seinem Nachfolger Philipp III. Arrhidaios (Nr. 24). Er grenzt an einen kreisrunden Kult- bzw. Festplatz (Nr. 25). Den Abschluss bildet ein großes Propylon (Nr. 26). Es wurde 280 v. Chr. von dem ägyptischen König Ptolemaios II. Philadelphos geweiht. An den beiden Fronten befinden sich tiefe Vorhallen mit jeweils sechs ionischen Säulen. Ganz im Südosten außerhalb des Heiligen Bezirks erstreckt sich schließlich noch eine vom 6. Jh. v. bis zum 2. Jh. n. Chr. genutzte Nekropole (Nr. 27).

Zur Ausgrabungsstätte gehört ferner ein kleines sehenswertes Museum, in der viele Bauglieder und Skulpturenreste des Kabirions, aber auch die Beigaben aus den zuletzt genannten Gräbern ausgestellt sind.

Es war Aphrodite, die Lemnos in der Antike zu einer gar sprichwörtlichen Bekanntheit, dem Lemnischen Frevel, verhalf. Weil die Frauen der Insel den Kult der Liebesgöttin allzu sehr vernachlässigt hatten, bestrafte sie sie mit schlechtem Atem, worauf die Männer nur noch mit ihren thrakischen Sklavinnen schliefen, was schließlich zu deren kollektiver Ermordung durch die eifersüchtigen Gattinnen führte. Ohne Männer aber gab es keinen Nachwuchs, weshalb die Lemnierinnen letztlich vergeblich versuchten, die Argonauten für sich zu gewinnen.

37 ANGSTINSEL DER MÄNNER UND HEIMAT DER ETRUSKER? – LEMNOS

Das berühmteste archäologische Objekt von Lemnos befindet sich schon seit langem nicht mehr auf der Insel, sondern im Nationalmuseum von Athen. Es ist eine Grabstele aus dem 6. Jh. v. Chr., die 1884 oder 1885 in einer Kirchenwand in der Nähe des bronzezeitlichen Fundplatzes von Poliochni (s. u.) entdeckt wurde. Darauf zu sehen ist neben dem erhaltenen Oberkörper eines Mannes eine Inschrift in einer Sprache, die als die ‚lemnische' bezeichnet wird. Mittlerweile sind noch weitere Sprachzeugnisse bekannt. Da das Lemnische offenbar Ähnlichkeiten zum Etruskischen aufweist und die Lemnier wie die Etrusker in der Antike als Tyrsener (Tyrrhenoi) bekannt waren, könnte die schon im Altertum diskutierte These (Herodot 1, 94) von der Herkunft der Letztgenannten aus Kleinasien möglicherweise zumindest einen sprachgeschichtlich relevanten Kern haben.

An antiken Ruinen hat Lemnos ebenfalls einiges zu bieten. Eine der antiken Poleis hieß Hephaisteia (im Nordosten von Lemnos an der Ostseite der Bucht von Pournia), benannt nach dem Schmiedegott, der auf der Insel seine Werkstatt in den dortigen Vulkanen gehabt haben soll. Unter den Bauresten der schon in den 1930er Jahren entdeckten Siedlung und Nekropole (Mehrzahl der Gräber aus dem 8.–6. Jh. v. Chr.) ist ein ursprünglich aus dem 4. Jh. v. Chr. stammendes Theater an erster Stelle zu nennen. Gegenüber befindet sich über einer Bucht ein kleines Vorgebirge und dort bei Chloi/Chloia ein Heiligtum der Kabiren genannten Unterweltsgötter. Der Kultbezirk ist nicht gut erhalten. Es gab hier wohl schon im 7./6. Jh. v. Chr. ein größeres Gebäude. Ein weiterer Bau mit Säulenhalle dürfte dagegen erst frühhellenistisch (spätes 4. Jh. v. Chr.) zu datieren sein. Im Westen von Lemnos bei der heutigen Hauptstadt Myrina (früher Kastro genannt) lag jenseits eines kleinen natürlichen Kanals (gr. Isthmos) auf einer Landzunge die gleichnamige antike Polis.

Die spätere Befestigungsmauer unterhalb des venezianischen Kastells steht direkt über antiken Fundamenten. In Lemnos' Hauptstadt gibt es zudem ein Archäologisches Museum, in dem die wichtigsten Funde der Insel zu sehen sind.

Lemnos liegt strategisch gesehen außerordentlich günstig. Von hier aus ließ sich die Einfahrt in die Hellespont genannte Meerenge (Dardanellen) ebenso leicht kontrollieren wie von der kleinasiatischen Küste gegenüber. Dort befand sich mit Troia eine wichtige bronzezeitliche Stadt, der Homer schließlich zu Weltruhm verhalf. Weitaus weniger bekannt ist dagegen das lemnische Poliochni (Abb. 95) auf einem Hügel an der Südostküste von Lemnos (südöstlich von Kaminia). Diese ummauerte Küstensiedlung hatte ihre Hauptphase in der Frühen Bronzezeit und scheint schon am Ende des 3. Jts. v. Chr. durch ein schweres Erdbeben zerstört worden zu sein. Eine Nachbesiedlung im 2. Jt. v. Chr. war wenig bedeutend. Die frühbronzezeitlichen Reste zeigen ein beachtliches städtebauliches Niveau. Es gab gepflasterte Straßen, freie Plätze sowie eine funktionierende Wasserversorgung inklusive gemeinschaftlich genutzter Brunnen und einer Kanalisation. Einigen größeren Megaronbauten wird ein gewisser öffentlicher Charakter zugesprochen, d. h. sie dienten vielleicht allen Bewohnern als Versammlungs- und Vorratshäuser.

Abb. 95
Ruinen der prähistorischen Siedlung von Poliochni auf Lemnos

OSTÄGÄISCHE INSELN

Unter diesem Begriff werden im Sprachgebrauch einige Inseln im östlichen Teil der Ägäis zusammengefasst. Die bekanntesten von ihnen sind Lesbos und Chios, aber auch Ikaria und Samos werden dazugezählt, obwohl diese zugleich den Südlichen Sporaden angehören. Im Altertum standen die Inseln wegen ihrer Nähe zum kleinasiatischen Festland in engem kulturellen Austausch mit den dort beheimateten ionischen Griechenstädten. Wer hierher reiste, konnte vor Beginn der Flüchtlingskrise damit rechnen, ein Griechenland abseits der üblichen ausgetretenen Pfade des Massentourismus kennenzulernen.

Als Geburtsstätte der Lyrikerin Sappho (ca. 630–570 v. Chr.) und Namenspatronin der gleichgeschlechtlichen Frauenliebe genießt die Insel eine gewisse Bekanntheit. Bedeutende Ruinenstätten sind hier nicht unbedingt zu erwarten. Das eine oder andere Relikt aus der Antike ist dennoch eine Reise wert. Pompeius, Caesars Gegenspieler in Rom, war von einem bis heute erhaltenen Bauwerk regelrecht begeistert.

38 SAPPHOS HEIMAT – LESBOS

Ostägäische Inseln

Die wichtigste Polis der Antike auf Lesbos hieß Mytilene. Sie lag dort, wo sich die heutige gleichnamige Inselhauptstadt befindet. Der sich im Nordosten der Stadt auf einer Halbinsel erhebende Berg mit der einstigen Akropolis und der darüber gebauten mittelalterlichen Burg war damals allerdings durch einen 800 m langen und nur 30 m breiten Kanal vom übrigen Land getrennt. Unter der Herrschaft Kaiser Iustinians (reg. 527–565 n. Chr.) wurde über den Resten der einstigen Akropolismauern eine neue Festung errichtet, die man im Mittelalter nochmals überbaute. Aus iustinianischer Zeit blieben im Norden ein Tor, im Osten Teile der Befestigung sowie im Zentrum der Anlage eine Zisterne erhalten.

Der Kanal verband in der Antike zwei Hafenbecken. In der Nähe des nördlichen Hafens von Mytilene wurde Apollon in einem Heiligtum verehrt. Die beiden im 5. Jh. v. Chr. angelegten Hafenmolen blieben erstaunlich gut erhalten. Die eine befindet sich im östlichen Stadtteil Epano Skala. Die Ruine eines osmanischen Wachturms weist den Weg. Unterhalb von ihm ist bis an die Wasseroberfläche reichend eine gut 350 m lange Steinreihe zu erkennen, die zur antiken Mole gehört. An der Küstenstraße beim alten Hafen von Epano Skala liegt im Gelände das Fundament einer um 300 v. Chr. errichteten etwa 150 m langen Säulenhalle. Der Bau dürfte zu einer mit dem Hafen verbundenen Agora gehört haben, auf der die per Schiff ankommenden Waren gehandelt worden sind. Die zweite Mole, die den Hafen einst gegen Norden hin schützte, ist mit 150 m Länge deutlich kürzer. Um sie zu sehen, muss man sich zu einem verlassenen Fabrikareal im Stadtteil Kalamaris begeben.

Wenige Reste der einstigen Stadtmauer stehen oberhalb des Stadtteils Synikismos rechts der Straße nach Thermi auf dem Friedhof bei der Kirche Agia Kyriaki. Links der Straße sieht man das Theater von Mytilene. Es stammt aus hellenistischer Zeit und soll der antiken Überlieferung nach Pompeius dem Großen (106–48 v. Chr.) als Vorbild für sei-

Seite 169
Kirche des Agios Isodoros auf Chios

nen eigenen Theaterbau auf dem römischen Marsfeld gedient haben (Plutarch, Pompeius 42, 4). Der in den natürlichen Hang eingetiefte Zuschauerbereich (lat. cavea) für etwa 10.000 Menschen, von dem aus die antiken Besucher über die ehemalige antike Akropolis und die Häfen hinweg bis zur kleinasiatischen Küste blicken konnten, hat seine deutlichen Spuren hinterlassen. Auf den steinernen Ehrensitzen (gr. Prohedrie) der unteren Reihe lassen sich einige Namen ihrer ehemaligen Nutzer erkennen. Die übrigen verstreut im Gelände liegenden Bauglieder sind der ehemaligen Bühnengestaltung zuzurechnen. Sie bildeten eine Art Schauwand (lat. scanae frons). Ihre Zeitstellung ist nicht ganz klar, späthellenistisch oder römisch. In der späteren Kaiserzeit scheint das Theater für Gladiatorenspiele und Tierhetzen umgebaut worden zu sein. Darauf deuten die im Bereich der früheren Spielfläche (gr. Orchestra) nachweisbaren Absperrungen. Der Durchmesser der Cavea beträgt 107 m, der der Orchestra 24,2 m.

Hinter der Kathedrale des Heiligen Athanasios entdeckten Archäologen ein halbkreisförmiges Fundament mit Basen für Säulen ionischer Ordnung. Das Erhaltene gehörte wohl zu einem größeren öffentlichen Gebäude aus der späten Kaiserzeit. Welche Funktion es hatte, muss einstweilen unklar bleiben. Von der antiken Kulttopographie Mytilenes ist nur wenig bekannt. Im Stadtteil Kioski wurden Reste eines Aphrodite-Tempels gefunden. Dass die Stadt unter der Herrschaft der Römer durchaus florierte, zeigen darüber hinaus die im einstigen Stadtgebiet und in dessen Umland entdeckten Reste von römischen Wohnhäusern (lat. domus) und Villen. Sie aufzusuchen lohnt kaum, da das meiste davon an Ort und Stelle nicht mehr sichtbar ist.

Stattdessen sollte man zur Vervollkommnung eines Spaziergangs durch die Überreste der antiken Polis die archäologischen Sammlungen Mytilenes besuchen. Es gibt zwei Museumsgebäude. Das alte denkmalgeschützte Haus, eine neoklassizistische Villa, steht in der Straße Odos Argyri Eftalioti, wurde aber 2014 für die Öffentlichkeit bis zur Behebung der Bauschäden geschlossen. Die dort präsentierten Fundstücke stammen z. T. bereits aus prähistorischer Zeit (Keramik), gehören mehrheitlich jedoch der archaischen bis römischen Epoche (Keramik und Skulpturen) an. Der neue Museumsbau befindet sich im Stadtteil Kioski in der Straße des 8. November (Odos 8. Noemvriou). Die dort zu sehende Dauerausstellung thematisiert die städtebauliche Entwicklung Mytilenes in hellenistischer und römischer Zeit. In diesem Zusammenhang werden einige Ausstattungsreste vornehmer Häuser präsentiert, die v. a. im Bereich von Agia Kyriaki gefunden wurden. Besonders beeindruckend sind die Fußbodenmosaiken aus dem wegen der darauf abgebildeten mythischen sowie auch Komödienszenen und dem Bildnis des Komödiendichters Menander (342/341–291/290 v. Chr.) sog. Haus des Menander aus dem 3. Jh. n. Chr. (Abb. 96).

Ein weiteres wichtiges Zeugnis des römischen Bauluxus befindet sich außerhalb von Mytilene. Es ist ein um 200 n. Chr. errichteter, etwa 27 m hoher Aquädukt. Das am besten erhaltene Teilstück steht bei Moria (Abb. 97), ein weiteres bei Lambou Myli. Die Wasserleitung war einst 26 km lang und reichte von den Quellen am Berg Olymbos in der Nähe von Agiasos bis nach Mytilene hinein. Sie dürfte die Bewohner täglich mit 127.000 m^3 Frischwasser versorgt haben. Von den übrigen antiken Siedlungen Mytilenes blieb nur wenig erhalten. Manches wie die an der Ostküste östlich von Thermi (Lutropolis Thermis) entdeckte bronzezeitliche Siedlung wurde nach der Erforschung wieder zugedeckt. Beim Kap Kurtir deuten Hausfundamente und überflutete Hafenmauern ebenfalls auf eine frühe Besiedlung hin. Die Akropolis von Arisba liegt nordöstlich von Kalloni im Norden des Dorfes Nea Arisbi. Aus der Umgebung der Polis sind mehrere Tempel bekannt, zwei auf dem Gelände

Abb. 96
Römisches Mosaik mit dem Sänger Orpheus aus dem sog. Haus des Menander; Mytilene, Museum

des Limon-Klosters nordöstlich von Kalloni an einer nach Agia Paraskevi führenden kleinen Straße und ein dritter der Aphrodite geweihter bei der Gemarkung Messa etwa 1,5 km von der Küste von Kalloni entfernt. Darüber hinaus bieten zwei Badestellen auf Lesbos weitere archäologisch bemerkenswerte Reste. Der moderne Ferienort Skala Eresou im Westen von Lesbos steht, wie der Name sagt, an der Stelle der antiken Stadt Eresos, in der angeblich Sappho und später der Philosoph Theophrastos (ca. 371 – 287 v. Chr.) geboren wurden. Ein Survey im zugehörigen Tal machte deutlich, dass hier Menschen schon in der Frühzeit siedelten. Der sich östlich von Skala Eresou erhebende Vigla-Hügel gilt wegen der dort am Ostende des Strandes festgestellten antiken Befestigungsmauern als einstige Akropolis. Ein weiterer Tempel aus hellenistischer Zeit war auf dem Kap Phokas am Westende des Strandes dem Dionysos geweiht. Der Gott trug hier den Beinamen Brisaios oder Brisagenes. Schon im Altertum ist man sich nicht im Klaren darüber gewesen, ob diese Benennung auf einen Ort oder eine Nymphe zurückgeht. Von der neben Mytilene zweiten großen antiken Polis Methymna an der Nordküste von Lesbos, die heute wieder wie in der Antike heißt und früher Molyvos genannt wurde, blieben nur geringe Abschnitte der polygonalen Stadtmauer aus dem 6. Jh. v. Chr. und Mauerreste der Hafenmole erhalten.

Abb. 97
Römischer Aquädukt von Moria

Die Einwohner von Chios, das für sich beanspruchte, die Geburtsstätte Homers zu sein, galten im Altertum als die reichsten Griechen. Ihr Vermögen rührte von zwei begehrten Handelsgütern her, dem dunklen Wein der Insel und einem Mastix genannten Harz, das in der Antike als Heildroge bei allerlei Beschwerden Verwendung fand, heute aber eher als lokale Gewürzspezialität vermarktet wird. Mit der Ruinenstätte von Emporio(n) besitzt Chios eine wichtige früharchaische Siedlung aus dem späten 8. und 7. Jh. v. Chr.

39 ALKOHOL UND DROGEN – EMPORIO AUF CHIOS

Der heutige Hafenort Emborios (selten auch Kamari genannt) befindet sich im Südosten von Chios. Hier gibt es seit alters her einen natürlichen Hafen in Form einer nahezu kreisrunden Bucht. Dies dürfte der Grund dafür gewesen, warum an genau dieser Stelle am Ende des 8. Jhs. v. Chr. ionische Griechen von der gegenüberliegenden Westküste Kleinasiens als erste Siedler kamen. Als Standplatz ihrer Häuser suchten sie sich den nördlich der Hafenbucht liegenden 220 m hohen Hügel aus, errichteten diese allerdings aus Schutzgründen an dem der See ab- und dem Landesinneren zugewandten Hangseite. Wegen der dort herrschenden Steigung von 30 % musste ein serpentinenartiger Weg angelegt werden. Im Gegensatz zu den Siedlungen in Exobourgo (Nr. 32) und Zagora (Nr. 33) gibt es in dieser Siedlung keine reine Reihenhausbebauung. Einige der ca. 50 nachgewiesenen Wohngebäude stehen zwar in Gruppen beieinander, andere dafür aber frei im Gelände. Der Zugang erfolgte jeweils über einen kleinen Vorplatz. Zwei Haustypen sind nachgewiesen: nach Süden ausgerichtete sog. Megaron-Häuser bis zu 10 m lang (50 m^2 groß) mit einer Vorhalle und zwei Stützen sowie nahezu quadratische Einraumhäuser (25 m^2 groß). In den Innenräumen gab es z. T. gemauerte Bänke, auf denen eventuell große tönerne Vorratsgefäße standen, von denen Scherben gefunden wurden. In die Flachdächer waren in die hölzernen Balken tönerne Schornsteinröhren eingefügt. Eine Stadtmauer scheint es nicht gegeben zu haben. Allein die kleine Akropolis war befestigt. Sie nahm einen sich unterhalb der Bergspitze erstreckenden Sattel ein. Ein Tempel für die Stadtgöttin Athena und ein Altar bildeten ihr Zentrum (Abb. 98). Das Heiligtum wurde erstmals als offener Bezirk mit Altar wohl schon im frühen 7. Jh. v. Chr., d. h. relativ kurz nach der Ankunft der ersten Siedler, angelegt. Aus dieser Frühzeit stammt ein gut 12 m langer megaronartiger Bau, der im Westen direkt an der Akropolismauer errichtet wurde. Sein Inneres war durch eine Reihe von Stützen gegliedert. Zudem verfügte er über einen Vorraum, der zur Frontseite hin offen war. Dort zwischen den vorgezogenen Seitenmauern standen zwei weitere

Stützen. Es ist wegen der Lage und der Größe zweifelsohne ein wichtiges öffentliches Gebäude gewesen. Vielleicht versammelte sich hier die Kultgemeinde zu gemeinsamen Riten, Opfermählern? Die Siedlung blieb offenbar nur gut 100 Jahre lang bewohnt, während das Heiligtum auf der Akropolis länger genutzt und in der Folgezeit auch baulich erweitert wurde.

Die übrigen archäologisch relevanten Denkmäler von Chios sind rasch aufgezählt: Die antike Hauptpolis der Insel nahm die Stelle des heutigen Chios-Stadt ein. Im Bereich der Festung konnten Fundamente römischer Wohnhäuser festgestellt werden. Das Theater befand sich im Norden am Abhang des dortigen Hügels. Teile eines römischen Aquädukts stehen an der Straße nach Nea Moni. Das lokale Museum beherbergt u. a. die Funde aus Emporio. In 6 km Entfernung von Chios ist beim Ort Vrontados eine Stelle von Interesse. In den dortigen Felsen wurden Weihreliefs für Kybele eingemeißelt, die hier ein Heiligtum besaß. Im Volksmund ist die Gegend als Schule des Homer bekannt, weshalb sie Daskalopetra (Lehrerfelsen) heißt. Darüber hinaus gibt es in der Gemarkung Kato Phana beim Dorf Agios Pantes ein Fundament aus dem 6. Jh. v. Chr., das zum Tempel des Apollon Phanios gehörte, der hier seit dem 9. Jh. v. Chr. verehrt wurde. Zuletzt soll noch die von den Athenern 412 v. Chr. angelegte Festung genannt werden. Ihre Ruinen liegen bei Langada in einer geschützten Bucht.

Abb. 98
Akropolis von Emporio auf Chios

Zerstreuung auf den Zerstreuten – die nördlichen und südlichen Sporaden

Die Sporaden bestehen im Grunde genommen aus zwei größeren Inselgruppen, den nördlichen (über 130 Inseln) und den südlichen Sporaden (über 170 Inseln). Ihr Name bedeutet wörtlich die Verstreuten (von gr. speirein = verstreuen; vgl. gr. spora = die ausgestreute Saat). Die antiken Griechen bezeichneten damit alle Inseln in der nördlichen und östlichen Ägäis, die sie nicht zu den Kykladen rechneten. Eine strikte Abgrenzung zu den Östlichen Ägäisinseln existiert nicht. So gehören Ikaria und Samos zu beiden Inselgruppen, während zu den südlichen Sporaden streng genommen auch die sog. Dodekanes-Inseln zu zählen sind.

Die Göttin Thetis wusste schon, warum sie ihren Sohn Achilleus auf dieser Insel versteckte. Er trug wie die Töchter des Königs Lykomedes Frauenkleider und lebte unter ihnen. Der Mutter war nämlich bekannt, dass der junge Held im Kampf um Troia zwar unsterblichen Ruhm erringen, aber auch sterben würde. Die Griechen wiederum konnten ohne ihn nicht siegen, weshalb sie Odysseus nach Skyros schickten, dem es mit einem Trick schließlich gelang, den Versteckten zur Aufgabe seiner Maskerade zu bringen.

40 UNTER LAUTER FRAUEN – SKYROS

Odysseus genügten prachtvolle Waffen und eine Kriegstrompete, die er auf sein Zeichen hin ertönen ließ, als er in Verkleidung eines Händlers den Töchtern des Lykomedes allerlei Waren präsentierte. Die echten Prinzessinnen, die sich vorher an den mitgebrachten kostbaren Stoffen und dem Schmuck ausgesprochen interessiert gezeigt hatten, wichen nun beim Ertönen des Instrumentes erschreckt zurück, während Achilleus beherzt die Waffen ergriff. Der Schwindel war aufgeflogen und das Schicksal nahm seinen göttlich vorherbestimmten Lauf. Skyros brachte aber noch einem weiteren griechischen Superhelden kein Glück. Theseus lebte hier angeblich nach seiner Vertreibung aus Athen im Exil und wurde durch Lykomedes getötet. Im 5. Jh. v. Chr. diente dies den Athenern als Vorwand, um politisch auf Skyros zu intervenieren. Um 475 v. Chr. eroberte eine Flotte unter Führung des Kimon die Insel. Man versklavte die einheimische Bevölkerung der Doloper und teilte das Land unter athenischen Siedlern (gr. Kleruchen) auf. Dabei wurden angeblich die Gebeine des Theseus entdeckt, die Kimon anschließend nach Athen überführen ließ.

Seite 176
Strand von Tsoungria

Skyros ist bereits in der Steinzeit besiedelt gewesen. Faustkeile und andere meso- sowie neolithische Objekte wurden an verschiedenen Orten der Insel entdeckt. Funde melischen Obsidians legen die Vermutung nahe, dass Skyros in ein entsprechendes prähistorisches Handelsnetz eingebunden war und vermutlich als Zwischenstation diente. Die rela-

Abb. 99
Die bronzezeitliche Siedlung von Palamari

tive Nähe zu Euboia und damit dem griechischen Festland (Attika und Mittelgriechenland) dürfte dabei ein wichtiger Faktor gewesen sein. Die heutige Hauptstadt nahm an der Ostküste den Platz der antiken Polis ein, von der unter der venezianischen Festung und den neuzeitlichen würfelförmigen Kykladenhäusern nur wenige Mauerreste erhalten geblieben sind. Ein kleines Archäologisches Museum im Ort informiert über die antike Geschichte der Insel.

Archäologisch weitaus interessanter ist der erst 1995 von Maria Theochari sowie Liana Parlama entdeckte und in der Folgezeit systematisch erforschte Fundplatz von Palamari (Abb. 99). Die Archäologinnen legten mit ihrem Team in direkter Meeresnähe eine bedeutende bronzezeitliche Siedlung der Zeit zwischen 2700 und 1800/1700 v. Chr. frei. Besonders beeindruckend ist die Befestigungsmauer. Sie blieb in weiten Teilen erhalten und weist noch heute eine Höhe von 2,2 bis 3,6 m auf. Die Mauern aus grob bearbeiteten mittelgroßen Steinen setzten direkt auf dem natürlichen Felsen oder, wo dieser fehlt, auf dem Boden auf. Die Mauer besitzt zudem zahlreiche hufeisenförmige Bastionen und ist hierin anderen etwa gleichzeitigen Anlagen wie beispielsweise denen von Aigina (Kap Kolonna), Amorgos sowie Kastri auf Syros vergleichbar. Palamari freilich kann als das besterhaltene Beispiel gelten. An der Westseite gab es zur Verstärkung des Schutzes sogar einen Graben, der eine natürliche Geländevertiefung ausnutzte, und davor noch einen gut 3 bis 3,5 m breiten Wall aus spitzen Steinen. Das Befestigungssystem entstand bereits gegen 2300 v. Chr. und hatte Bestand bis etwa 1800/1700 v. Chr. Im Laufe seiner Nutzungszeit erfuhr es einige bauliche Veränderungen und Reparaturen, wurde aber in seiner Grundform nicht wesentlich verändert. Im Südosten des Areals besteht der Befestigungsring sogar aus zwei parallel geführten Mauerzügen, die einen 1,2 m breiten Weg zum Hafenbereich flankierten. Offenbar war der Zugang an dieser Stelle zum Meer besonders geschützt. Im südlichen Teil der Siedlung konnten darüber hinaus fünf D-förmige Gebäude freigelegt werden, die eine Reihe bildeten. Sie standen direkt auf dem Felsboden, sind etwa 5 x 3,5 m groß und haben extrem dicke Außenwände. Wahrscheinlich gab es sie schon, bevor die Mauer errichtet wurde. Wegen ihrer Größe könnten sie gemeinschaftlich genutzte Vorratslager gewesen sein. Die in den übrigen Hausresten gefundenen Metallobjekte, Steinwerkzeuge, Tongefäße u. a. m. sprechen für eine rege handwerkliche Tätigkeit in der Siedlung. Im Archäologischen Museum von Skyros informiert eine spezielle Ausstellung ausführlich über diese wichtige Grabung, die einmal mehr die Bedeutung der griechischen Inseln schon während der Bronzezeit und ihre weitreichenden kulturellen Verbindungen untereinander zeigt.

Er hätte auf seinen Vater Daidalos hören sollen! Ikaros meinte aber, dessen Wort zähle nicht und er könne getrost der Sonne entgegenfliegen. Die wächsernen Flügel, mit denen beide dem Minos von Kreta entflohen waren, lösten sich jedoch in der Hitze auf und der Wagemutige stürzte ins Meer, das seitdem das Ikarische heißt, und damit in den sicheren Tod. Begraben wurde er angeblich auf dieser Insel. Seine Grabstätte wurde noch bildungsbeflissenen Römern gezeigt. Heute wird auf Ikaria offenbar seltener gestorben. Sie ist nämlich als Insel der Hundertjährigen bekannt.

41 GRAB EINES UNGEHORSAMEN SOHNES – IKARIA

Das Schwefelbad von Therma im Südosten der Insel war bereits im Altertum bekannt, worauf am Ort noch sichtbare Überreste älterer Badeanlagen hindeuten. Der als Kastro bezeichnete, etwa eine Stunde von den Bädern entfernte Hügel beim Dorf Kataphygion trug in archaischer Zeit eine befestigte Anlage. Weitere antike Siedlungen existierten an der Nordküste beim Dorf Kampos (Oinoë) und im Nordosten bei Phanari (Drakanon).

Abb. 100
Bucht von Nas mit den Resten des Heiligtums der Artemis Tauropolos (li.)

Abb. 101
Ansicht des Heiligtums der Artemis

Nicht nur als Badestelle einen Besuch wert ist an der Nordküste von Ikaria westlich von Armenistis die herrlich gelegene Bucht von Nas (Abb. 100). Ein gut erkennbares Fundament (Abb. 101) stammt von einem Heiligtum der jungfräulichen Artemis, deren hiesiger Kult wohl der wichtigste der ganzen Insel war. Die Göttin trug den Beinamen Tauropolos (gr. Tauros = Stier), weil man ihr Stiere opferte. Der Kultbezirk war hauptsächlich von archaischer bis in römischer Zeit in Benutzung. Der Tempel selbst dürfte schon aus dem 6. Jh. v. Chr. stammen und könnte der lokalen Überlieferung nach bis ins frühe 19. Jh. weitgehend intakt geblieben sein. Erst gegen 1830 errichteten die Bewohner der umliegenden Gehöfte in den Ruinen Kalköfen, in denen sie viele antike Bauglieder verbrannten. Sie benötigten den Kalk zum Bau ihrer Häuser und v. a. Kirchen. Das Kultbild habe man damals angeblich in den nahen Fluss geworfen. Einige Säulenfragmente liegen im Wasser. Das Heiligtum war im Altertum über einen eigenen Hafen gut zu erreichen, von dem Teile der Mole die Zeiten überdauert haben.

Samos ist diejenige griechische Insel, die mit einer Entfernung von nur 1,3 km dem kleinasiatischen, also dem heutigen türkischen Festland, am nächsten liegt. Ihr einstiger Waldreichtum brachte ihr in der Antike die rühmenden Beinamen Dryussa und Kyparissia (Eichen- bzw. Zypresseninsel) ein. Das samische Heraion genoss damals Weltruf. Von überall her strömten die Pilger in eines der berühmtesten Heiligtümer der Himmelskönigin. Entsprechend prachtvoll war es ausgestattet. Von diesem Glanz konnten die deutschen Archäologen, die hier seit Jahrzehnten arbeiten, einiges freilegen.

42 INTERNATIONALES HEILIGTUM MIT KOLOSSALEM TEMPEL – DAS HERAION VON SAMOS

Von der antiken Polis, dem heutigen Dorf Tigani/Pythagorion (Nr. 43) sind es in westlicher Richtung nur 6 km bis zur Ausgrabungsstätte. Der Platz scheint bereits im 2. Jt. v. Chr. besiedelt gewesen zu sein. Spätestens mit der Ankunft ionischer Griechen etablierte sich hier seit dem 10. Jh. v. Chr. ein Kult für eine weibliche Gottheit. Sie wurde als Hera identifiziert, die an diesem Ort unter einem Lygos (Keuschlamm-Strauch) geboren worden sein soll. Ein Stück Holz galt als altehrwürdiges Kultbild der Göttin. Im Rahmen einer festlichen Prozession trug man es regelmäßig ans Meer, unterzog es einer rituellen Waschungszeremonie und kleidete es anschließend neu ein, bevor es wieder in den Tempel zurückgebracht wurde.

Abb. 102
Heraion von Samos mit den Resten des kolossalen Hera-Tempels

Der Zugang zum Heiligtum erfolgt von Süden her, sodass zunächst ein Teil der südlichen Randbebauung erreicht wird. Eilige Reisende sollten die Besichtigung mit dem Zentrum des Heiligen Bezirks beginnen. Eine aufrechtstehende Säule weist den Weg (Abb. 102). Die Tour wird je nach Jahreszeit durch üppigen Pflanzenwuchs und hohes Grundwasser erschwert. Ein Plan (Abb. 103) erleichtert die Orientierung. Herodot (3, 60) preist im 5. Jh. v. Chr. den Tempel als den größten der zu seiner Zeit bekannten (Nr. 1). Der erste Baumeister sei der Einheimische Rhoikos, der Sohn des Phileus, gewesen (3, 60). Dieser Vorgängerbau (Nr. 2) konnte tatsächlich unterhalb der Fundamente des Neubaus festgestellt werden. Beide waren annähernd gleich groß (ca. 55 x 108 m), der ältere geringfügig kleiner (ca. 52 x 105 m). Um die Cella und ihren Vorraum (gr. Pronaos), die beide durch je zwei Reihen von elf (Cella) bzw. fünf (Pronaos) Säulen in drei Schiffe geteilt waren, verlief ringsum eine doppelte Reihe von Säulen ionischer Ordnung; an den beiden Frontseiten sind es sogar drei Reihen gewesen. Der Tempel war somit kein einfacher (gr. Peripteros), sondern ein zweifacher (gr. Dipteros) Ringhallentempel. In Auftrag hatte ihn wohl irgendwann zwischen 550

Abb. 103
Übersichtsplan des Heiligtums

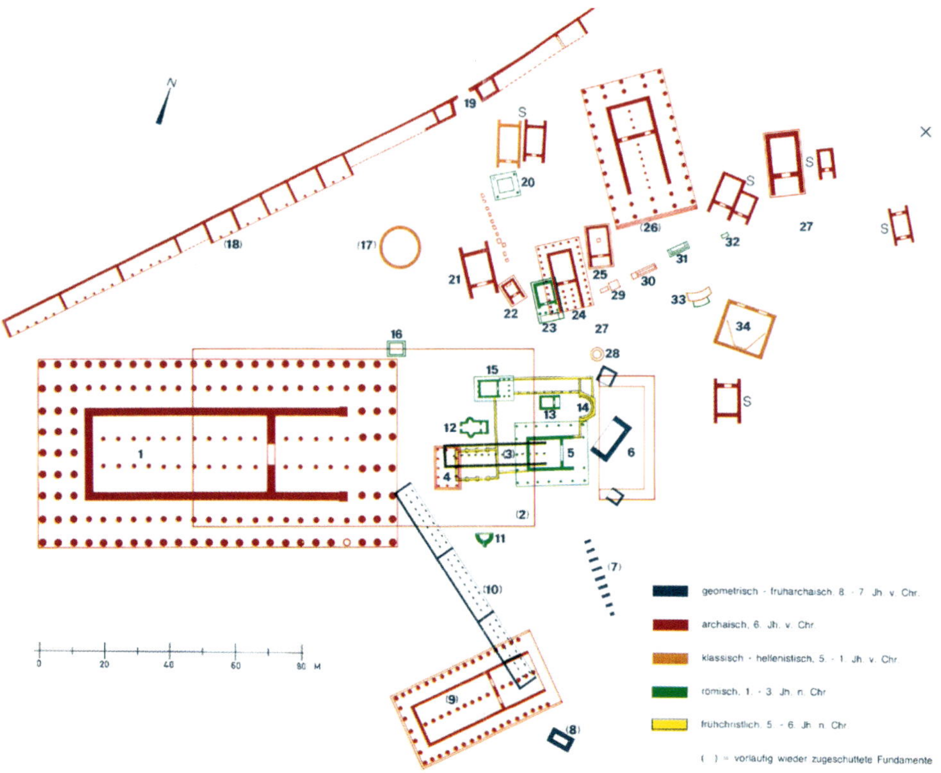

und 530 v. Chr. der samische Tyrann Polykrates (s. Nr. 44) als Zeichen seiner Macht gegeben. Er wurde nie vollendet. Der von Rhoikos sowie Theodoros erbaute Vorgängertempel entstand gegen 570 v. Chr., wahrscheinlich ebenfalls auf Befehl von einem der damals auf Samos regierenden Herrscher. Die beiden Dipteroi sind aber nicht die ersten Tempelbauten in diesem Bereich gewesen. Schon im frühen 1. Jt. v Chr. dürfte in diesem Bereich ein kleiner Schrein für das berühmte hölzerne Kultbild gestanden haben. Knapp zwei Jahrhunderte später erfolgte der Bau eines 100 Fuß langen (gr. Hekatompedos) Gebäudes mit einer inneren Stützreihe (Nr. 3). Um 700 wurde dieses mit einer Ringhalle aus weiteren hölzernen Stützen umgeben. Dieser sog. Hekatompedos I musste um 650 v. Chr. dem etwas breiteren sog. Hekatompedos II Platz machen. Die inneren Holzstützen fielen damals weg. Dafür gab es im östlichen Außenbereich eine zweite Reihe mit Stützen. Die Mauern waren nun komplett aus Kalksteinquadern errichtet. Bei den Vorgängern hatten sich die Baumeister noch mit Lehmziegeln begnügen müssen. Nachdem der Entschluss zur Niederlegung des sog. Rhoikos-Tempels gefallen war, kam das Kultbild zunächst in einem 8 x 13 m großen rechteckigen Stufenbau unter, auf dem ringsum Säulen standen, die eine Art Baldachin bildeten (Nr. 4). Da der sog. Polykrates-Tempel auch nach mehr als 500 Jahren nicht fertig wurde, ließ Kaiser Augustus schließlich einen kleinen Peripteros erbauen (Nr. 5). Zentrum des Kultes war wie in jedem griechischen Heiligtum der Altar (Nr. 6), der ebenfalls zahlreiche Bauphasen hatte. Ursprünglich leicht anders orientiert, richteten Rhoikos und Theodoros ihn auf ihren Tempelbau hin aus und vergrößerten ihn zugleich beträchtlich.

Südlich unterhalb dieser besonders heiligen Zone, also in dem Bereich, der von den Besuchern zuerst betreten wird, ist auf die Basisreste (Nr. 7) einer Schiffsweihung aus archaischer Zeit, die später von einem rechteckigen Gebäude überlagert wurde, ein ebenfalls archaisch zu datierendes Wasserbecken (Nr. 8), den sog. Südbau, ein Tempel aus der Mitte des 6. Jhs. v. Chr. (Nr. 9), die von ihm teilweise überbaute sog. Südhalle des 7. Jhs. v. Chr. (Nr. 10) sowie zuletzt auf ein Ehrenmonument für den berühmten römischen Staatsmann und Schriftsteller Marcus Tullius Cicero (106–43 v. Chr.) und seinen Bruder Quintus sowie weiteren Verwandten hinzuweisen (Nr. 11).

Damit wäre der Tempelbezirk erneut erreicht. Im 3. Jh. n. Chr., als das Heiligtum zunehmend besiedelt wurde, entstand hier eine Badeanlage (Nr. 12). Vollständigkeitshalber muss noch ein kleiner Naiskos aus dem 1./2. Jh. n. Chr. (Nr. 13), eine dreischiffige christliche Kirchenbasilika des 5./6. Jhs. n. Chr. (Nr. 14), ein korinthischer Tempel aus der 2. Hälfte des 2. Jhs. n. Chr. sowie an der Nordostecke die später (3. Jh. n. Chr.) in einen Laufbrunnen umgewandelte Basis einer kolossalen römischen Kaiserstatue des 1. Jhs. n. Chr. (Nr. 16) genannt werden.

Weiter in Richtung Norden liegen im Gelände die Reste eines Rundbaus (Nr. 17), die ab der Mitte des 6. Jhs. v. Chr. errichtete sog. Nordhalle (Nr. 18) und das ältere Nordtor (Nr. 19), zu dem ein von Weihgeschenken und weiteren Bauten flankierter Weg führte. Zu erwähnen sind in diesem Bereich ein wohl klassischer, in römischer Zeit baulich veränderter Laufbrunnen (Nr. 20) und v. a. diverse Tempel, die mit Buchstaben als D (Nr. 21), A (Nr. 22), E (Nr. 23), C (Nr. 24) und schließlich B (Nr. 25) bezeichnet werden. Sie stammen aus der Mitte des 6. Jhs. v. Chr. (A, B), der 2. Hälfte des 6. Jhs. v. Chr. (1. Bauphase von C, D), dem 1. Jh. n. Chr. (2. Bauphase von C) und der 1. Hälfte des 3. Jhs. n. Chr. (E). Der nordöstliche Heiligtumsbereich wurde seit dem Baubeginn im 2. Viertel des 6. Jhs. Chr. (1. Bauphase) von einem zweiten großen Tempel, dem im späteren 6. Jh. v. Chr. zu einem Peripteros oder gar Dipteros umgestalteten (2. Bauphase) sog. Nordbau (Nr. 26) dominiert. In hellenistischer Zeit stand dieser Tempel allerdings nicht mehr.

Vor dieser Reihe von Tempeln erstreckte sich ein zur Stadt führender Weg (Nr. 27). Gemäß seiner Bedeutung als Heilige Straße flankierten ihn zu beiden Seiten Weihgeschenke (Nr. 29–33): ein spätarchaischer oder klassischer Rundsockel (Nr. 28), auf dem einst eine nicht mehr erhaltene Votivgabe stand, eine weitere Weihgeschenkbasis aus der 2. Hälfte des 6. Jhs. v. Chr. (Nr. 29), Ehrenstatuen für die Enkel des Kaisers Augustus, Gaius und Lucius Caesar (Nr. 31), sowie für zwei im Jahr 23 n. Chr. amtierende römische Konsuln (Nr. 32) und ein Sockel (Nr. 33), der vielleicht die bei Strabon (14, 1, 14) erwähnte, vom berühmten klassischen Bildhauer Myron gefertigte Gruppe kolossaler Bronzefiguren des Zeus, der Athena und des Herakles trug, folglich den Einzug des Helden in den Olymp zeigte. Im Bereich der Heiligen Straße wurde 1980 zudem ein kolossaler, gut 4,75 m hoher Marmorkouros des Stifters Isches, Sohn des Rhesis, aus dem 1. Viertel des 6. Jhs. v. Chr. nahezu vollständig gefunden (jetzt im Museum von Vathy). Die vielen leeren Steinblöcke können aber nicht annähernd die Pracht sichtbar machen, die die ehemaligen Besucher in der Antike hier vorfanden. Statuen und kostbare Geräte (bronzene Dreifusskessel u. a.) standen dicht gedrängt entlang der Straße und sollten die Erinnerung an ihre Stifter bzw. die Dargestellten lebendig halten. Einen Eindruck (Abb. 104) davon vermittelt vor Ort allein die um 560/550 v. Chr. entstandene vielfigurige Gruppe einer aus sitzender Mutter, liegendem Vater und stehenden Töchtern sowie Sohn bestehenden Familiengruppe (Nr. 30). Die Namen der Personen waren eingemeißelt, sind aber nur z. T. erhalten. Namensgebend wurde daher die Künstlersignatur, die einen Geneleos als Schöpfer nennt. Die Originale der Statuen werden in verschiedenen Museum (Vathy, Berlin) aufbewahrt. An ihrer Stelle stehen heute im Heiligtum Kopien. Der ansonsten nicht weiter interessante hellenistische Rechteckbau (Nr. 34), der vielleicht zur Aufnahme kostbarer Votive diente, beschließt den Rundgang. Auf die übrigen, z. T. wieder überwachsenen Fundamente weiterer Gebäude und Weihgaben kann nicht eingegangen werden.

Die Forschungen im Heraion von Samos dauern bis heute an. Zuletzt sollten Tiefengrabungen helfen, die wichtige Frage zu klären, ob es am Ort eine Kultkontinuität gab, d. h. seit der Bronzezeit hier ununterbrochen eine Gottheit verehrt wurde. Der Besuch der Ausgrabungen wäre nicht vollständig ohne den Besuch des Museums in Samos-Stadt (Vathy). Die dort ausgestellten Funde vermitteln einerseits ein lebendiges Bild vom verlorengegangenen Reichtums dieses Heiligtums, sind andererseits aber zugleich wichtige Zeugnisse seiner weitreichenden interkulturellen Kontakte, was v. a. die vielen ägyptischen und orientalischen Objekte bezeugen. Herodot (3, 47) erwähnt einen aufwendig gearbeiteten und verzierten Leinenpanzer, den der ägyptische Pharao Amasis wie in Lindos (Nr. 50) hierher im 6. Jh. v. Chr. gestiftet haben soll.

Abb. 104
Ansicht der sog. Geneleos-Gruppe, ein Familienmonument des 6. Jhs. v. Chr. im samischen Heraion

Friedrich von Schiller schrieb 1797: „Er stand auf seines Daches Zinnen, er schaute mit vergnügten Sinnen auf das beherrschte Samos hin." So lauten die ersten Zeilen seines Gedichts „Der Ring des Polykrates". Der namensgebende Tyrann, der schließlich von den Persern 522 v. Chr. brutal ermordet wurde, besaß hier einen Palast, der leider nicht erhalten geblieben ist. Der moderne Ferienort, von dessem Hafen aus die Schiffe nach Patmos starten, hat dennoch einige Ruinen zu bieten.

43 BERÜHMT DURCH SCHILLER – PYTHAGORION

Schon in neolithischer Zeit siedelte man auf dem Kastro-Hügel von Tigani, wie der Ort früher hieß; die Umbenennung in Pythagorion erfolgte erst 1955. Dieser Siedlungsplatz wurde in der Mitte des 3. Jts. v. Chr. verlassen. Die Menschen zogen in die Gegend des späteren Heraions (Nr. 42) um. Ab mykenischer Zeit wurde aber auch der Kastro-Hügel wieder bewohnt. Die baulichen Reste von Polykrates' einstiger Hauptstadt sind rasch aufgezählt:

Am besten erhalten blieb der vom Tyrannen angelegte Mauerring, der verschiedene Bauphasen aufweist und immer wieder ausgebessert sowie erweitert wurde. Teilen davon begegnet man an mehreren Stellen. Ein Aufstieg auf den befestigten Stadtberg lohnt sich. Ferner ging auf Polykrates wahrscheinlich die Anlage einer Hafenmole mit einem bis ins Meer reichenden Damm zurück. Herodot (3, 60) rühmt sie neben dem sog. Eupalinon (Nr. 44) und dem kolossalen Hera-Tempel (Nr. 42) als

Abb. 105
Die römischen Thermen von Pythagorion

zweites der drei größten Bauwerke aller Hellenen. Sie sei mehr als 2 Stadien lang gewesen und habe eine Tiefe von 20 Klaftern gehabt.

Die übrigen am Ort zu sehenden Mauerreste sind dagegen fast ausnahmslos in die römische Kaiserzeit sowie die Spätantike zu datieren. Im Einzelnen handelt es sich dabei um eine im 5. Jh. nochmals überbaute römische Basilika unterhalb der Metamorphosis-Kirche und einen Hallenbau aus dem 6. Jh., dessen westlich des Zentrums von Pythagorion aufragenden Pfeilerreste im Volksmund als Dontia (Zähne) bezeichnet werden. In seiner Nähe stehen die Ruinen einer römischen Badeanlage mit hallenartigen Räumen für die verschieden temperierten Wasserbecken (Abb. 105), zu der auch ein großer Sportplatz (gr. Palaistra) gehörte. Im 6./7. Jh. scheint der Komplex christlich umfunktioniert worden zu sein. Von dieser abschließenden Nutzungsphase künden diverse Einbauten. Ein Badesaal wurde zu einer Taufkirche (gr. Baptisterium) umgestaltet.

In Pythagorion gibt es zudem ein recht kleines Museum, in dem einige Skulpturen (Statuen, Grabreliefs, römische Bildnisse) sowie Keramik ausgestellt sind. Ein älterer Plan erleichtert die Suche nach den Ruinen (Abb. 106).

Abb. 106
Ältere Karte von 1884 mit den damals noch erkennbaren Ruinenresten von Pythagorion

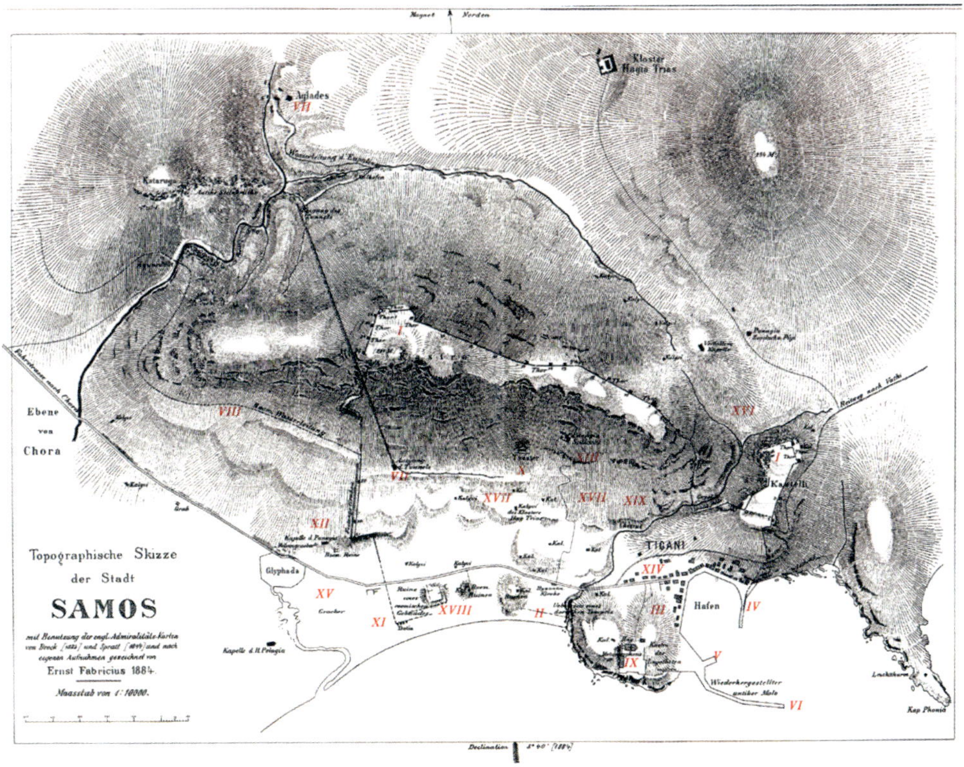

Samos birgt zudem ein einzigartiges technisches Denkmal aus der Antike, das gleichfalls mit Polykrates verbunden ist. Er beauftragte den ursprünglich aus Megara stammenden Architekten Eupalinos mit der Errichtung eines in den Berg getriebenen Tunnels, mit dem der Tyrann die Frischwasserversorgung seiner damaligen Haupt- und Residenzstadt sichern wollte.

44 MEISTERWERK ANTIKER INGENIEURKUNST – DER TUNNEL DES EUPALINOS

Herodot setzte das Meisterwerk des Eupalinos von Megara, Sohn des Naustrophos, auf Platz eins seiner Ruhmesliste samischer Bauten (3, 60). Unter der Leitung des genannten Architekten sei von den Samiern am Fuß eines 150 Klafter hohen Berges in den Felsen hinein ein 7 Stadien langer sowie 8 Fuß (1,8 m) hoher und breiter Tunnel, der an beiden Seiten Öffnungen besitze, sowie ein weiterer 20 Ellen tiefer und 3 Fuß breiter Kanal getrieben worden, in dem in Röhren das von einer ergiebigen Quelle stammende Wasser in die Stadt ströme.

Der 55 m ü. NN. liegende, gut 1.000 m lange, den 230 m hohen Stadtmauerberg durchschneidende Tunnel war über 1.000 Jahre lang in Betrieb. Er wurde erst 1882 wiederentdeckt und kann heute unter fachkundiger Führung von seinem Südende her streckenweise besichtigt werden (Abb. 107). Die Arbeiten begannen nach den Forschungen von Hermann Kienast zwischen 550 und 530 v. Chr. offenbar auf beiden Seiten. Die Fertigstellung dürfte gut zehn Jahre in Anspruch genommen haben. Damit die Stollen mitten im Berg aufeinandertreffen konnten, mussten einige kleinere Kurven eingebaut werden. Der nahezu waagerecht angelegte Hauptgang diente offenbar der Wartung der gesamten Anlage. Wichtiger ist der tieferliegende kleinere Tunnelschacht gewesen. Hier befanden sich die von Herodot erwähnten Röhren, in denen das Quellwasser floss. Um dies zu gewährleisten, konnte dieser Kanal nicht wie der obere Wartungstunnel weitgehend auf einem Niveau verlaufen, sondern musste Richtung Stadt immer weiter eingetieft werden, um ein geeignetes Gefälle zu erhalten.

Der Eupalinos-Tunnel bildete den Mittelteil eines Wasserleitungssystems, das die Quelle Agiades mit dem einstigen samischen Hauptort verband. Den Anfang machte eine 900 m lange unterirdische Leitung, die außerhalb der städtischen Befestigung bis zum Nordabhang des samischen Stadtberges führte. Dort mündete sie in den Tunnel, an dessen

Südende eine weitere 500 m lange, ebenfalls unterirdische Leitung das Wasser schließlich zu einem innerhalb der Stadtmauern liegenden Brunnenhaus transportierte.

Abb. 107
Blick in eine antike Wasserleitung aus dem 6. Jh. v. Chr., den Tunnel des Eupalinos

EIN GUTES DUTZEND ODER DOCH MEHR? – DIE DODEKANES-INSELN

Geographisch gesehen handelt es sich bei diesen Inseln strenggenommen nicht um eine eigene Gruppe. Sie gehören eigentlich zu den Südlichen Sporaden und sind entgegen ihrer erst seit 1947 genau definierten griechischen Bezeichnung zudem wesentlich mehr als nur zwölf. Der Name Dodekanes rührt allein von der Zahl der Hauptinseln her. Unter diesen ragte Rhodos hinsichtlich seiner Bedeutung bereits in der Antike hervor. Bedeutend wegen seines Asklepios-Heiligtum war zudem Kos. In Mittelalter und Neuzeit gab es hier immer wieder heftige Kämpfe zwischen christlichen (Johanniter-Ritter, Venezianer) und muslimischen Invasoren (Osmanen). Die Dodekanes-Inseln gehörten nach dem Ersten Weltkrieg eine Zeitlang zu Italien.

Für die Gläubigen der Griechisch-Orthodoxen Kirche ist Patmos eine ‚Heilige Insel', weshalb von vielen Häfen Griechenlands aus direkte Fährverbindungen existieren, um die zahlreichen Pilger hierherzubringen. Archäologisch gesehen hat die Insel wenig zu bieten. Das hoch über dem Hauptort thronende byzantinische Kloster gilt aber zurecht als ein besonderes touristisches Highlight, das durchaus eine Reise lohnt. Es trägt sogar den Titel eines Unesco-Weltkulturerbes.

45 ORT DER APOKALYPSE – DAS JOHANNES-KLOSTER AUF PATMOS

Die kleinste und nördlichste der Dodekanes-Inseln verdankt all ihren Ruhm dem Heiligen Johannes. Er gilt als Jesus' Lieblingsjünger. Von ihm wurde lange Zeit angenommen, dass er sowohl eines der Evangelien als auch die gleichfalls nach ihm benannte Offenbarung verfasste. Heute geht die theologische Forschung eher von zwei Personen gleichen Namens aus. Das letztgenannte Werk sei in der Zeit seines von Kaiser Domitian (reg. 81–96 n. Chr.) befohlenen Exils entstanden (Offenbarung 1, 9). Die Offenbarung habe Johannes in einer Höhle erhalten. Diese Grotte der Apokalypse ist ebenso wie das Kloster vom Hafen aus bestens ausgeschildert. Eine Kapelle der Heiligen Anna markiert die Stelle. Der felsige Platz, auf dem Johannes geschlafen haben soll, ist seiner Bedeutung gemäß mit Silber eingefasst. Zudem wird ein Steinblock gezeigt, der dem Heiligen angeblich als Schreibtisch diente. Einer anderen Überlieferung nach war es aber Johannes' Schüler Prochoros, der hier saß und die von seinem Meister diktierten Worte niederschrieb. Drei Risse im Höhlengestein gelten als Erscheinungszeichen von Christus und damit als Symbole der Heiligen Dreifaltigkeit.

Vom nicht zu verfehlenden Kloster aus genießt man einen unvergleichlichen Blick, der im 18. Jh. von gelehrten Reisenden als eines der schönsten Panoramen der ganzen Welt gerühmt wurde. Verschiedene Inseln wie Samos, Ikaria, Amorgos, Leros, Kalymnos und Kos sind in der Ferne zu erkennen. Bei guter Sicht kann man von hier aber auch bis nach Mykonos, Naxos und Paros sehen. Schon in der Antike war dieser Bereich prominent besetzt. Anstelle des Klosters wird ein Tempel (der Artemis?) vermutet. Die antike Polis dürfte dagegen nahe der Landenge nordwestlich des Hafengebietes (Skala) auf einer zweiten felsigen Erhöhung gelegen haben, die heute unter dem Namen Kastelli bekannt ist. Als entsprechende Indizien werden dort erhaltene Mauern aus geschichteten Quadersteinen mit vorspringenden Bastionen oder Türmen

Seite 190
Kapelle auf dem Gipfel des Dikeos-Gebirges von Kos

gewertet, die als Reste der antiken Akropolis gelten. Das Kloster wurde erst 1088 von einem später seliggesprochenen Mönch namens Christodoulos in der Regierungszeit des byzantinischen Kaisers Alexios I. gegründet. Das Klostergebäude wirkt von außen wie ein wehrhaftes Kastell (Abb. 108). Seiner exponierten Lage wegen musste es tatsächlich zu einer Art Festung ausgebaut werden, um Plünderungen zu verhindern. Noch heute beherbergt das Johannes-Kloster eine der wichtigsten griechisch-orthodoxen Klosterbibliotheken mit prachtvollen Handschriften sowie zahlreiche kostbare Votivgaben frommer Pilger. Vom Haupteingang führt ein gedeckter Weg zum zentralen Klosterhof (Abb. 109 Nr. 1). Er öffnet sich an seiner Ostseite zu einer äußeren Vorhalle (gr. Narthex) hin (Nr. 2), deren Fresken aus dem 17. bis 19. Jh. stammen und das Leben des Johannes und seines Schülers Prochoros zeigen. Drei hölzerne Türen aus dem 17. Jh. führen links und in der Mitte zum ebenfalls freskengeschmückten, inneren Narthex (Nr. 3) und ganz rechts in

Abb. 108
Blick auf das Johannes-Kloster von Patmos

eine Kapelle (Nr. 4) mit den Gebeinen des Seligen Christodoulos in einem Marmorsarkophag. Das dort zu sehende silberne Reliquienkästchen aus dem 18. Jh. wird als Stiftung einer russischen Zarin bezeichnet. An der Ostseite des inneren Narthex geht es zur eigentlichen Kirche (Nr. 5). Wichtiger als dieser Innenraum ist allerdings die von hier aus zu betretende Kapelle der Heiligen Jungfrau (Nr. 6), die im späten 12. Jh. erbaut wurde. Die geschnitzte Ikonostase entstand dagegen erst im frühen 17. Jh. Besondere Aufmerksamkeit verdienen die Wandmalereien, von denen die besterhaltenen die der Ostwand sind. Von der Kapelle aus führt der weitere Weg in einen inneren Vorhof (Nr. 7), von dem wiederum der Zugang zum östlich sich anschließenden Refektorium (Nr. 8) erfolgt. Die Küche des Klosters befindet sich an der Südostecke der Anlage (Nr. 9). Der Besuch der Schatzkammer, in der beileibe nicht alle kostbaren Besitztümer des Klosters gezeigt werden können, schließt den Rundgang ab (Nr. 10).

Abb. 109
Grundrissplan des Johannes-Klosters von Patmos

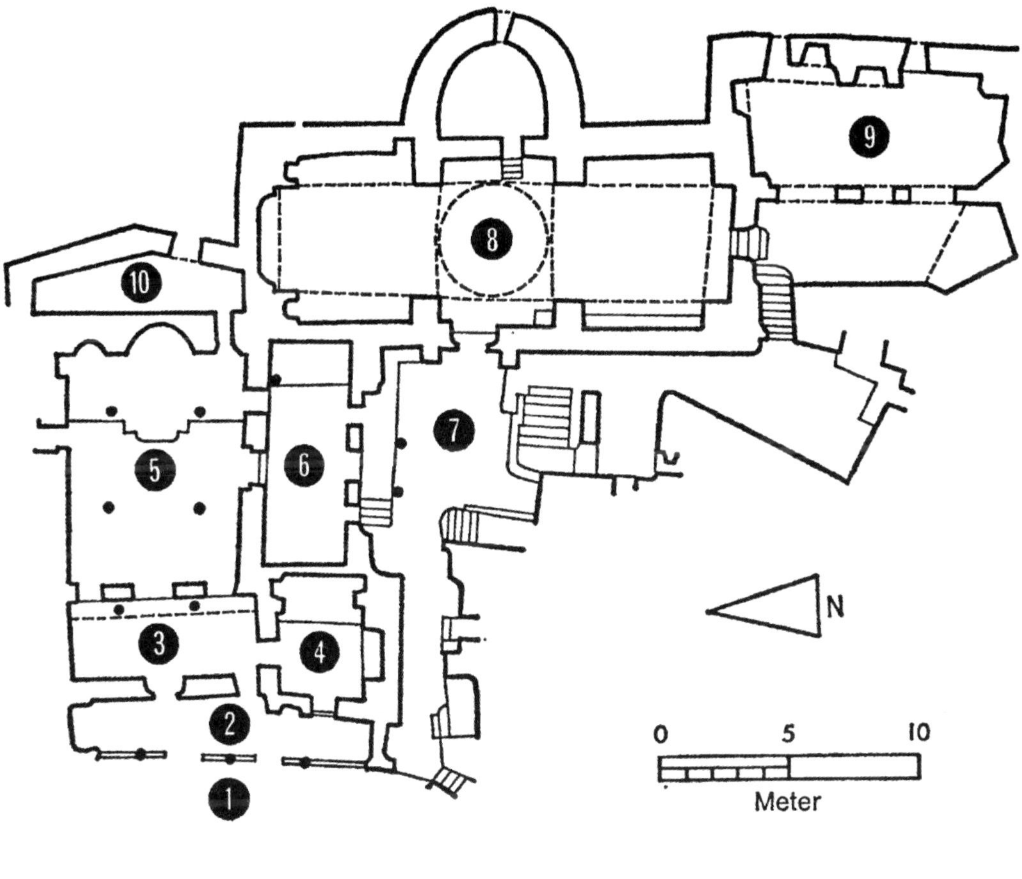

Was wäre uns alles ohne die Schwammtaucher von Kalymnos entgangen! Kalymna, wie die Insel im Altertum hieß, bietet zwar auch einige antike Ruinen, doch ist es v. a. das lokale Museum, das einen Tagesausflug von Kos aus lohnt. Einige gut erhaltene bronzene Statuen wurden auf dem Meeresgrund entdeckt. Da der Großteil der griechisch-römischen Bronzeplastik der nachantiken Metallgier zum Opfer fiel, gehört Kalymnos folglich zu den wenigen Orten auf der Welt, an dem gleich mehrere qualitätvolle Werke an einem Platz versammelt sind.

46 UNTERWASSERSCHÄTZE – KALYMNOS

Die regelmäßig verkehrenden Fähren steuern im Süden der Insel eine Hafenbucht mit dem gleichnamigen Hauptort Kalymnos an. Die Küstenlinie ist durchsetzt mit zahlreichen kleineren Höhlen und Grotten, die wie insbesondere die Tropfsteinhöhle Daskalia an der Bucht von Vathys neolithisches Fundmaterial bargen. Einen Bootsausflug wert ist die südwestlich des Hauptortes Kalmynos unterhalb des Vothini-Berges liegende Höhle von Kefalos. In ihr wurde einst Zeus verehrt. Auch in der Bronzezeit blieb Kalymnos bewohnt. Aus der mykenischen Epoche stammen im Norden der Insel bei Emporios ein Kuppelgrab und weitere Gräber oberhalb von Chorio. Dort an der Küste (Südbucht) deuten diverse Mauerreste, u. a. ein Theater, aus klassischer und hellenistischer Zeit auf eine ältere Besiedlung hin, wohl das antike Damos. Hier gab es auch einen nicht unbedeutenden Tempel des Apollon Delios, dem zu Ehren athletische und musische Wettkämpfe stattfanden. Er wurde im 6. Jh. n. Chr. überbaut. An seiner Stelle entstand die Basilika Christos tis Ierusalim. Ein in der Nähe der Kirche der Heiligen Sophia gefundene Statue des Asklepios, die sich heute im Museum von Kalymnos befindet, wird als Kultbild und damit als Indiz für einen entsprechenden Asklepios-Tempel in diesem Bereich interpretiert. Oberhalb von Emporios gibt es weitere Reste von Mauern, Türmen sowie eine in den Felsen geschlagene Treppe samt Tor. Sie werden ins 4. Jh. v. Chr. datiert und gehören damit in die Zeit von König Maussollos von Karien (reg. 377–353 v. Chr.), zu dessen Herrschaftsbereich Kalymnos damals gehörte. Weitere frühchristliche Ruinen, die des Klosters des Heiligen Vasilios und der mittelalterlichen Festung des Heiligen Konstantinos, liegen auf der Kalymnos vorgelagerten Insel Telendos.

Inmitten von Kalymnos-Stadt (Pothia), vom Hafen aus muss man leicht hangaufwärts gehen (ausgeschildert), wartet ein 2009 eröffnetes Archäologisches Museum auf die Besucher. In mehreren Sälen werden die wichtigsten Fundstücke der Insel gezeigt, wobei manches, bei älteren

Grabungen des 19. Jhs. entdeckte Objekt damals von der Insel weggeschafft wurde. So beherbergt das British Museum in London das bei den Ausgrabungen in der Nähe des Apollon-Tempels von Damos zutage gekommene Material. Diese Verluste wiegen jedoch angesichts der in Kalymnos zu sehenden Gefäße sowie v. a. der zahlreichen Statuen aus Marmor und Bronze nicht sehr schwer. Unter den vielen, meist hellenistisch-römischen Marmorfiguren ragt ein archaischer Kouros des 6. Jhs. v. Chr. besonders hervor. Noch bedeutender sind die von den Schwammtauchern auf dem Meeresgrund bei Kalymnos entdeckten Bronzeplastiken. Berühmt ist insbesondere die sog. Lady von Kalymnos (Abb. 110). Es wurden aber auch Reste von lebensgroßen Reiterstatuen und ein großartiges Bildnis eines Mannes mit makedonischer Kopfbedeckung (gr. Kausia), vielleicht das Porträt eines Herrschers oder hohen Würdenträgers gefunden. Die Werke stammen allesamt aus dem Hellenismus und sind stumme Zeugen der vielen Ehrenstatuen, die damals zuhauf die Heiligtümer und öffentlichen Plätze in ganz Griechenland zierten.

Abb. 110
Bronzene Ehrenstatue einer Frau aus dem Meer bei Kalymnos; Hellenistische Epoche; Kalymnos, Museum

Im Altertum war die Insel spätestens seit hellenistischer Zeit ein vielbesuchtes Reiseziel, da sie mit ihrem Asklepios-Heiligtum eine weithin bekannte Heilstätte besaß, deren Ruhm sich mit dem der Asklepieia von Epidauros und Pergamon durchaus messen konnte. Schon früher wirkte in Kos der weithin angesehene Arzt Hippokrates (ca. 460–380 v. Chr.). Noch heute müssen angehende Mediziner einen nach ihm benannten Eid ablegen, mit dem sie sich zu einem humanen, patientenorientierten Handeln verpflichten.

47 SENSATIONELLER BLICK AUF EIN SIEBTES WELTWUNDER – KOS

Bevor am Rand der heutigen Hafenstadt Kos das berühmte Asklepieion aufgesucht wird, kann man bei Interesse zunächst die an verschiedenen Stellen im Zentrum liegenden übrigen antiken Baureste erkunden. Die bis in die Gegenwart andauernden Erdbeben haben schon im Altertum immer wieder dazu geführt, dass die Stadt z. T. völlig neugebaut werden musste. Diesen Umstand machten sich in den 1930er und 1940er Jahren die italienischen Besatzer zunutze, indem sie zerstörte mittelalterliche Wohnviertel abreißen, die darunterliegenden antiken Baureste ausgraben und diese teilweise restaurieren ließen. Die Ergebnisse dieser Wiederherstellungen werden heute vielfach zurecht kritisiert. Man sollte daher bei der Betrachtung der einzelnen Bauwerke im Hinterkopf haben, dass die Details oftmals nicht stimmen.

Das das heutige Kos beherrschende Kastell wurde von den Johanniter-Rittern im 14. Jh. errichtet. Südlich der Festung liegt ein größeres Areal mit antiker Bebauung. Im Nordteil dieses Geländes stand außerhalb der Stadtmauern eine Säulenhalle des 4./3. Jhs. v. Chr. Westlich davon existierte ein Heiligtum, das zwei Tempel und einen von dorischen Säulen umstandenen Hof besaß. Noch weiter südlich wird ein ehemaliges antikes Wohnviertel erreicht, das die Nordgrenze der antiken Stadt bildete. Im Westen direkt an der einstigen Nordmauer von Kos hatten die Einwohner ihren Hauptplatz, die Agora, angelegt (Abb. 111). Sie besaß eine eigene, sie umgebende Mauer, an deren Innenseite eine dorische Säulenhalle aus dem 2. Jh. v. Chr. angebaut war. Im 2. Jh. n. Chr. erhielt sie ein monumentales Prunktor. Im Süden schloss ein weiteres Heiligtum an. Hier wurde Dionysos in einem dorischen Tempel des 2. Jhs. v. Chr. mit einem wie in hellenistischer Zeit üblich monumentalen Altar davor verehrt. Letzterer war mit figürlichen Friesen (Amazonen, Satyr) geschmückt. Zur besseren Orientierung sei noch angegeben, dass dieser Bereich an einer großen Straße (Leoforos Patriarchou Gregoriou

E') rund 400 m nordöstlich vom Odeion und 100 m von der Casa Romana (s. u.) sowie rund 400 m südlich vom Hafen entfernt liegt. Eine nur sehr schlecht erhaltene spätrömische (3. Jh. n. Chr.) Thermenanlage und ein in eine natürliche Senke eingebettetes späthellenistisches (2 Jh. v. Chr.) Stadion bilden an der Südwestseite des Hafenbeckens gewissermaßen den Abschluss.

Ein weiteres mehr oder minder zusammenhängendes Areal, das sog. Westliche Ruinenfeld beginnt noch weiter südlich. Zur nordöstlich liegenden Agora beträgt die Entfernung gut 400 m, zum Hafen ca. 350 m. Es besteht aus einem Gymnasion (2. Jh. v. Chr.), einer Badeanlage (das sog. Nymphaion) aus dem 3. Jh. n. Chr., die im 5. Jh. n. Chr. in eine Basilika umgewandelt und zur Zeit der italienischen Besatzung stark restauriert wurde, und dem im Osten an diesen Bau angrenzenden Cardo Maximus, einer der beiden Hauptstraßenachsen des antiken Kos. Die links und rechts des Wegs erkennbaren Fundamentmauern stammen von römischen Wohnhäusern, die sehr reich mit Mosaiken sowie Skulpturen ausgestattet waren. Diese Funde wurden z. T. ins Museum gebracht. Direkt an der Straße gab es zudem eine teilweise erhaltene Säulenhalle (4./3. Jh. v. Chr.) und südlich davon eine öffentliche Toilette (lat. Latrine). Mit das größte Wohndomizil in diesem Bereich war das nach seinem Mosaik benannte Haus der Europa. Es nahm an der Kreuzung des Cardo Maximus mit dem Decumanus Maximus, der zweiten

Abb. 111
Bereich der Agora von Kos

Hauptstraßenachse, direkt unterhalb der Akropolis einst fast ein ganzes Straßengeviert (sog. Insula) ein.

Mit das am besten erhaltene bzw. rekonstruierte Bauwerk von Kos ist das weiter südlich platzierte, ehemals gedeckte Theater (gr. Odeion) aus dem 2. Jh. n. Chr., in dem ebenfalls zahlreiche Skulpturen entdeckt worden sind (Abb. 112). Ein zweiter, diesmal ungedeckter Theaterbau aus dem 3. Jh. v. Chr. stand noch weiter südlich und war direkt in den Hang eingebettet. An der Südseite des Decumanus Maximus gibt es weitere Reste römischer Wohnhäuser, die auch einen reichen Mosaikschmuck hatten. Eines davon die etwa 500 m in südlicher Richtung vom Hafenbereich entfernte sog. Casa Romana aus dem 2./3. Jh. n. Chr. mit ihren 36 Räumen, zwei Säulenhöfen und einem Atrium auf einer Gesamtfläche von etwa 1.800 m^2 wurde in den 1940er Jahren unter der italienischen Besatzung nahezu wiederaufgebaut.

In Kos-Stadt ist ferner das Archäologische Museum von Interesse. Zwar haben die Italiener manche auf der Insel gefundenen Objekte nach Rhodos zur Ausschmückung des dortigen Großmeisterpalastes gebracht, doch blieben genügend Fundstücke übrig, um sich einen Eindruck von den auf Kos in der Antike versammelten Bildwerken unterschiedlicher Zeitstellungen und Funktionen zu machen. Fälschlicherweise große Berühmtheit hat eine im späten 4. Jh. v. Chr. von einem attischen Bildhauer gefertigte Grabstatue eines Mannes erlangt, die völlig grundlos als Hippokrates gilt.

Abb. 112
Römisches Odeion von Kos

Außerhalb von Kos-Stadt kann südlich des Dorfes Pyli eine Kapelle besucht werden, die auf einem Gewölbe des 4. Jhs. v. Chr. steht, das als sog. Heroon des Charmylos bekannt ist. Zwischen Pyli und Asfendiou weisen die wenigen Reste eines hellenistischen Tempels auf ein ehemaliges Demeter-Heiligtum hin. Ein solches für Apollon gab es bei der Kirchenruine des Agios Theodotos in der Umgebung von Kardamena. In diesem Dorf sieht man zudem die Reste eines hellenistischen Theaters. Bei Kephalos konnte südlich einer schon in neolithischer Zeit genutzten Höhle ein dorischer Tempel und noch weiter entfernt ein zweites Heiligtum der Demeter sowie ein Theater aus dem 4. Jh. v. Chr. festgestellt werden. Die Kirche der Panagia Palatiane bewahrt in ihren Wänden eine Polygonalmauer. Vielleicht gehörte diese zum Befestigungsring der älteren Siedlung Astypalea.

Das eigentliche archäologische Highlight von Kos ist aber das bereits eingangs erwähnte, etwa 4 km südwestlich der Stadt gelegene Heiligtum des Asklepios. An dieser Stelle verehrte man ursprünglich Apollon in einem Heiligen Hain. Bevor sein Sohn Asklepios in der Spätklassik als Heilgott populär wurde, ist er für diesen wichtigen Aspekt menschlichen Lebens zuständig gewesen. Die Keimzelle des späteren Asklepieions war ein im 4. Jh. v. Chr. errichteter Altar. In der Folgezeit kamen rasch weitere Bauten hinzu, da das Heiligtum schon bald, d. h. im 3. Jh. v. Chr., von verschiedenen hellenistischen Herrscherdynastien mit reichen Stiftungen gefördert wurde. Im 2. Jh. v. Chr. hatte es sich zu einer gewaltigen Anlage entwickelt, die mehrere Terrassen einnahm (Abb. 113):

Die Besichtigung des sich insgesamt über vier Niveaus erstreckenden Heiligtums (Abb. 114) beginnt ganz unten an der ersten Treppe mit einem römischen Badekomplex (Nr. 1), der mehrere Bauphasen hatte, die letzte aus dem 3. Jh. n. Chr. Er leitet über zur unteren Terrasse aus dem 2. Jh. v. Chr., die an drei Seiten von dorischen Säulenhallen eingefasst wird (Nr. 2), in deren Räumen sich die Kranken möglicherweise zum Heilschlaf hinlegten. Im Traum warteten sie auf die Anweisungen des Gottes, wie sie ihre Gesundheit wiederherstellen sollten. An der offenen Südseite stützt eine Mauer mit Nischen für Skulpturen die zweite Terrasse (Nr. 3). In einer davon gibt es eine Quelle mit einem Pan als Brunnenfigur (Nr. 4). Weiter westlich jenseits der Treppe entdeckten die Ausgräber Reste eines kleinen Memorialbaus (Tempelchen?), der laut Inschrift zu Ehren eines Mannes namens Xenophon errichtet worden ist (Nr. 5). Über die Treppe (Nr. 6) geht es hoch zur nächsten Ebene, dem eigentlichen Heiligtum. Sie führt direkt auf den Altar zu (Nr. 7). Ursprünglich aus der Zeit um 300 v. Chr. stammend, wurde er im 2. Jh. v. Chr. komplett neugestaltet. Auf einen marmorverkleideten Sockel stand eine ionische Säulenreihe, für deren Zwischenräume die Söhne des berühmten Bildhauers Praxiteles Statuen der Familie des Asklepios geschaffen hatten. Ähnliche Monumentalaltäre dieses Typus, bei dem der eigentliche, auf einer kleinen Plattform erhöht liegende Altar von einem Säulenbau eingefasst und über eine mittig platzierte Treppe erreicht wird, kennen wir insbesondere aus dem kleinasiatischen Raum (Ephesos, Magnesia, Pergamon und Priene). Vor ihm im Osten erhob sich seit dem 2. Jh. n. Chr. ein ionischer Ringhallentempel mit 6 x 9 Säulen, der über den Resten älterer Bauten steht und vielleicht dem Kaiserkult diente (Nr. 8). Dahinter gab es schon seit der Zeit um 300 v. Chr. eine Halle zur Aufbewahrung statuarischer Weihgeschenke (ohne Nr. auf dem Plan). Der älteste Asklepios-Tempel liegt westlich des Altars (Nr. 9). Es ist ein einfacher sog. Antentempel mit einer quadratischen Cella und einem gleichfalls quadratischen Vorraum, zwischen dessen vorgezogenen Mauern (Anten) ionische Säulen das frontseitige Gebälk samt Giebel stützten. Ihre Ausarbeitung deutet auf eine Restaurierung des Baus im 2. Jh. v. Chr. hin. Über die Ausstattung der Cella sind wir recht gut unterrichtet. Sie barg den Thesauros (Tempelschatz). An ihrer Rückwand standen auf einer Basis das Kultbild des Asklepios sowie weitere Statuen seiner Kinder. Der hochberühmte spätklassische Maler Apelles hatte zusätzlich mehrere Gemälde geschaffen, unter denen die Darstellung der aus dem Meer auftauchenden Liebesgöttin (gr. Aphrodite Anadyomene) besonderen Ruhm genoss. Das sich südlich daran ehemals anschließende, in römischer Zeit überbaute Gebäude aus dem 3. Jh. v. Chr. lässt sich nicht deuten (weitere Heilschlafräume oder Priesterwohnung?). Bevor die nächste Stufenanlage, eine in mehrere Abschnitte gegliederte monumentale Freitreppe, betreten wird (Nr. 12), sollte östlich davon noch ein Blick auf eine Sitzbank, eine sog. Exedra, geworfen werden (Nr. 11). Sie war einst mit

Abb. 113
Blick von der oberen Terrasse des Asklepieions von Kos auf die nahe kleinasiatische Küste

Standbilder ihres unbekannten Stifters und seiner Familie geschmückt. Im mittleren der Treppenabschnitte steht ein zweiter kleiner Altar (Nr. 13). Er ist ausgerichtet auf die bereits um 250 v. Chr. aufgeschüttete oberste Terrasse. Dort thront in direkter Treppenflucht über der gesamten Anlage ein entgegen der üblichen kultischen Gepflogenheiten in Griechenland nord-südlich ausgerichteter weiterer Tempelbau (Nr. 14). Diese Ausrichtung spricht dafür, dass es Bauherrn und Architekt v. a. darum ging, die spezielle Lage optimal auszunutzen und eine besondere kulissenhafte Prospektwirkung zu erzielen. Der Ringhallentempel (gr. Peripteros) besaß 6 x 11 dorische Säulen und war dem Kultbau in Epidauros nachempfunden. Seine Stiftung wird mit dem pergamenischen König Eumenes II. (reg. 197–159 v. Chr.) in Verbindung gebracht. Um den Platz herum wurden zusätzlich drei dorische Hallen aus Marmor erbaut (Nr. 15). Im 3. Jh. v. Chr. standen hier bereits ein Tempel aus Kalkstein und Hallen mit Holzstützen.

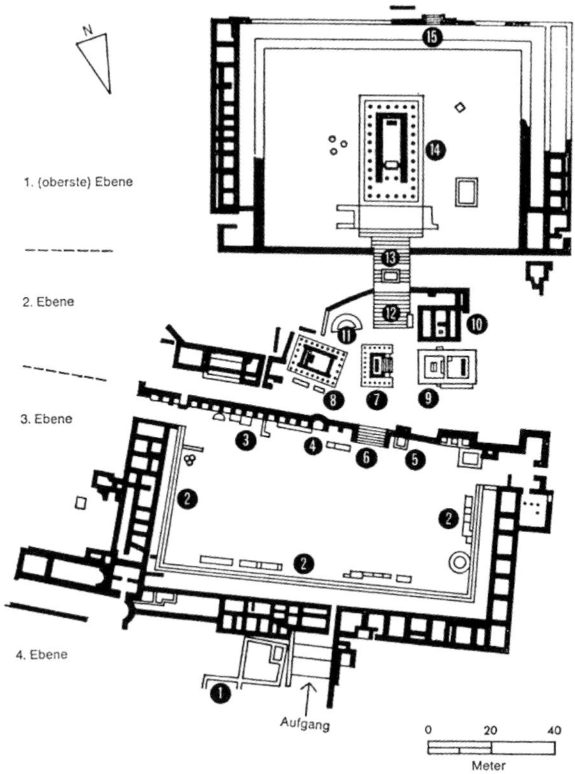

Abb. 114
Plan des Asklepieions von Kos

Solche Terrassenheiligtümer sind typisch für den Hellenismus (vgl. Nr. 50) und wurden gewissermaßen zu einem architektonischen Exportschlager. In der Späten Republik (2./1. Jh. v Chr.) entstanden im Umkreis von Rom zahlreiche Beispiele dieses Typus (Palestrina, Terracina, Tivoli). Von den Terrassen des Asklepieions von Kos aus konnte bzw. kann man über das Meer bis an die kleinasiatische Westküste blicken (vgl. Abb. 113). Dort, wo heute der türkische Badeort Bodrum seine zahlreichen Gäste empfängt, lag die Residenzstadt Halikarnassos des karischen Dynasten Maussollos, dem seine Schwestergemahlin Artemisia um 350 v. Chr. ein gewaltiges Grabmal errichten ließ, das berühmte Mau(s)sol(l)eion (lat. Mausoleum), eines der Sieben Weltwunder. Es muss vom Asklepieion aus deutlich sichtbar gewesen sein.

Die Roseninsel Rhodos ist seit dem Neolithikum besiedelt. Auch die Minoer und Mykener haben hier ihre Spuren hinterlassen. Wirklich bedeutend wurde sie aber erst, als gegen Ende des 10. Jhs. v. Chr. dorische Griechen als Neusiedler kamen. Ihre strategisch günstige Lage führte zu großem Wohlstand. Im Hellenismus war die aus dem Zusammenschluss dreier älterer Städte (s. Nr. 49) 408 v. Chr. entstandene Polis Rhodos eine führende Seemacht. Sie konnte sich die Errichtung einer kolossalen Heliosstatue leisten, die als eines der Sieben Weltwunder galt.

48 BREITBEINIG ÜBER DEM WASSER? – RHODOS UND SEIN KOLOSS

Die Frage, wo der 30 m hohe Koloss der Rhodier seit seiner Fertigstellung im Jahr 292 v. Chr. stand, erhitzt bis heute die Gemüter. Das tonnenschwere Bildwerk aus Bronze fiel allerdings nur wenige Generationen später bereits 227/226 v. Chr. einem schweren Erdbeben zum Opfer. Übrig blieben seine Trümmer, die zu einer gefragten Sehenswürdigkeit wurden, bevor sie 663 n. Chr. ein Metallhändler aufkaufte und abtransportierte. Danach verliert sich jede Spur von diesem Meisterwerk des frühhellenistischen Künstlers Chares von Lindos, einem Schüler von Alexanders angeblichem Hofbildhauer Lysippos von Sikyon. Der Anlass der Errichtung war der glückliche Ausgang einer Belagerung durch den Makedonen Demetrios mit dem sprechenden Beinamen Poliorketes (gr. Städtebelagerer). Dieser hatte bei seinem Rückzug seine sämtlichen Belagerungsmaschinen und anderes schweres Kriegsgerät zurückgelassen. Der Verkauf der unverhofften Beute brachte angeblich 300 Talente (ca. 9 t) Silber ein, aus dem die Aufstellung der Statue finanziert wurde. Später kam die Vorstellung auf, der Koloss habe breitbeinig über der Einfahrt zum rhodischen Hafen gestanden. Die Schiffe seien unter ihm hindurchgefahren. Beim Erdbeben hätte er dann aber komplett ins Wasser stürzen müssen. Ein späterer

Abb. 115
Das römische Odeion auf der Akropolis von Rhodos

Verkauf der Trümmer wäre folglich gar nicht möglich gewesen. Die deutsche Archäologin Ursula Vedder hat daher zuletzt einen vollkommen anderen Aufstellungsort vorgeschlagen. Die Souvenirindustrie weiß von dieser neuen Idee allerdings nichts. Nach wie vor wird die alte Vorstellung gewinnbringend vermarktet.

Abb. 116
Apollon-Tempel von Rhodos

Wer wissen will, wo der Helios eventuell platziert war, muss die schöne mauerbewehrte Altstadt von Rhodos, in der zahlreiche ausgesprochen sehenswerte mittelalterliche Bauten, darunter der Großmeisterpalast u.v.m. besichtigt werden können, in südwestlicher Richtung verlassen und hoch zur einstigen Akropolis steigen. Heute ist der Stadtberg als Mount Smith bekannt. Die Bauten standen auf verschiedenen Ebenen. Von Norden kommend werden zunächst die nicht sehr gut erhaltenen Reste eines Athena-Heiligtums sowie die eines Zeus-Tempels mit einer unterhalb liegenden Grotte erreicht, die in hellenistischer Zeit mit großen Statuen ausgeschmückt war. Solche mythischen Figurenensembles sind später von den Römern zum Schmuck der Gärten/Parks ihrer Häuser und Villen nachgeahmt worden. Weiter in südlicher Richtung stößt man direkt unterhalb des oberen Hügelplateaus auf zwei weitere besser erhaltene und z. T. restaurierte Bauwerke: an der Ostseite des Abhangs ein gut 200 m langes Stadion und einen mit diesem kombinierten Stufenbau, wahrscheinlich ein gedecktes Theater für 800 bis 1.000 Personen (Abb. 115). Von ihm aus führt der Weg hoch zu einer Stelle, den ein dorischer Tempel für Apollon einnimmt (Abb. 116). In dem den Kultbau umgebenden Heiligen Bezirk sind seit langem Reste eines monumentalen Fundamentes bekannt, das von Vedder für den Koloss in Anspruch genommen wird. Stimmt diese Hypothese, dann hätte Rhodos‘ Hauptschutzgott Helios die gesamte Stadt überragt und wäre auch vom Meer aus weithin sichtbar gewesen.

An der Ausfallstraße nach Lindos kann 3 km vom Stadtzentrum entfernt der Rodini-Park mit weiteren antiken Bauresten aufgesucht werden. Oberhalb dieser Anlage an den Ausläufern des Mount Smith liegt ein quadratisches Felsgrab hellenistischer Zeit mit einer Vorhalle und einem Hauptraum, das irrtümlich als Grab der Ptolemaier bekannt ist. Nicht versäumen sollte man ferner die Besichtigung des Archäologischen Museums und des Großmeisterpalastes in der Altstadt. In beiden stehen sehenswerte Antiken (Keramik, Skulpturen sowie Mosaiken), die z. T. aus Kos stammen (Großmeisterpalast).

Im sog. Schiffskatalog der homerischen „Ilias“ (2, 653–670) werden die Städte Ialysos, Kamiros und Lindos als Beteiligte beim Kampf der Griechen gegen Troia genannt. In der Tat sind an allen drei Orten bronzezeitliche Siedlungsreste nachgewiesen. Sie beeindrucken heute v. a. wegen ihrer schönen Lage. Die dort zu sehenden antiken Ruinen stammen freilich nicht aus der Zeit Homers. Im Jahr 408 v. Chr. schlossen sich die drei Poleis zu einer einzigen zusammen, blieben aber dennoch z. T. weiter bewohnt.

49 SCHON HOMER KANNTE SIE! – IALYSOS UND KAMIROS

Von der Küstenebene aus führt eine Serpentinenstraße hoch zum Berg Philerimo(s)/Filerimos, der seinen Namen von mittelalterlichen Einsiedlermönchen hat. Mykenische Griechen befestigten den Berg, legten am Abhang eine Nekropole an und wohnten in Küstennähe beim heutigen Dorf Trianda. In historischer Zeit hieß die Siedlung nach ihrem angeblichen mythischen Gründer Ialysos. Die heutige Klosterkirche steht an der Stelle eines alten Kultplatzes (Abb. 117). Ein erster Bau entstand bereits im 6. Jh. v. Chr. Die am Ort sichtbaren Bauglieder, ein Fundament westlich des Glockenturmes, stammen aber von einem dorischen Tempel für Athena Ialysia und Zeus Polieus aus dem 3. Jh. v. Chr., der im 6. Jh. n. Chr. einer christlichen Basilika weichen musste. Ihr Baptisterion blieb im Bereich vor dem Tempelfundament erhalten. Vom Südhang aus führt ein kleiner Weg zu einem Brunnenhaus aus dem 4. Jh. v. Chr., dessen Frontseite mit dorischen Säulen restauriert wurde. Weiter den Hang abwärts wird schließlich eine recht ausgedehnte Nekropole erreicht, die von mykenischer Zeit an bis ins 5. Jh. v. Chr. in Benutzung blieb.

Abb. 117
Blick über das Klostergelände von Ialysos/Filerimos in Richtung Meer

Als Hafen des antiken Kamiros gilt Kamiros Skala beim heutigen Kritinia. Dieser Name (altgr. Kretenia) weist vielleicht auf Siedler vom minoischen Kreta hin, die am Ende des 16. Jhs. v. Chr. hierher kamen. Der Siedlungsplatz liegt in Hanglage und verfügte offenbar nicht über eine Akropolis (Abb. 118). Er blieb trotz Gründung der Polis Rhodos im Jahr 408 v. Chr. weiterhin bewohnt. Auch nach dem schweren Erdbeben im Jahr 139/140 n. Chr. scheinen die Überlebenden geblieben zu sein. Erst im 4. Jh. n. Chr. wurde Kamiros endgültig aufgegeben. Die nachantik nicht überbaute Ruinenstätte gibt einen guten Eindruck vom Aussehen einer kleineren griechischen Polis. Sie hatte ein regelmäßiges Straßensystem mit einer gut erkennbaren mittig verlaufenen Hauptverkehrsachse. Links und rechts von dieser erstrecken sich die Wohnviertel und öffentlichen Anlagen. Die von der Küste herkommenden Besucher erreichen zunächst den Eingangsbereich im Westen des Areals, von dem aus in südlicher Richtung ein Fußweg den Hang hinaufführt. Man sollte allerdings zunächst Richtung Osten direkt auf die Ruinen zugehen. Als erstes steht hier ein größeres Areal (Agora, Heiligtum?) mit den Resten eines dorischen Tempels für Apollon aus dem 3. Jh. v. Chr. und weiter östlich ein weiterer Kultbezirk mit Altären für verschiedene Gottheiten. Erst dahinter erstreckt sich der eigentliche Wohnbereich. Die dort stehenden Häuser wurden meist um einen Hof herum gebaut. Die Hauptstraße führt in Richtung Süden in direkter Linie auf einen erhöht liegenden Bereich. Dort war im 3. Jh. v. Chr. eine Halle mit dorischen Säulen an ihrer offenen Langseite errichtet worden, in deren hinteren Räumen sich wahrscheinlich Läden befanden. Diese Stoa zerschnitt eine ältere Zisterne aus dem 6. Jh. v. Chr. Auf dem höchsten Punkt oberhalb der Halle ist ein dorischer Ringhallentempel aus dem 6. oder 5. Jh. v. Chr. nachgewiesen. Er könnte der alten Stadtgöttin Athena Kameiris geweiht gewesen sein. Die Funde aus Kamiros befinden sich im Archäologischen Museum in Rhodos-Stadt.

Abb. 118
Blick von der oberen Terrasse auf das antike Kamiros

Kaum ein anderer griechischer Kultbau hat eine derart fantastische Lage zu bieten. Hoch über dem Meer thront das heilige Haus der Athena Lindia. Einen ersten Tempel an dieser Stelle hatte bereits der Tyrann Kleoboulos im 6. Jh. v. Chr. gestiftet. Dieser liegt einer örtlichen Legende nach genau gegenüber oberhalb der Paulus-Bucht in einem runden Grabmal, von dem aus man ebenfalls einen großartigen Blick hat.

50 EIN WEIT SICHTBARER TEMPEL UND EIN EINSAMES GRABMAL – LINDOS

Vom heutigen Lindos aus führt ein Weg, den man auf Mieteseln auch hinaufreiten kann, direkt zum Akropolisfelsen, auf dem sich wie in Kos (Nr. 47) ein hellenistisches Terrassenheiligtum befindet, dessen bauliche Gestaltung im 2. Jh. v. Chr. abgeschlossen war (Abb. 119). An seine Stelle traten später ein byzantinischer Kirchenbau und eine mittelalterliche Festung der Johanniterritter. Auch davon blieben am Ort Mauerreste erhalten.

Als erstes erreichen die Besucher direkt unterhalb des eigentlichen Burgfelsens eine byzantinische Zisterne. Der Weg biegt hier um und man sieht an der Felswand ein Relief mit dem geschmückten Heck eines großen Schiffes, einer Triere/Trireme (Dreiruderer), aus dem eine Basis für eine Ehrenstatue des Agesandros aus Mikinios, ein Werk des Pythokretos Timocharis aus Rhodos, hervorspringt (Abb. 120). An diesem Monument geht es vorbei und eine steile Treppe hinauf in einen Bereich, der v. a. von nachantiken Mauern eingenommen wird. Dort muss man abermals die Laufrichtung ändern, um die unterste Terrasse des aus mehreren Ebenen bestehenden Heiligtums zu erreichen. Hier steht an der Westseite eine Exedra (Sitzbank mit Ehrenstatuen); und

Abb. 119
Das Athena-Heiligtum von Lindos aus der Vogelperspektive

ganz an der Nordspitze, wie aus den dortigen Spuren zu erkennen ist, gab es einst einen römischen Tempel dorisch-korinthischer Ordnung für den Kaiserkult (?), der Psithyros-(= Flüster) Tempel genannt wird. Ihm gegenüber führt eine Freitreppe zu einer Halle (spätes 3. Jh. v. Chr.) hinauf, hinter deren offenem dorischen Säulengang eine zweite noch längere und breitere Treppe den Zugang zur letzten Terrasse ermöglicht. Sie endet vor einer Türwand mit fünf Durchgängen, die zu einem großen Torbau (1. Hälfte 3. Jh. v. Chr.) mit vorgezogenen Seitenflügeln gehört, der im hinteren Teil mit einem winkelförmigen weiteren offenen Säulengang an der West- und Nordseite sowie zwei später im Süden und Osten errichteten schmalen Säulenhallen einen kleinen Vorhof umfasst. Erst dahinter erstreckte sich der eigentliche Tempel. Er musste wegen der Enge der Akropolissüdspitze aus der Treppenflucht verschoben und konnte nur ganz am östlichen Rand unmittelbar auf den hier steil abfallenden Felswänden erbaut werden. Dieser über einen älteren Vorgängerbau des 6. Jhs. v. Chr. nach einem Brand im Jahr 342 v. Chr. errichtete Tempel ist ein sog. Amphiprostylos, d. h. vor den vorgezogenen Mauern der beiden Frontseiten standen vier ionische Säulen, die das jeweilige Giebelgebälk trugen. Die Cella barg ein kostbares Kultbild der Athena. Es war aus Gold und Elfenbein gefertigt. Der Kult der Athena ist schon in archaischer Zeit weit über die Grenzen von Lindos hinaus berühmt gewesen. Sogar der ägyptische Pharao Amasis II. (reg, 570–526 v. Chr.) weihte ihr laut Herodot (3, 47) wie in Samos (s. Nr. 42) einen Panzer aus Leinen.

Abb. 120
Schiffsrelief am Aufgang zur Akropolis von Lindos

An weiteren antiken Bauresten in Lindos sind noch das 200 m südlich der Akropolis am Ostrand der Siedlung in den Hang eingebettete Theater, ein Säulenhof des 2. Jhs. v. Chr. im Süden von Lindos sowie insbesondere auf dem Nordostkap oberhalb der Hafenbucht das sog. Grab des Kleoboulos zu nennen. Dass der einstige Tyrann, der später zu den Sieben Weisen gezählt wurde, hier tatsächlich ruhte, ist reine Fantasie. Das Rundgrab scheint wesentlich älter zu sein. Im Mittelalter wandelte man es in eine Kapelle des Agios Milianos um. Hierher gelangt man auf einem längeren Spaziergang, der zugleich wunderbare Ausblicke auf die Paulus-Bucht, in der der Apostel einst gelandet sein soll, und den gegenüberliegenden Felsen mit dem Heiligtum der Athena Lindia bietet.

ZUM SCHLUSS: ZURÜCK AUF ANFANG! – DIE GRIECHISCHEN INSELN IN ATHENER MUSEEN

„Back to one!“ lautet beim Drehen filmischer Massenszenen meist der Aufruf der Regie, den Ausgangspunkt der Szene wieder einzunehmen; und genau das sollten die Reisenden zu den griechischen Inseln ebenfalls beherzigen, falls sie zunächst nach Athen geflogen sind und ihre Tour von dort gestartet haben. Denn das dortige Archäologische Nationalmuseum beherbergt nicht wenige Meisterwerke, die ursprünglich auf oder auch vor den griechischen Inseln gefunden worden sind. Einige wurden im Text bereits genannt, andere gilt es, selbstständig zu entdecken. Wer sich speziell für die frühe Kykladenkulturen interessiert, sollte in Athen zudem keinesfalls den Besuch des privaten Museums der Reederfamilie Goulandris versäumen.

LITERATURHINWEISE UND BILDNACHWEISE

Ein solcher Reiseführer speist sich bekanntermaßen aus dem Wissen vieler Spezialisten. Neben gedruckten Werken hat der Autor vielfach auch Internetquellen, z.B. die einschlägigen Wikipedia-Artikel, herangezogen. Grundlegend für die Abfassung waren zudem u. a.: Griechenland – Lexikon der historischen Stätten von den Anfängen bis zur Gegenwart, hrsg. von Siegfried Lauffer (1989); Athen, Attika, Megaris, von Hans Rupprecht Goette (1993); Der Neue Pauly – Enzyklopädie der Antike, hrsg. von Hubert Cancik u. a. (Bd. 1–12, 1996–2003); Griechenland – Ein Führer zu den antiken Stätten, von Peter Cornelis Bol, Wolf-Dietrich Niemeier und Robert Strasser (1. Aufl. 1998). Zudem wurden Teile aus dem Buch „Kurt Roeske – Patrick Schollmeyer, Kykladen – Von Delos bis Santorin, Schauplätze der Antike (2017)“ wiederverwendet. Strabons Texte werden zitiert nach: Stefan Radt (Hrsg.), Strabons Geographika Band 2 (2003). 3 (2004). Wegen des Fehlens eines wissenschaftlichen Anmerkungsapparates kann sich der Autor nur pauschal bei allen Autoren bedanken, deren Erkenntnisse er nutzen durfte.

Bildnachweise: Trotz sorgfältiger und intensiver Recherche war es nicht in allen Fällen möglich, die Urheberrechte zu ermitteln. Wir danken für jeden Hinweis, sollten Fehler enthalten sowie Rechtsansprüche Dritter unberücksichtigt geblieben sein. Antike Kunst 64, 2021, S. 143 Abb. 1: Abb. 37; P. Bruneau – J. Ducat, Guide de Délos (1983): Abb. 73 (Frontispiz), Abb. 81 (Plan VII); J. Currie, Rhodos und die Inseln der Dodekanes (1972): Abb. 109 (S. 236), Abb. 114 (S. 203); P. Ducrey (Hg.), Erétrie. Guide de la cité antique (2004) S. 154: Abb. 34; H. Ehrhardt, Samothrake (1985) S. 124 Abb. 9: Abb. 93; Flickr, Giannis Giannakitsas, public domain: Abb. 110; M.-C. Hellmann, L'architecture grec 2. Architecture religieuse et funéraire (2006) S. 35 Abb. 29: Abb. 42; W. Hoepfner, Geschichte des Wohnens I (1999): Abb. 84 (S. 191), Abb. 86 (S. 165); H. Kyrieleis, Führer durch das Heraion von Samos (1981) Abb. 100: Abb. 103; N. Marinatos, Kunst und Religion im Alten Thera (1987) S. 9 Abb. 1: Abb. 48; MOCAS: Abb. 71; Pixabay: Abb. 13, 20, 111; K. Roeske – Verf., Kykladen (2017): Abb. 51 (S. 67 Abb. 20), Abb. 63 (S. 86 Abb. 26), Abb. 74 (S. 150 Abb. 48), Abb. 75 (S. 161 Abb. 53), Abb. 76 (S. 179 Abb. 61), Abb. 77 (S. 184 Abb. 63), Abb. 78 (S. 187 Abb. 66), Abb. 79 (S. 188 Abb. 67); R. Tölle, Die antike Stadt Samos (1969) Abb. 21: Abb. 106; Wikimedia Commons: S. 113; adamansel52, CC BY 2.0: Abb. 101; Albtalkourtaki: Abb. 85; ale3andro, CC BY-SA 2.0 Abb. 95; Aleksandr Zykov, CC BY-SA 2.0: Abb. 39; Alinea, CC BY-SA 3.0: S. 19; Alkis Pappas, CC BY-SA 4.0: Abb. 6; Alonso de Mendoza, gemeinfrei: Abb. 29; Asurnipal, CC BY-SA 4.0: Abb. 112; Bernard Gagnon, CC BY-SA 3.0: Abb. 72, 80; Bibi Saint-Pol, gemeinfrei: Abb. 27; Bukvoed, CC BY 4.0: Abb. 105; C messier, CC BY-SA 2.0: Abb. 31; C messier, CC BY-SA 4.0; Abb. 30; CaS2000, CC BY-SA 4.0: Abb. 61; ChristosV, CC BY-SA 3.0: Abb. 33; Cllueca, CC BY-SA 3.0: S. 169; Cosal, CC BY-SA 4.0: Abb. 19; Dcoetzee, gemeinfrei: Abb. 22; Dr.K., CC BY-SA 4.0: Abb. 7, 9, 11; Dreizung, CC BY 3.0: S. 190; dronepicr, CC BY 2.0: S. 176; Fæ, CC BY-SA 3.0: Abb. 21; Gary Todd, CC0 1.0: Abb. 2; George E. Koronaios, CC BY-SA 4.0: Abb. 5, 38; George E. Koronaios, CC0: Abb. 36; Geraki, CC BY-SA 2.5: Abb. 17; Gerhard Haubold, CC BY-SA 3.0: Abb. 88–89; Ggia, CC BY-SA 3.0: Abb. 15, 92; GrigorisKoulouriotis, CC BY-SA 4.0: Abb. 107; Heidi Broome-Raines, CC BY-SA 4.0: Abb. 98; Incredibleusername , CC BY 4.0: Abb. 99; Jastrow, public domain: Abb. 18; Jean Housen, CC BY-SA 3.0: Abb. 8, 23; Jebulon, CC0: Abb. 4, 40, 116; Kevin Stroup, CC BY 3.0: Abb. 43; Kramer96, CC BY 3.0: Abb. 102; KureCewlik81, CC BY-SA 4.0: Abb. 96; Livioandronico2013, CC BY-SA 4.0: Abb. 47; Luc.T, CC BY 2.0: Abb. 87; Manfred Werner, CC BY-SA 4.0: Abb. 120; Marc Ryckaert, CC BY 3.0: Abb. 12, 117; Marie-Lan Nguyen, gemeinfrei: Abb. 94; Mario1952, CC BY-SA 4.0: Abb. 100; Marsyas, CC BY-SA 3.0: Abb. 91; MattiPaavola, CC BY-SA 3.0: Abb. 115; Neoclassicism Enthusiast, CC BY-SA 4.0: Abb. 10; Neptuul, CC BY-SA 4.0: S. 115; Nikodem Nijaki, CC BY-SA 3.0: Abb. 90; Olaf Tausch, CC BY 3.0: S. 85, Abb. 49, 52–53, 56–58, 60, 62, 64–67; PanosMtln, CC BY-SA 4.0: Abb. 97; Paweł „pbm“ Szubert, CC BY-SA 3.0: Abb. 25; Phso2, CC BY 3.0: Abb. 44; RavieFolie, CC BY-SA 4.0: Abb. 28; Red panda bot, CC BY-SA 2.0: S. 69; Rjdeadly, CC BY-SA 4.0; Abb. 35: Rodomonte, public domain: Abb. 16; Roland Godefroy, CC BY 3.0: Abb. 55; Ronnlund, CC BY-SA 3.0: Abb. 32; Runner1928, CC BY-SA 4.0: Abb. 26; Schuppi, CC BY-SA 4.0: S. 43; Ser Amantio di Nicolao, CC BY-SA 2.0: Abb. 42; Shadowgate, CC BY 2.0: Abb. 118; Stepanps, CC BY-SA 4.0: Abb. 82; Thomas Berwing, CC BY-SA 4.0: Abb. 119; Tomisti, CC BY-SA 4.0: Abb. 104; Travelling Runes, CC BY-SA 2.0: Abb. 69; Tschubby, CC BY-SA 3.0; Eintragungen von T. Sieber: Karte S. 6–7; Valeria Casali, CC BY-SA 3.0: abb. 108; Yann Forget, public domain: Abb. 50; Yann, gemeinfrei: Abb. 3; Zde, CC BY-SA 3.0: Abb. 54, 59, 70; Zde, CC BY-SA 4.0: Abb. 1, 24, 45–46, 68; מודנר, CC BY-SA 3.0: Abb. 14.